短線交易
日線圖
大全

積極的な投資ができる
デイトレチャート大全

狡猾投機者應對多空變局的100個劇本

戶松信博 監修

石學昌 譯

序言

掌握短線交易致勝關鍵的技術分析

說到當沖，許多人都會聯想到「整天盯著電腦、眼睛離不開多個螢幕上的股價圖表，以此進行股票買賣的人」。

「當沖」是指在一天之內完成股票的買進和賣出，從中獲利的交易方式。要決定買哪檔股票、什麼時候買、什麼時候賣——這3個決策都要在一天之內完成，從旁觀者的角度來看，這種交易方式可能極為複雜，給人一種專業且困難的印象。

事實上，與那些以「年」為單位進行買賣的長線投資相比，當沖需要在短時間內做出決策，這一點確實讓人感到「困難」。然而，與長期投資一樣，**當沖的決策重點也在於股價走勢圖上的技術型態**。

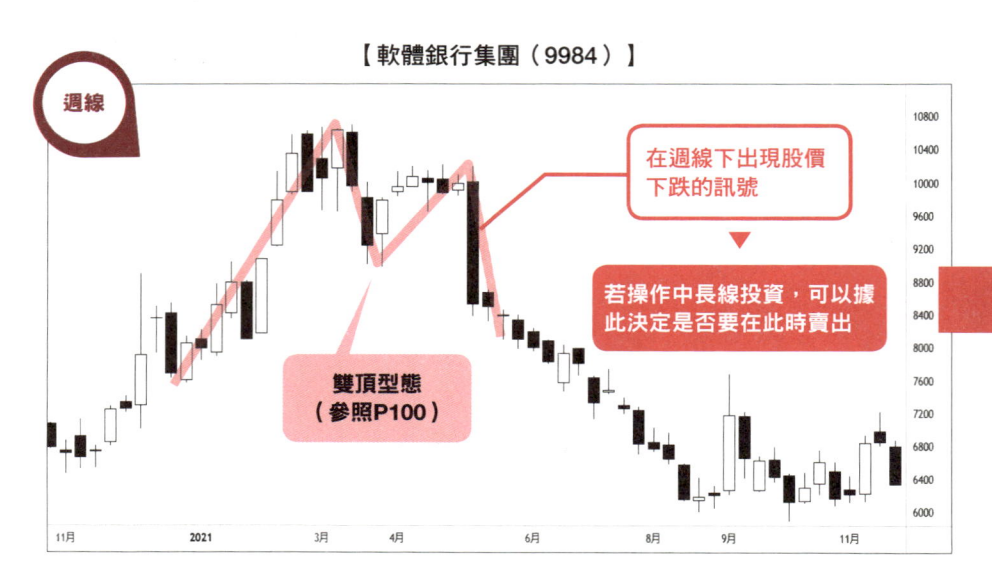

【軟體銀行集團（9984）】

週線

雙頂型態
（參照P100）

在週線下出現股價下跌的訊號

若操作中長線投資，可以據此決定是否要在此時賣出

股價走勢圖透露的「最佳交易價格」

　　股價走勢圖是用來顯示過去股價變動軌跡的圖表。投資人可藉此**了解目前的股價水平和過去相比是高是低，進而掌握「目前的股價是否合理」**，無論是操作短線或中長線交易，這一點都是相同的。

　　唯一的差異在於「時間軸」。透過切換圖表的時間軸，你可以檢視數小時前、數天前，或者是過去一個月、半年、一年前的股價走勢，這就是時間軸的差異。

　　如果你仍然覺得困難，可能是因為你認為「股價走勢圖看起來很難」的緣故。但如果因此就對當沖卻步，那就太可惜了。股價圖表是用來判斷買賣時機的工具，**是所有投資人都可以使用的「武器」**。只要了解如何看懂和使用它，操作當沖交易一點也不難。

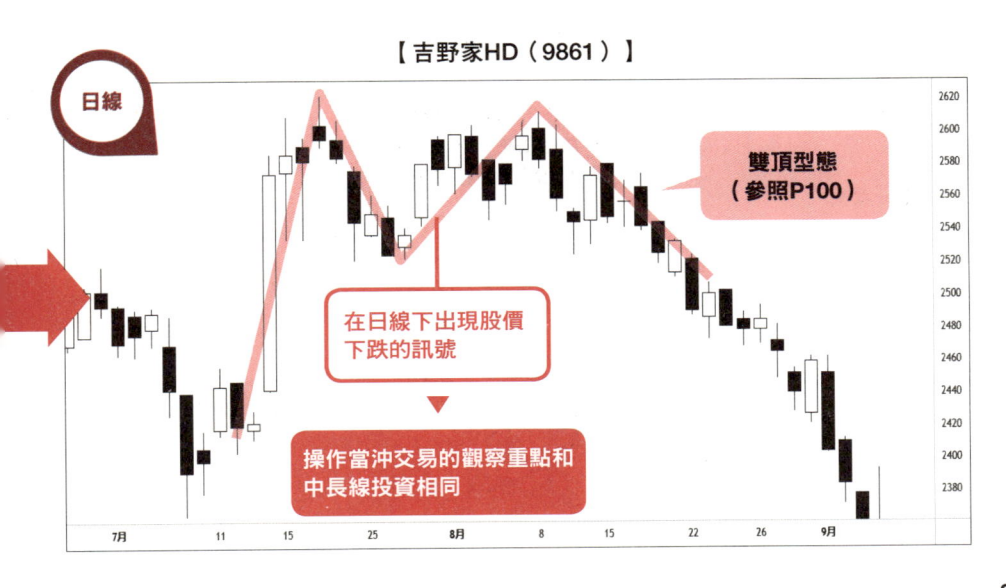

【吉野家HD（9861）】

日線

雙頂型態
（參照P100）

在日線下出現股價下跌的訊號

操作當沖交易的觀察重點和中長線投資相同

短線交易者必學的100個技術型態

　　本書將從零開始，為各位解說股價走勢圖上的技術型態，包括短線交易者應該鎖定圖表中的哪一個部分觀察、進出場時機的判斷，並搭配大量淺顯易懂的圖解。

　　在股市行情中，存在某些特定的「模式」（或者說是某些「規律」），而許多「模式」是短線交易獨有的。因此，本書精選了100個短線交易者必知的圖表型態。從以日為單位的「當沖交易」、在數日到數週內完成的「波段交易」，到以秒或分為單位的「超短線交易」，你都能有效地利用本書的內容加以應對。

　　再次提醒，這3種短線交易方式僅是依據不同的時間軸而已，當沖交易所使用的圖表型態也能應用在波段交易上，反之亦然。由於許多「模式」是一體適用的，因此短線交易者請務必讀通本書。

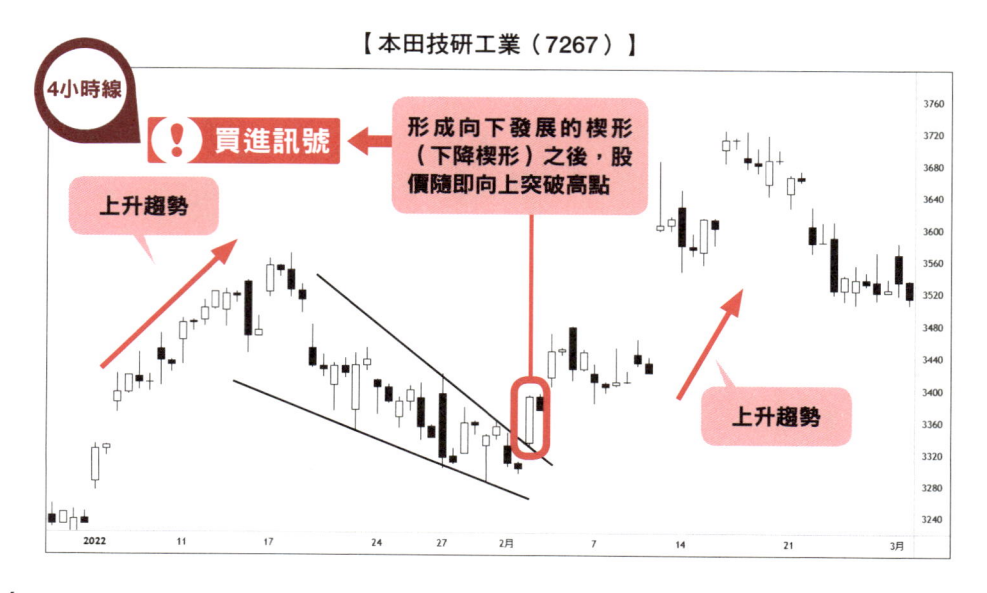

【本田技研工業（7267）】

4小時線

買進訊號

上升趨勢

形成向下發展的楔形（下降楔形）之後，股價隨即向上突破高點

上升趨勢

如何有效使用這本書？

　　本書將針對短線交易的3種交易方法，提供豐富的技術型態圖解，詳細解說其股價波動的特徵。在需要在短時間內做出買賣決策的短線交易中，如果你認為自己很難在不同行情中找到有效輔佐交易的技術型態，請試著從以下的方法著手：

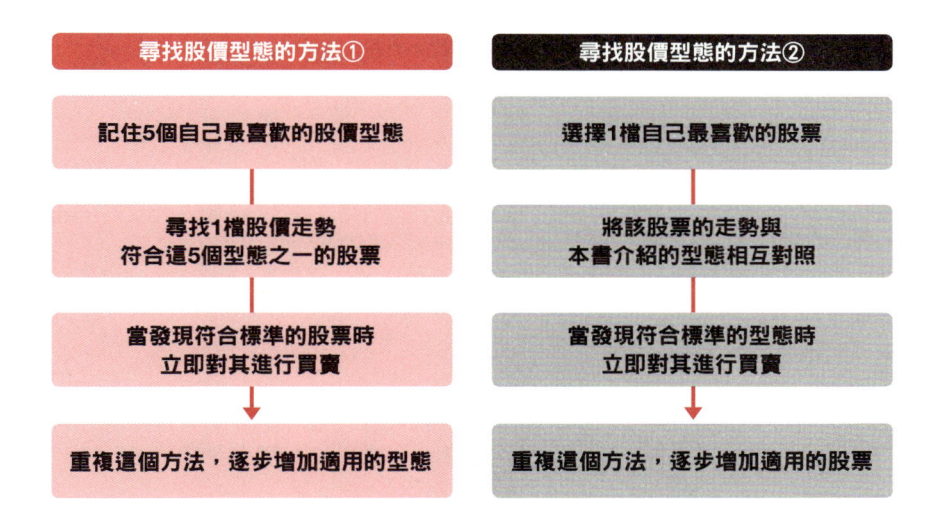

尋找股價型態的方法①	尋找股價型態的方法②
記住5個自己最喜歡的股價型態	選擇1檔自己最喜歡的股票
尋找1檔股價走勢符合這5個型態之一的股票	將該股票的走勢與本書介紹的型態相互對照
當發現符合標準的股票時立即對其進行買賣	當發現符合標準的型態時立即對其進行買賣
重複這個方法，逐步增加適用的型態	重複這個方法，逐步增加適用的股票

　　此外，由於短線交易的時間短，壓力也相對大，**針對這點，本書在結尾部分也彙整了應對壓力、養成正確投資心態的方法**。若因慌亂而誤判股價走勢，將會得不償失。希望各位能以平常心來面對市場，而這部分的內容能提供你有力的參考。

　　希望本書能幫助您在不同的市場狀況下做出最適當的交易決策，在投資中取得佳績。

戶松信博

本書的頁面構成

關鍵字
標示各章節所介紹的技術型態與概念,將依據例如「酒田五法」、「移動平均線」、「葛蘭碧法則」等類別進行分類。

交易類型
顯示本章的技術型態是「買進」(多)或「賣出」(空),是「順勢交易」或「逆勢交易」,以及技術指標是「趨勢型」或「振盪型」等,並說明在不同情況下要採取的分析方式。

引領投資成功的主題
內容涵蓋了短線交易者必知的股價走勢圖基礎知識、常見的圖表型態,以及常用的技術指標等。

核心解說
這裡將說明短線交易所需的圖表判讀方法,並說明圖表中的技術型態會在什麼情形下出現,以及當這些型態或訊號出現之後,你可以怎麼操作。

葛蘭碧法則　　長線視點　順勢操作　趨勢判斷

運用葛蘭碧法則的買進模式①

「葛蘭碧法則」是一種使用移動平均線掌握買賣訊號的技巧。其中,買進與賣出各有4種模式,合計共由8種模式所構成。

向上突破均線就買進的策略

為了實際運用移動平均線提升投資效益,必須先了解「葛蘭碧法則」究竟是什麼。這是由發明移動平均線的美國投資人葛蘭碧(Joseph E. Granville)提出的分析法——以移動平均線的「走向」及「K線位置」為基準,抓出最適合進出場的時機。其中,買進和賣出各有4種模式,以下將解說第1種買進模式。

「葛蘭碧法則」的買進模式①,**是利用行情止跌回升的逆轉盤勢來獲利的策略**。當股價持續下探時,移動平均線會下彎,而K線也會在均線下方移動。當賣出力道減弱時,K線會逐漸朝均線靠攏。如果**K線突破了水平或向上發展的均線時,代表股價已觸底,即將反轉為上升趨勢**。

成功率並非100%,必須嚴守停利出場的紀律

話雖如此,但即便股價按照這個模式推移,股價上升後亦有可能出現拉回盤整※的狀況。因此,特別是在操作當沖時,**一旦出現漲幅就應賣出持股以確保獲利**。如果整體盤勢持續看漲,再反覆進場交易即可。

用語解說
※ 盤整　　意指行情出現短期的反向走勢。例如,當股價走上升趨勢時,出現短期性下跌的盤勢就可視為拉回盤整。

更深入的相關資訊

PLUS .... 該章節需要補充的內容,以及應牢記在心的重要資訊。
有備無患! ...... 包括與主題相對應的交易格言,以及在面對市場時應有的心態。
實戰! .... 提供實際交易時的建議,例如當「買進訊號」出現時該怎麼做。
用語解說 .... 包括短線交易相關的名詞解說。

圖表型態的解說

本書將介紹100個短線交易的技術型態，請見P14的一覽表。

買／賣訊號

買進訊號
在該型態中，「買進」的判斷基準在哪裡？

賣出訊號
在該型態中，「賣出」的判斷基準在哪裡？

圖表型態5 運用「葛蘭碧法則」的買進模式①

【KDDI（9433）】

在下降趨勢的過程中，K線向上突破移動平均線 → **買進訊號**

1小時線

下降趨勢

20移動平均線

上升趨勢

第3章 運用當沖交易取勝的圖表型態

在下降趨勢結束後，我要一次重押！

「葛蘭碧法則」出現了，這裡就是起漲點！

股市贏家的建議
為了確認當下的行情是否確實反轉為上升趨勢，可以再多觀察2～3根K線的變動狀況。

59

技術型態解說

以實際的股價走勢圖來呈現相對應的技術型態，說明該型態出現的條件及應該要關注的重點。

投資人心理

透過插圖解說當該型態出現時，市場投資人的反應及心理變化。

股市贏家的建議

從專業投資人的角度，解說在運用該型態時應特別注意的重點、容易忽略的細節，以及可以多加活用的事項。

CONTENTS

序言 2
本書的頁面構成 6
圖表型態一覽表 14

第1章 短線交易模式與交易系統

交易模式	新手如何運用**當沖交易**來獲利？	16
交易模式	10分鐘掌握**當沖交易**的重點！	18
交易模式	10分鐘掌握**波段交易**的重點！	20
交易模式	10分鐘掌握**超短線交易**的重點！	22
時間	操作當沖交易時必須養成的**時間意識**	24
股價	昨天的收盤價**未必等於**今天的開盤價	26
10檔報價	從**10檔報價**掌握買方和賣方的勢力消長	28
下單方式	活用**逆限價單**及**OCO單**來買賣股票	30
下單方式	操作更靈活的**IFD單**與**IFDOCO單**	32
專欄	如何運用信用交易拓展投資廣度？	34

第2章 構成股價走勢圖的要素及判讀方法

構成要素	10分鐘掌握股價走勢圖的**基本要素**	36
K線	從**K線**的顏色和形狀來掌握行情變化	38
時間軸	切換K線圖的**時間軸**，用不同視點觀察股價變化	40
股價	股價急速上漲或下跌時出現的**漲停**與**跌停**	42
專欄	活用「多邊交易工具」看盤	44

第3章 運用當沖交易取勝的圖表型態

交易時段	當沖基礎知識①把焦點鎖定在**9點～11點**	46
交易時段	當沖基礎知識②觀察**前一天尾盤**的股價變化	48
交易時段	當沖基礎知識③小心**收盤前30分**的波動風險	50
技術指標	當沖基礎知識④**技術指標**分為2大類型	52
移動平均線	當沖基礎知識⑤簡單易懂的**移動平均線**	54
移動平均線	當沖基礎知識⑥調整移動平均線的**長短參數**	56
葛蘭碧法則	運用葛蘭碧法則的**買進模式**①	58
葛蘭碧法則	運用葛蘭碧法則的**買進模式**②	60
葛蘭碧法則	運用葛蘭碧法則的**買進模式**③	62
葛蘭碧法則	運用葛蘭碧法則的**買進模式**④	64
葛蘭碧法則	運用葛蘭碧法則的**賣出模式**①	66
葛蘭碧法則	運用葛蘭碧法則的**賣出模式**②	68
葛蘭碧法則	運用葛蘭碧法則的**賣出模式**③	70
葛蘭碧法則	運用葛蘭碧法則的**賣出模式**④	72
移動平均線	移動平均線的3大類型**SMA・EMA・WMA**	74
複數均線	判斷多空轉折的**黃金交叉與死亡交叉**	76
複數均線	**多頭排列**是多方氣勢如虹的買進訊號	78
乖離率	判斷行情是否反轉的**移動平均乖離率**	80
隨機指標	判斷市場是否已超賣或超買的**隨機指標**	82
RCI・ADL騰落指標	判斷個股及市場是否過熱的**RCI及騰落指標**	84
RSI相對強弱指標	判斷盤勢時最受歡迎的**RSI相對強弱指標**	86
MACD指標	由均線進化而成的**MACD指標**	88

複數指標	結合**SMA**與**MACD**指標更能精準抓到趨勢	90
道氏理論	**道氏理論**①判斷趨勢是否能持續的關鍵	92
道氏理論	**道氏理論**②判斷趨勢的轉換時機	94
道氏理論	**道氏理論**③搭配其他技術指標增加威力	96
K線型態	運用**K**線組成的**型態**分析股價未來走勢	98
天花板‧地板	判斷趨勢轉折點的**雙頂**與**雙底**	100
天花板‧地板	能抓出股價高低點的**三重頂**與**三重底**	102
橫盤整理	透露市場猶豫心理的**三角收斂型態**	104
橫盤整理	股價在趨勢內整理的**楔形**與**旗形**型態	106
橫盤整理	股價在支撐線與壓力線之間來回波動的**箱型整理**	108
成交量	判斷股票受市場關注程度的**成交量**	110
成交量	運用**分價量表**尋找市場關注的價格區間	112
當日現金交割	「當日現金交割」交易法①掌握**特定的股價波動**	114
當日現金交割	「當日現金交割」交易法②鎖定**反彈的時機點**	116
練習問題①	如何判斷進場買進與獲利了結的時機？	118
練習問題②	下降及上升趨勢分別是哪種K線型態？	119
(專欄)	買賣股票時的手續費成本	122

第4章 運用波段交易取勝的圖表型態

基礎篇	波段交易的基礎知識①**基本操作策略**	124
基礎篇	波段交易的基礎知識②**避免在連假期間持股**	126
布林通道	布林通道①觀察通道的**收縮**與**擴大**	128
布林通道	布林通道②**趨勢通道**的買進訊號	130

GMMA顧比均線	可精準判斷長期及短期趨勢的**顧比均線**	132
一目均衡表	一目均衡表①**基本結構**	134
一目均衡表	一目均衡表②**三役好轉**	136
一目均衡表	一目均衡表③**延遲線的用法**	138
斐波那契回撤	以「數列比例」分析股價的**斐波那契回撤**	140
SAR拋物線指標	能研判趨勢轉換時機的**SAR拋物線指標**	142
ENV包絡線	以「股價」與「均線」背離程度鎖定買賣點的**包絡線**	144
移動平均線	讓代表**不同時間軸的均線**顯示在同一張圖表上	146
HV歷史波動率	可推估波動率變化的**HV歷史波動率**	148
DMI動向指標	用3根線判斷趨勢強弱的**DMI動向指標**	150
PSY心理線	反映市場投資人心理的**PSY心理線**	152
複數指標	綜合運用**布林通道與RSI相對強弱指標**	154
複數指標	綜合運用**斐波那契回撤與DMA指標**	156
酒田五法	酒田五法①**三山**	158
酒田五法	酒田五法②**三川**	160
酒田五法	酒田五法③**三空**	162
酒田五法	酒田五法④**三兵**	164
酒田五法	酒田五法⑤**三法**	166
天花板‧地板	股價創高後出現跳空缺口形成的**島狀反轉**	168
天花板‧地板	預告行情即將反轉的**菱形頂型態**	170
天花板‧地板	掌握股價上揚時機的**杯柄型態**	172
天花板‧地板	瞄準盤整時趨勢轉換的**海龜交易法**	174
練習問題①	反轉為上升趨勢的關鍵點位在哪裡？①	176
練習問題②	反轉為上升趨勢的關鍵點位在哪裡？②	177
(專欄)	技術分析與市場「聖杯」	180

第5章 運用超短線交易取勝的圖表型態

跳動點	超短線交易的基礎知識①**跳動點**的基本要素	182
跳動點	超短線交易的基礎知識②運用跳動點**尋找強勢股**	184
跳動點	超短線交易的基礎知識③運用跳動點的**交易實例**	186
K線種類	K線的檢視方式①**大陽線・大陰線**	188
K線型態	K線的檢視方式②**同時線**的4種型態	190
K線型態	K線的檢視方式③底部**帶量上漲的大陽線**	192
K線型態	K線的檢視方式④帶著**上下影線**的K線	194
K線型態	**下影陽線・下影陰線**可能是急跌後的反彈訊號	196
K線型態	**上影陽線・上影陰線**可能是急漲後的下跌訊號	198
K線組合	**環抱線・孕育線**觀察2根K線的組合	200
K線組合	**覆蓋線・切入線・穿透線**觀察3種K線組合	202
K線組合	在K線之間出現的大型**跳空缺口**	204
K線組合	解讀**連續K線**透漏的交易線索	206
壓力線・支撐線	市場投資人都在關注的**突破交易**	208
壓力線・支撐線	不容輕忽的投資人**心理關卡**	210
壓力線・支撐線	**摜破大關**之後的股價容易持續下挫	212
多空趨勢	先釐清股票處於**哪一種趨勢**再思考如何買賣	214
多空趨勢	用連結股價高低點的**趨勢線**判斷多空轉折	216
多空趨勢	用連結趨勢高低點的**軌道線**判斷股價落點	218
VWAP	表示「成交量加權平均價」的**VWAP**	220
多空趨勢	短線交易者也應勤於確認**長期趨勢**	222
練習問題①	跳空缺口及缺口回補出現在哪裡？	224

| 練習問題② | 上升趨勢發生轉折的位置在哪裡？ | 225 |
| 專欄 | 交易時必須做好「假突破」的設想 | 228 |

第6章 當沖交易者觀察大盤及選股的祕訣

大盤指數	從前一天的**大盤指數**評估股市走向	230
大盤指數	日股開盤時容易受到**美股收盤**的影響	232
歷史數據	從**最近兩週**的股價動向掌握個股波動特性	234
新股上市‧變更市場	**新股上市**與**變更交易市場**對股價走勢的影響	236
股票下市	股票**宣布下市**時會導致的股價變化	238
財報	公司**發布財報**時會導致的股價變化	240
10檔報價	10檔報價中的**買賣越活躍**股價波動就越大	242
熱門股	觀察開盤前的**股價漲幅排行**作為選股依據	244
熱門股	開盤即飆漲的股票如何**尋找買賣點**？	246
專欄	什麼是「冰山單」與「狙擊單」？	248

末章　如何在股海中保持穩定的投資心態？ ……… 249

圖表型態一覽表

1	鎖定交易量較高的9點～11點	47		51	判斷趨勢轉換及發展力道的「DMI指標」	151
2	尾盤的走勢會影響隔天的股價	49		52	解讀市場投資人心理面的「PSY心理線」	153
3	收盤前的股價容易上下震盪	51		53	「布林通道」與「RSI指標」的綜合分析	155
4	留意移動平均線的「方向」與「K線位置」	55		54	使用DMA與FR指標判斷理想的進場點	157
5	運用「葛蘭碧法則」的買進模式①	59		55	使用DMA與FE指標判斷理想的出場點	157
6	運用「葛蘭碧法則」的買進模式②	61		56	在行情天花板區出現的「三山」	159
7	運用「葛蘭碧法則」的買進模式③	63		57	在股價低點區出現的「三山」	159
8	運用「葛蘭碧法則」的買進模式④	65		58	三川夜星	161
9	運用「葛蘭碧法則」的賣出模式①	67		59	三川晨星	161
10	運用「葛蘭碧法則」的賣出模式②	69		60	上跳三空	163
11	運用「葛蘭碧法則」的賣出模式③	71		61	下跳三空	163
12	運用「葛蘭碧法則」的賣出模式④	73		62	代表上升的紅三兵・代表下降的黑三兵	165
13	轉為上升趨勢的「黃金交叉」	77		63	判斷趨勢是否會持續發展的「上升三法」	167
14	轉為下降趨勢的「死亡交叉」	77		64	代表趨勢轉換強力訊號的「島狀反轉」	169
15	顯示強烈上升趨勢的「多頭排列」	79		65	判斷行情即將出現反轉的「菱形頂」	171
16	作為趨勢翻轉判斷基準的「移動平均乖離率」	81		66	判斷股價將向上爬升的「杯柄型態」	173
17	判斷股價是否過熱的「慢速隨機指標」	83		67	瞄準盤整時出現假突破的「海龜交易法」	175
18	判斷股價是否過熱的「RCI指標」	85		68	運用「跳動點」判讀大筆交易作為買賣基準	187
19	判斷整體行情是否過熱的「騰落指標」	85		69	顯示強勢買壓的「大陽線」	189
20	判斷行情過熱程度及趨勢轉換的「RSI指標」	87		70	在股價底部出現帶量上漲的大陽線	193
21	判斷趨勢起始點及結束點的「MACD指標」	89		71	帶著長影線的K線所代表的意義及種類	195
22	結合SMA及MACD指標來分析趨勢	91		72	股價下跌後出現帶有下影線的長K線	197
23	判斷趨勢是否能持續下去的「道氏理論」	93		73	實體較長且帶有長下影線的K線	197
24	判斷趨勢是否即將轉換的「道氏理論」	95		74	股價上漲後出現帶有長上影線的K線	199
25	「道氏理論」搭配「200日SMA」確認趨勢	97		75	由2根K線組成的「環抱線」及「孕育線」	201
26	「道氏理論」搭配「MACD」確認趨勢	97		76	覆蓋線・切入線・穿透線	203
27	判斷轉為下降趨勢的「雙頂型態」	101		77	出現「向下跳空缺口」後立即回補缺口	205
28	判斷趨勢已達天花板的「三重頂型態」	103		78	開盤時出現大量賣壓的進場時機	207
29	判斷買方與賣方均衡度的「三角收斂型態」	105		79	開盤時出現大量買壓的進場時機	207
30	判斷股價將上漲的「下降楔形」	107		80	股價突破前次高點的型態	209
31	判斷股價將下跌的「下降旗形」	107		81	股價跌破前次低點的型態	209
32	應對「箱型」的2種策略	109		82	當股價來到整數關卡時即為「攻上大關」	211
33	判斷股票人氣及趨勢結束時機的「成交量」	111		83	「攻破大關」時股價容易持續下探	213
34	發揮壓力線及支撐線功能的「分價量表」	113		84	用以判斷「上升趨勢」形成及結束的趨勢線	217
35	「當日現金交割」限制下的MACD策略	117		85	用以判斷「下降趨勢」形成及結束的趨勢線	217
36	在連假開始前整理持股部位	127		86	判斷反彈／回落點的「軌道線」	219
37	判斷股價漲跌幅度的「布林通道」	129		87	運用VWAP掌握「成交量加權平均價」	221
38	判斷股價穩定向上的「趨勢通道」	131		88	運用「200日SMA」分析長期趨勢	223
39	判斷趨勢方向及進場時機的「GMMA均線」	133		89	根據日經平均指數預測股價動向	231
40	能一次看懂趨勢變化的「一目均衡表」	135		90	根據道瓊工業指數預測股價動向	233
41	一目均衡表中的「三役好轉」	137		91	掌握每一檔個股的股價波動特性	235
42	一目均衡表中判斷買賣盤強弱的「延遲線」	139		92	新股上市後在次級市場中股價亦會上漲	237
43	斐波那契回撤線（FR）	141		93	股票在變更市場後推升股價	237
44	斐波那契擴展線（FE）	141		94	因無力償債而下市的股票會持續下跌	239
45	判斷趨勢轉換時機的「拋物線指標」	143		95	因公開收購而下市的股票不跌反漲	239
46	逆勢操作時的「包絡線」分析	145		96	財報亮眼但股價卻應聲下挫	241
47	順勢操作時的「包絡線」分析	145		97	財報差強人意但股價卻反向上揚	241
48	以不同的時間軸來顯示均線	147		98	股價朝「10檔報價」買賣方傾斜的模式	243
49	用以解讀波動率變化的「HV歷史波動率」	149		99	在「盤前股價漲幅排行」中挑選波動大的股票	245
50	HV搭配SMA能觀察到更多買進機會	149		100	運用「MACD指標」找出開盤後的交易機會	247

第1章

股票交易基本法則
短線交易模式與交易系統

短線交易可分為「當沖交易」、「波段交易」及「超短線交易」等3種。本章將介紹各種交易模式的差異，以及在進行交易時應先行掌握的交易系統。

Keywords
- 交易模式
- 時間
- 股價
- 10檔報價
- 下單方式

交易模式

新手如何運用
當沖交易來獲利？

當日沖銷與中長期投資相比，重點會著重於取得相對較小的獲利幅度。即使是幾十圓的股價波動也不可輕忽。

只需評估短期消息即可進行投資判斷

所謂的股票投資，會依照股票的持有時間長短而有不同的投資策略。在「中長線投資」中，股票的持有期從數週到數年不等，主要是預測未來業績可能持續成長的公司進行投資。但在當沖交易中，即使是一間十年後倒閉的公司，**若能判斷其股價在幾小時、幾分鐘，甚至幾秒之後可能會上漲，那麼就可立即買進**，也就是依據當下股價走勢與資訊變化，作為投資的判斷基準。

事先擬定「獲利漲幅目標」

操作短線投資時，首先要決定「要在漲幅來到多少時脫手」。例如，某檔股票一天內的漲幅，雖然僅有270圓，**但若能增加買進股數及交易次數，就能取得令人滿意的獲利幅度。**

但若是一檔「一個月漲了270圓」的股票，情況就會有所不同。因為在持有該檔股票期間，你手邊將可能會沒有多餘的資金可供運用。此時，即使發現那些漲幅可能達到500甚至600圓的股票，你也沒有餘力買進，資金的運用效率就會變差。雖然每檔股票均會因波動率（股價變化幅度）差異而無法套用同一標準，但仍可透過股價走勢圖來掌握歷史變化幅度，並由此來設定希望的獲利漲幅目標。

> **實戰！** 為了分辨出股價波動相對較大的股票，可適當運用ATR（真實波幅均值）此一表示股價波動幅度的指標。

增加交易股數來提升獲利

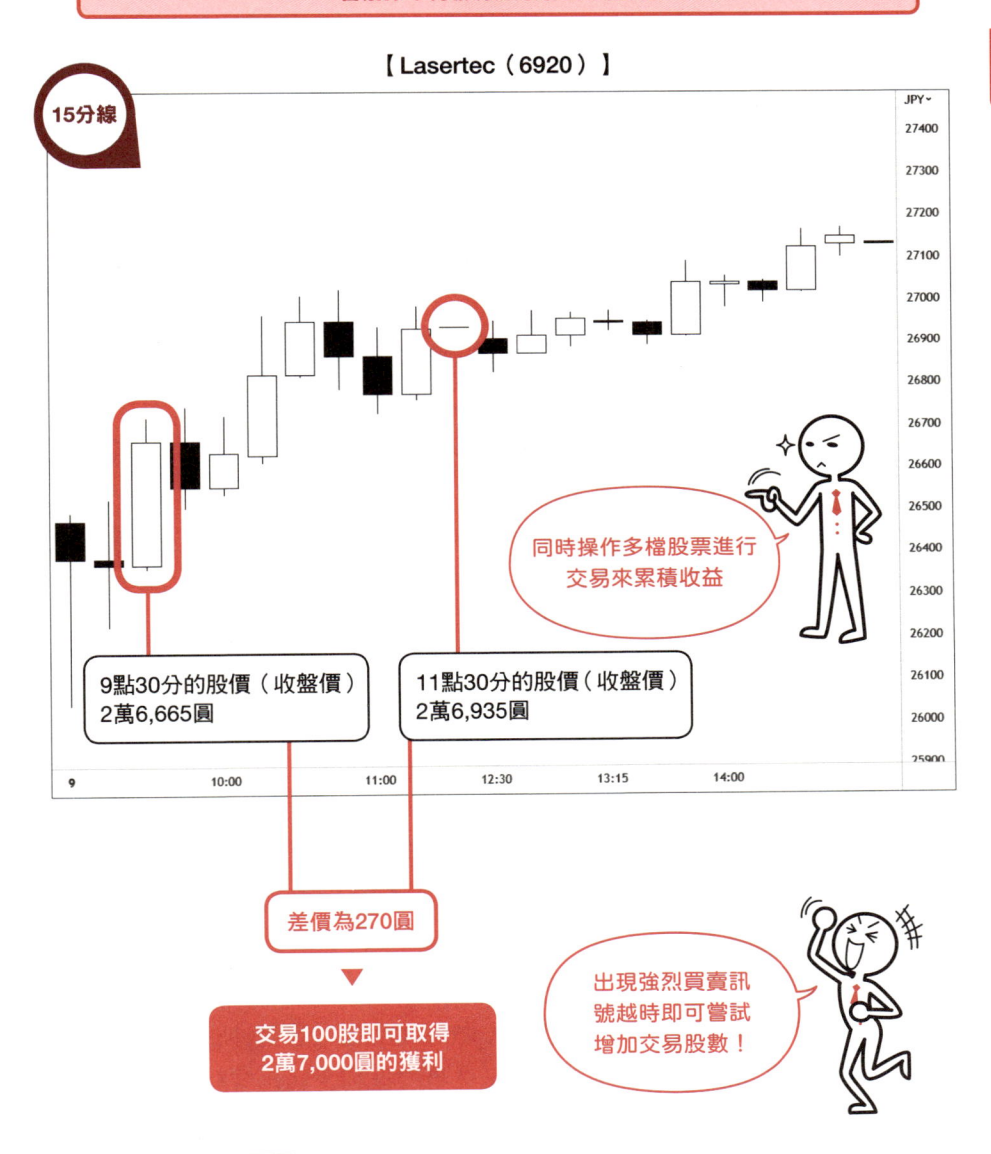

【Lasertec（6920）】

15分線

9點30分的股價（收盤價）
2萬6,665圓

11點30分的股價（收盤價）
2萬6,935圓

同時操作多檔股票進行交易來累積收益

差價為270圓

交易100股即可取得
2萬7,000圓的獲利

出現強烈買賣訊號越時即可嘗試增加交易股數！

股市贏家的建議

基本上股票買賣可從100股起跳，並可根據買賣訊號的強弱來搭配手頭資金進一步調整買賣的股數。

第1章 短線交易模式與交易系統

17

交易模式

10分鐘掌握
當沖交易的重點！

當沖交易是指能夠在1天之內完成的股票買賣模式，這是一種能迴避股價劇烈變動的風險，同時又能穩定賺取小額利潤的投資型態。

可避免隔夜風險

　　進行短線投資時，在1天之內完成買賣的交易，即稱為「當沖交易」。由於持股不會保留至隔天，而是在當天完成買進賣出，**因此能避免受到劇烈波動的行情影響**。

　　業績或公司發布的相關資訊等，通常於股市收盤後公布。若判斷該公司所發布的訊息為利多消息，隔天該公司的股價將大幅上漲。相對的，一旦發布的訊息為利空消息，股價則可能出現崩跌，這就是所謂的「隔夜風險」（overnight risk）。在這種狀況下，隔天的股價往往會在一開盤時急速下挫。

小額資金即可操做

　　當沖交易的另一個優點是，由於屬於短線交易，因此使用少量的資金即可進行操作。例如將手上的30萬圓全數投入股市，買進每股3,000圓的股票共100股。當1小時後股價上漲100圓時再全數賣出，你就能拿回31萬圓。

　　像這樣，在資金有限的情況下，你可以反覆透過當沖交易來增加獲利。**隨著資金規模逐漸擴大，單筆交易的獲利金額也會隨之增加，也更容易達成整體的獲利目標。**

> **實戰！** 操作當沖銷須留意「差額結算」。同一筆資金於同一天內雖可針對同一檔股票進行買進賣出，但這筆錢之後就無法再次買進該檔股票。

當沖交易能有效避免隔夜風險

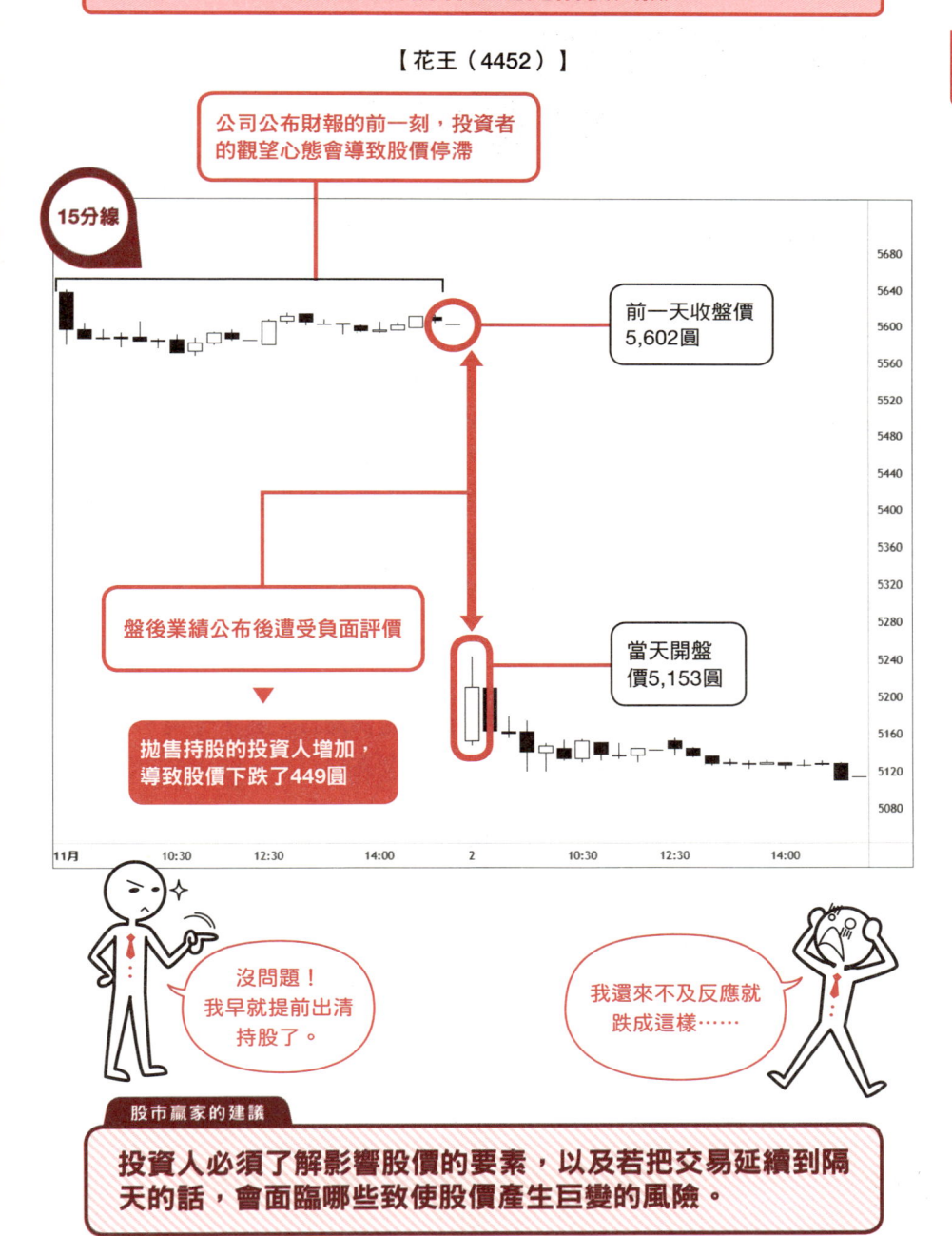

【花王（4452）】

公司公布財報的前一刻，投資者的觀望心態會導致股價停滯

15分線

前一天收盤價 5,602圓

盤後業績公布後遭受負面評價

▼

拋售持股的投資人增加，導致股價下跌了449圓

當天開盤價 5,153圓

> 沒問題！
> 我早就提前出清持股了。

> 我還來不及反應就跌成這樣……

股市贏家的建議

投資人必須了解影響股價的要素，以及若把交易延續到隔天的話，會面臨哪些致使股價產生巨變的風險。

第1章 短線交易模式與交易系統

交易模式

10分鐘掌握波段交易的重點！

相較於當沖，波段交易會花更長的時間進行一筆單的買賣。特別是當某種市場趨勢明確成形的時候，就非常適合採用這種交易模式。

持股數天～數週的交易模式

波段交易是一種在數天～數週之間進行買賣的交易模式。當股票呈現明確的趨勢時，這樣的交易模式尤其有效。所謂的「趨勢」，是指整體股價的動向，若呈現上升趨勢即為盤勢上揚，若呈現下降趨勢則是盤勢走跌。假如該檔股票正處在漲勢當中，**即可期待它接下來會持續看漲，因此相較於做當沖，做波段更能瞄準大幅獲利**。這是因為股票的走勢一旦確立，通常就會維持好一段時間的緣故。

切莫因行情變動而切換「投資模式」

需要注意的是，**如果你一開始的目標是做短線交易，千萬不要在中途將持股切換為長線投資的模式**，一定要在自己設定的出場時間內完成買賣結算才是上策。

即使過程中出現比預期更加顯著的上升趨勢，但若貪圖更多的獲利而改變交易模式，很容易因此錯過最佳的賣點。因此務必先決定好賣點，並確實按計畫進行交易。此外，即使預計一段時間後才要出場，也不應該在買進後就置之不理，因為市場隨時有可能出現新的消息而牽動股價變化。總結來說，採取波段交易的模式時，建議每天至少要確認一次股價走勢圖。

PLUS α 操作波段交易時，關注股價走勢圖的頻率往往會低於當沖交易，因此對上班族的交易者來說，也相對更容易進行操盤。

精準觀察盤勢後運用波段交易獲利

【索尼集團（6758）】

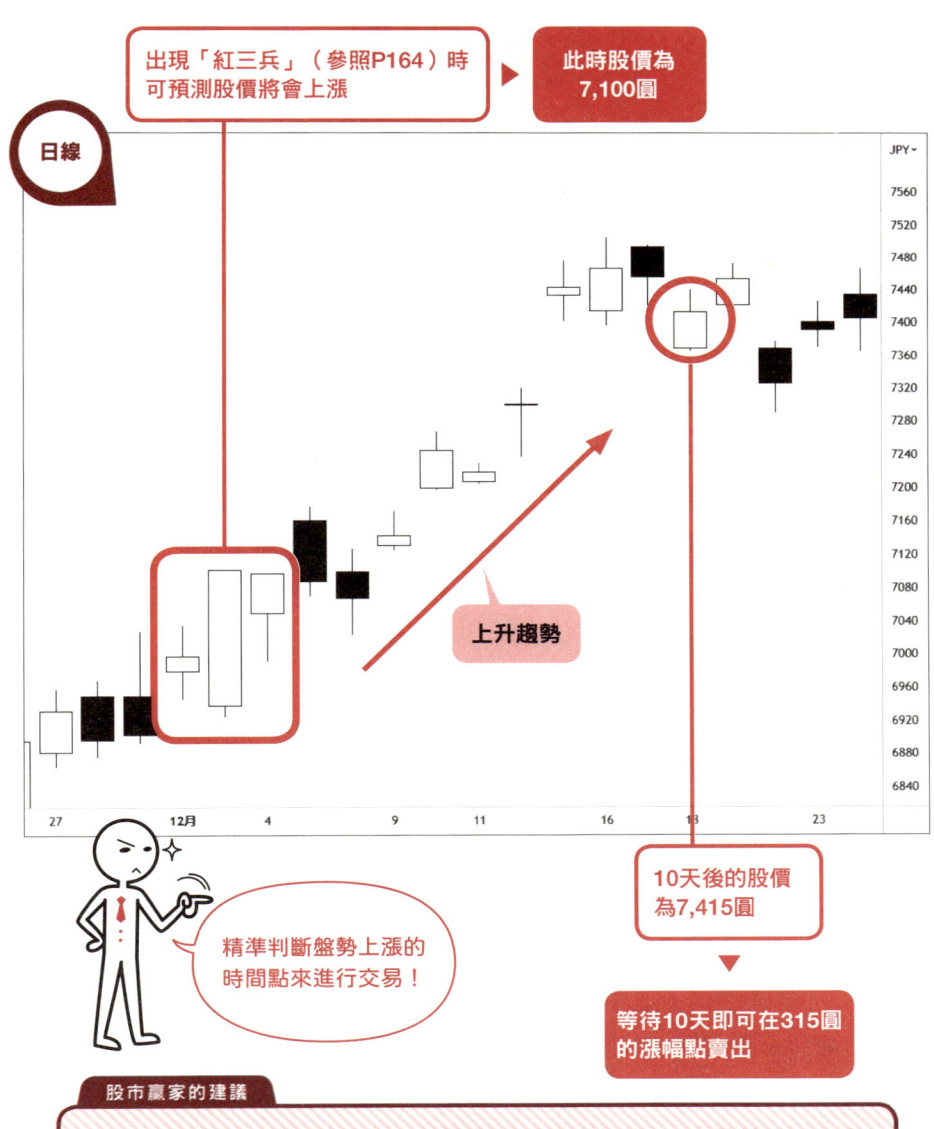

第1章 短線交易模式與交易系統

出現「紅三兵」（參照P164）時可預測股價將會上漲 ▶ 此時股價為7,100圓

日線

上升趨勢

精準判斷盤勢上漲的時間點來進行交易！

10天後的股價為7,415圓

等待10天即可在315圓的漲幅點賣出

股市贏家的建議

確實獲利的關鍵不在於反覆調整交易模式，而是事前明確制定出場了結的時間點。

21

交易模式

10分鐘掌握
超短線交易的重點！

超短線交易是指一種在極短時間內完成買賣的交易模式。操作這類型的交易時，必須迅速找出買賣的訊號，並根據行情變化做出準確的判斷。

當機立斷的買賣決斷力

所謂的「超短線交易」（Scalping，又稱「剝頭皮」或股票倒賣），是指能夠在幾秒～幾分鐘內完成買進到賣出的交易手法。由於持股時間相當短暫，因此獲利與當沖、波段交易相比也相對較小，所以必須藉由增加買賣次數及買進股數等方式來提升獲利。

透過快速的判斷，**在買點來臨時迅速進場、在該獲利了結時迅速出場，這就是操作超短線交易時不可或缺的「敏捷度」**。此外，由於必須快速做出對行情的回應，下單時也往往更容易出錯，因此對於欲交易的股數及金額必須再三確認、謹慎下單。

最大化買賣機會

操作當沖或波段交易時，投資人可以將股價波動的目標設定為幾十圓～幾百圓。但是在操作超短線交易時，為了求快，你就得瞄準那些幅度更小的股價波動。

換句話說，**操作當沖或波段交易時可能會放過的股票或投資機會，在操作更即時的超短線交易時要更能把握住**。例如想在一檔股價低於500圓的股票上追逐100圓的價差是非常困難的，但是你可以透過超短線交易鎖定每一個微小的價格跳動，讓獲利積少成多。

PLUS α 　買賣股票需要支付手續費成本，故開設信用交易帳戶及選擇定額手續費方案等降低成本的考量就格外重要（參照P122）。

運用超短線交易讓獲利積少成多

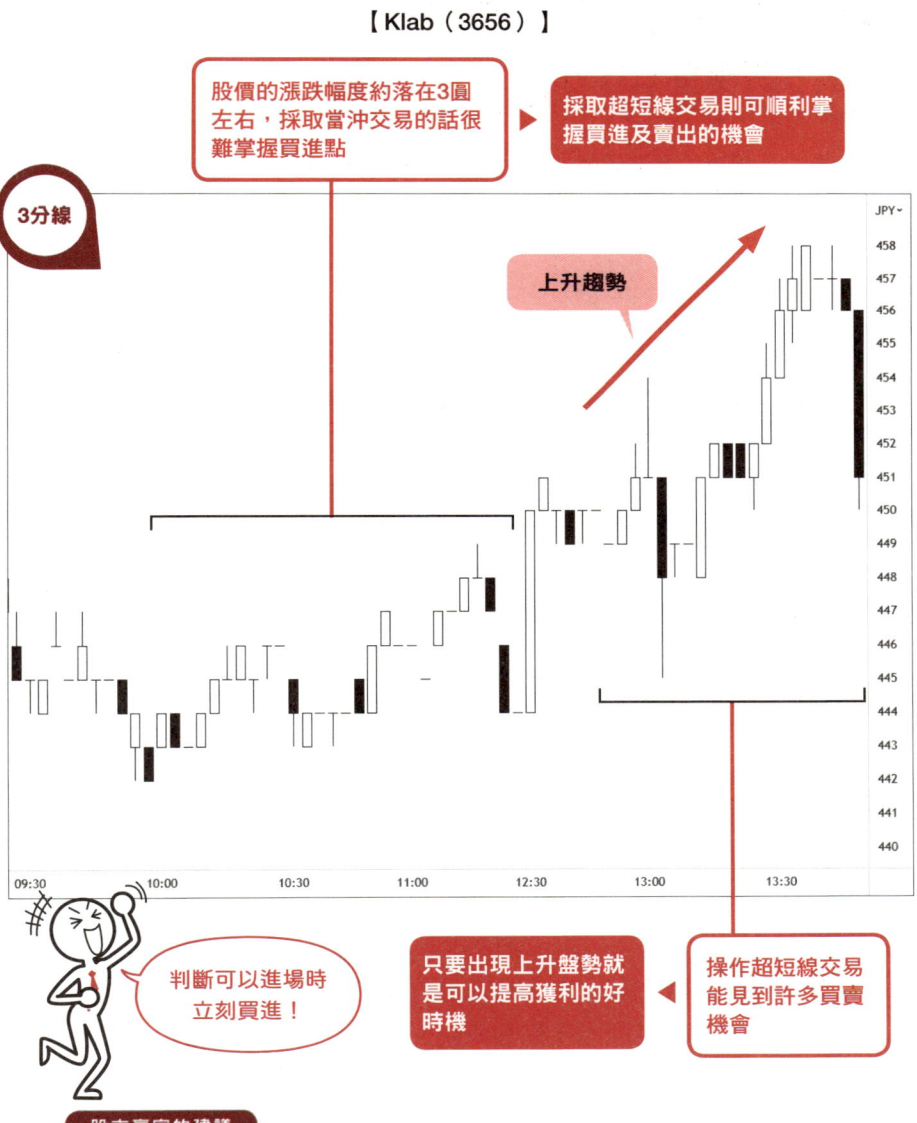

【Klab（3656）】

> 股價的漲跌幅度約落在3圓左右，採取當沖交易的話很難掌握買進點

▶ 採取超短線交易則可順利掌握買進及賣出的機會

3分線

上升趨勢

判斷可以進場時立刻買進！

只要出現上升盤勢就是可以提高獲利的好時機

◀ 操作超短線交易能見到許多買賣機會

股市贏家的建議

參照第5章所說明的操作技巧，能幫助你在許多交易機會中賺取最大的利潤。

第1章　短線交易模式與交易系統

時間

操作當沖交易時必須養成的**時間意識**

透過證交所買賣股票的時間（交易時段）是有限制的，投資人必須留意交易時間，同時瞄準獲利了結的最佳時機。

隨時留意剩餘的交易時間

操作當沖或超短線交易時，必須格外留意交易時間。**所謂的「交易時間」，指的是在證交所內可以進行股票買賣的時段。**

以日本而言，股市交易時間分為上午時段及下午時段。上午時段為9點至11點半，下午時段則為12點半至15點整。在交易所開盤後成交的第一筆交易稱為「開盤交易」，下午時段的最後一筆交易則稱為「收盤交易」。如碰上週末、國定假日、新年或年節前後，則會因為市場關閉之故而無法進行交易。

部分券商可以在市場收盤後進行交易

在日本，某些證券公司設有自家專屬的交易系統，故可在證交所交易時間外持續進行股票買賣。此系統稱為PTS（Proprietary Trading System），即「券商交易系統」。透過此系統進行交易的時間會因券商而異，但一般而言，夜間交易時段最早從16點30分開始，最晚至23點59分結束。

PTS的缺點在於交易人數比起透過證交所交易的人數來得更少，因此難以在希望的時間點上精準成交。對於初入市場的投資人來說，除非是出現特別的利多消息，否則應避免頻繁地使用PTS交易。

PLUS α 網路證券交易原則上24小時均可下單（視券商提供的服務而異），但實際上的交易時間是從平日的上午9點開始。

股票投資的交易時間

以東京證交所（東證）為例　　※東證以外的證交所至15點30分收盤

| 上午時段 | 下午時段 |

9點（開盤）　11點30分　12點30分　15點（收盤）

休市日
週末及國定假日年節前後
（日本為12月31日～1月3日）

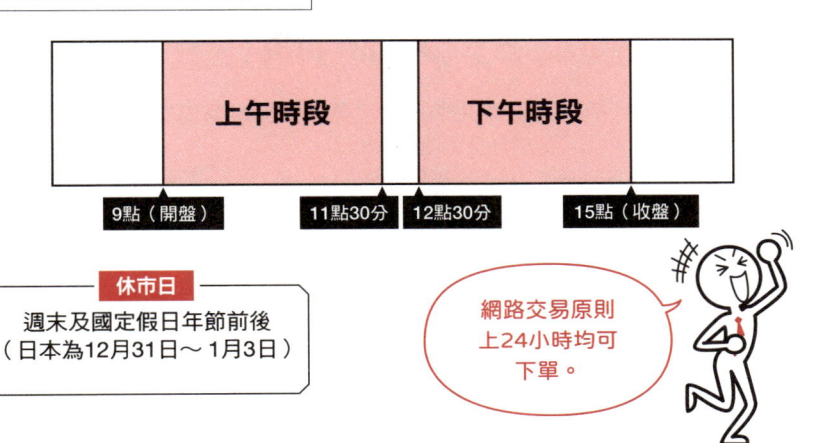

網路交易原則上24小時均可下單。

PTS（券商交易系統）的交易時間

以日本SBI證券為例

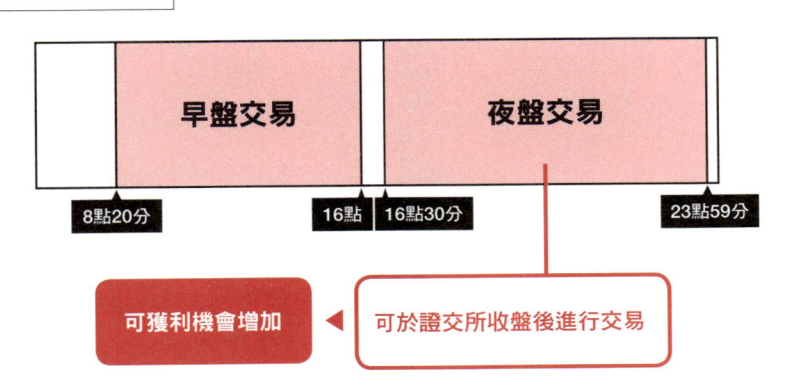

| 早盤交易 | 夜盤交易 |

8點20分　　16點　16點30分　　23點59分

可獲利機會增加 ◄ 可於證交所收盤後進行交易

股市贏家的建議

日本的SBI證券、松井證券及樂天證券等，均可使用PTS交易。

股價

昨天的收盤價
未必等於今天的開盤價

雖然股價經常受到前一天走勢的影響，但前一天的收盤價與隔天的開盤價並不會完全一致。其原因在於決定股價的機制。

股價是由買方和賣方之間的平衡決定

當天第一筆交易的價格稱為「開盤價」，而當天最後一筆交易的價格則稱為「收盤價」。許多投資人會簡單地認為「前一天的收盤價就是隔天的開盤價」，但事實上，**收盤價與開盤價之間經常會出現大幅價差的情況。**

股票買賣必須在賣家和買家「各自期望的價格」上達成一致的前提下，這筆交易才能成立。例如，假設有4個人想買賣A公司的股票，他們分別提出「以1,200圓賣出」、「以1,000圓賣出」、「以1,000圓買進」、「以900圓買進」等條件。在這種情況下，由於賣方和買方在1,000圓的價格上達成共識，因此兩者之間的交易就會成立，而A公司股票的交易價格（也就是股價）在那個時間點就是1,000圓。

任何風吹草動都可能影響隔天的股價

尤其當公司財報表現良好時，「即使價格高也願意買進」及「想要以更高價賣出」的人也會增加。**假設前一天的收盤價是1,000圓，但上午9點開盤時，如果買家和賣家期望的價格都是1,200圓，那麼當天的開盤價就會是1,200圓**（實際上，這筆交易並不會在上午9點確定，而是根據特別報價[※]一路上升的最終價格來確定）。

用語解說
※ 特別報價 — 當出現超過前一成交價一定範圍的報價，則暫時不予撮合。特別報價是當報價超出有效競價範圍所設定的臨時價格。

決定股價的機制

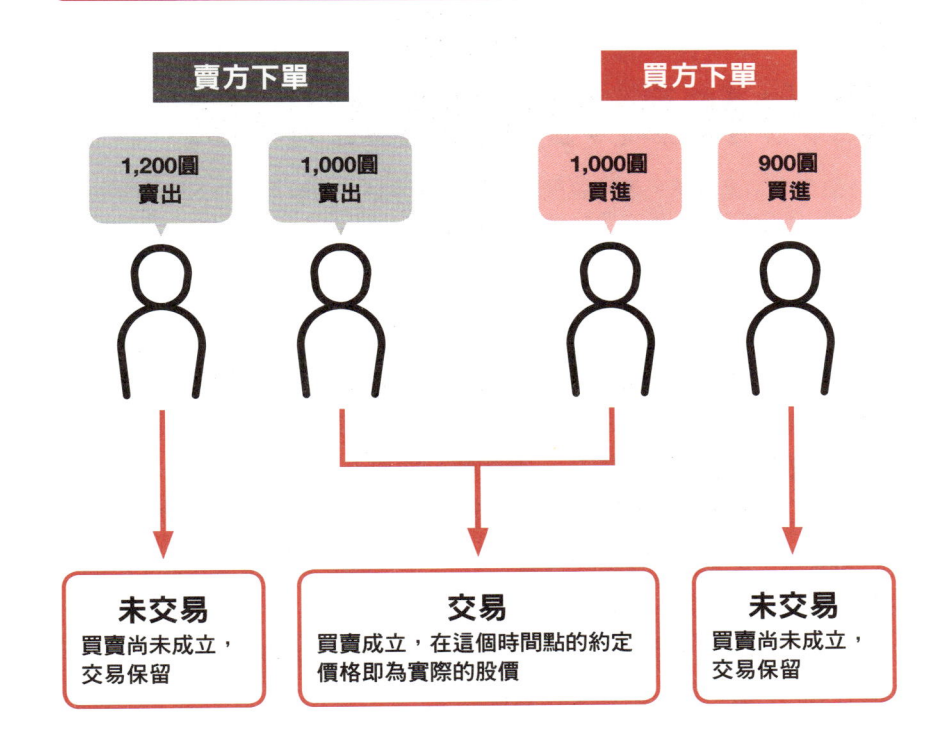

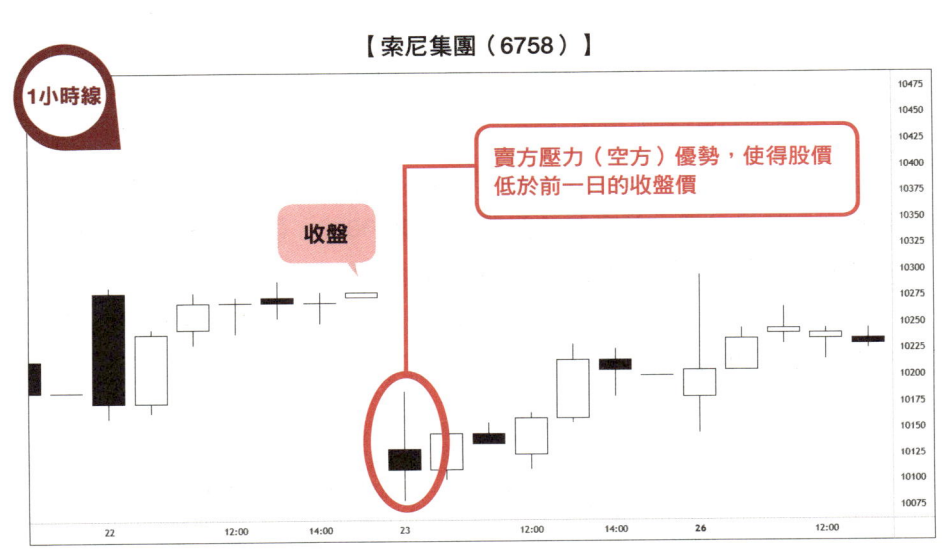

賣方下單

- 1,200圓 賣出
- 1,000圓 賣出

買方下單

- 1,000圓 買進
- 900圓 買進

未交易
買賣尚未成立，交易保留

交易
買賣成立，在這個時間點的約定價格即為實際的股價

未交易
買賣尚未成立，交易保留

【索尼集團（6758）】

1小時線

收盤

賣方壓力（空方）優勢，使得股價低於前一日的收盤價

第1章 短線交易模式與交易系統

27

10檔報價

從10檔報價掌握買方和賣方的勢力消長

「分價量表」是顯示各價格區間買賣狀況的表格,若能將其與股價走勢圖一同檢視,將使投資人更容易在股市中取得勝利。

構成10檔報價的3大要素

10檔報價是一張**彙整「想要賣出股票者」及「想要買進股票者」相關資訊的表格**。表格的中央為「股價(預期價格)」,左邊為「委賣量(賣單)」,右邊則為「委買量(買單)」。

如右圖所示,報價的中央顯示11,480圓~11,380圓的股價範圍,而在11,435圓的左側寫著委賣量「100」。此情況表示「希望以11,435圓賣出的股票共有100股」。

而如果以11,435圓買進該股票的買單也達到100股,買賣雙方下單數目即達成一致,這筆交易就能成交。

市價交易中,價格將由市場自動決定

指定價格進行交易的方式,包括:「限價交易[※]」和「逆限價交易[※]」,另外還有不指定價格的「市價交易」。若採用市價交易,則交易將根據市場即時報價依序進行。舉例來說,**假設在右圖的10檔報價中,下了一筆市價交易的買單,買進900股,則將以每股11,435圓買進100股,以及以每股11,440圓買進800股**。

以上就是10檔報價的基本解讀方法。由於這張表提供了每個價格區間的需求和供給等重要資訊,請務必仔細確認。

用語解說

※ 限價交易・逆限價交易 意指以指定價格之交易。限價交易用於「希望低於指定價格買進」或「希望高於指定價格賣出」時;逆限價交易則相反。

10檔報價的解讀法

【索尼集團（6758）】

- **委賣量（賣單）**：希望賣出的股數，數值會依價格排序顯示
- **價格**：想買進與賣出股票的投資人所期望的交易價格
- **委買量（買單）**：希望買進的股數，數值會依價格排序顯示

売数量	值段	買数量
	成行	
696,800	OVER	
17,900	11,480	
23,200	11,475	
16,500	11,470	
20,100	11,465	
11,300	11,460	
18,500	11,455	
21,800	11,450	
16,800	11,445	
800	11,440	
100	11,435	
	11,425	10,200
	11,420	3,600
	11,415	19,500
	11,410	21,800
	11,405	24,600
	11,400	24,300
	11,395	21,200
	11,390	26,100
	11,385	20,300
	11,380	24,500
	UNDER	364,400

出處：樂天證券

- 表示欲賣出每股11,435圓的股票共有100股
- 尚未成交的交易單會依股價（報價）排序顯示

股市贏家的建議

掛單數量越多表示交易量十分活絡，相對的，掛單數量少則表示交易量低迷。

下單方式

活用逆限價單
及OCO單來買賣股票

股票的下單方式十分多元。舉例來說，當認賠賣出時可採用逆限價單，而無論股價上漲或下跌，均能以有利的價格來交易的是OCO單。

適合停損賣出的逆限價單

股票交易中最常見的下單方式，是不指定價格，僅指定股票種類及股數來交易的「市價交易」。相反的，指定價格的下單方式則稱為「限價交易」。例如股價為100圓時可設定為「下跌至97圓時買進」或「上漲到103圓時賣出」等，可在對你有利的條件下自動進行買賣。除此之外，還有許多在買賣股票時運用的交易方式。

「逆限價單」就是其中之一，這是限價交易的反向操作法，**也就是「股價上漲時自動買進」或「股價下跌時自動賣出」的交易方式。**只要善加活用就能在持股下跌時達到自動停損※的效果。

2種OCO下單的方法

OCO單（One Cancels the Other，二擇一單）指的是一次下兩種單，當其中一種單成交時，另一張單就會自動取消的下單方法。舉例來說，當股價為100圓時，只要下OCO單，就可同時送出「股價上漲至103圓時即賣出」與「股價下跌至97圓時即買進」兩種單。**當股價來到103圓時，賣單就會自動生效，而買單則會自動取消。**這個方法不僅可用於下新單，亦可應用於買賣你既有的持股。

用語解說
※ 停損 ── 意指當手中的持股出現未實現損失狀態時，在損失擴大之前趕緊止血賣出，藉此將降低損失金額。

在停損時使用的逆限價單

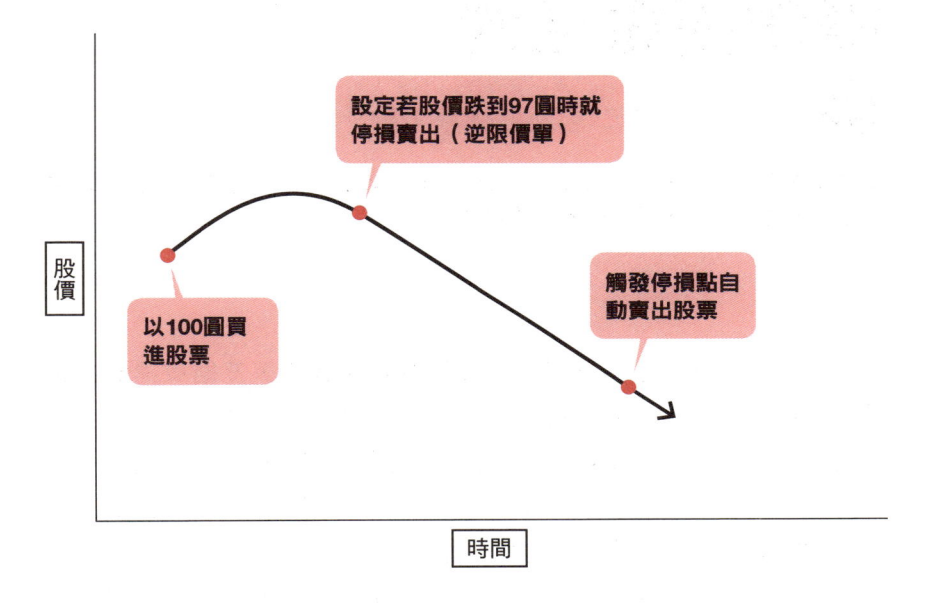

- 設定若股價跌到97圓時就停損賣出（逆限價單）
- 以100圓買進股票
- 觸發停損點自動賣出股票

股價 / 時間

可一次下2種單的OCO單

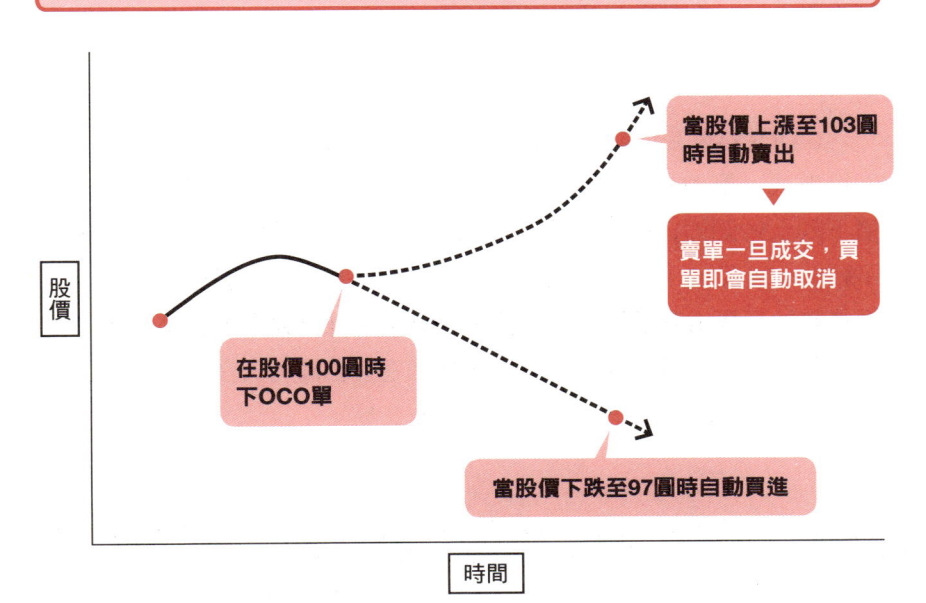

- 當股價上漲至103圓時自動賣出
- 賣單一旦成交，買單即會自動取消
- 在股價100圓時下OCO單
- 當股價下跌至97圓時自動買進

股價 / 時間

第1章　短線交易模式與交易系統

下單方式

操作更靈活的IFD單
與IFDOCO單

當無法頻繁地確認行情走勢時，採取IFD與IFDOCO這兩種下單方式，就能自動完成從進場到出場的所有交易操作。

可自動進場執行買賣的IFD單

IFD（IF-DONE）下單是一種**能自動完成下單及結算損益的方法**。舉例來說，當股價在100圓時，可以設定「當股價下跌至97圓時自動買進，然後上漲到102圓時自動賣出（獲利了結）」的交易。當然，也可以設定「當股價上漲至102圓時自動賣出，之後下跌到97圓時自動買進（獲利了結）」的賣空交易。

此外，這個交易方法也可用於停損。例如，可以設定「當股價下跌至97圓時自動買進，若再下跌到95圓時則自動賣出（停損）」的交易策略。

結合IFD單與OCO單的IFDOCO單

IFDOCO單正如其名，是將IFD單與OCO單兩者特徵合而為一的下單方式。舉例來說，當股價為100圓時，此下單方式可操作「當股價下跌至97圓即自動買進，之後若上漲到102圓時則自動賣出（獲利了結）；若股價下跌至95圓則自動賣出（停損）」。**其特徵在於，進場後無論是要獲利了結，還是要停損賣出，都能自動進行交易。**

藉由活用上述多種下單方式，即使在無法隨時確認盤勢（但股價走向如預期）的情況下，亦可自動完成交易。

有備無患！ 即使是做當沖，也不一定要隨時緊盯股價走勢圖。只要習慣預測行情變化後，就能多加運用這類自動交易的下單方式。

從進場到出場可一鍵完成的IFD單

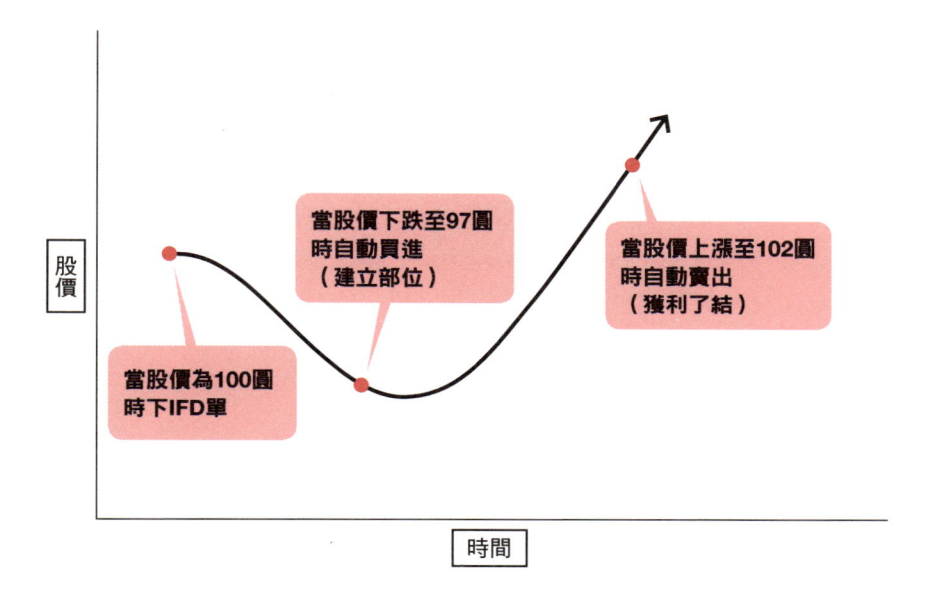

股價

當股價為100圓時下IFD單

當股價下跌至97圓時自動買進（建立部位）

當股價上漲至102圓時自動賣出（獲利了結）

時間

從進場到停利／停損可一鍵完成的IFDOCO單

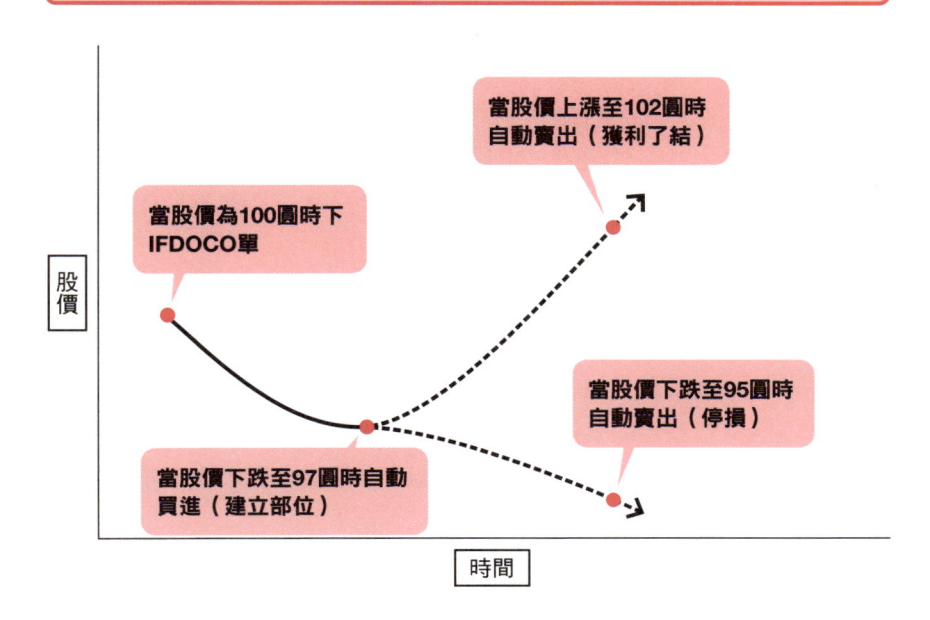

股價

當股價為100圓時下IFDOCO單

當股價下跌至97圓時自動買進（建立部位）

當股價上漲至102圓時自動賣出（獲利了結）

當股價下跌至95圓時自動賣出（停損）

時間

第1章 短線交易模式與交易系統

專欄

如何運用信用交易拓展投資廣度？

向券商借錢買股票／借券賣空

投資股票時，多數人都是採用以現金買進股票的「現貨交易」，但操作當沖交易時，若能適當運用信用交易，將能使交易更加靈活。

所謂的「信用交易」，是指將手中持有的股票或資金託付給券商，以其作為擔保，向券商借來現金或股票來進行買賣。

信用交易擁有現貨交易所沒有的特點，它具備以下幾點優勢：

①賣空
賣出向券商借來的股票，當股價下跌時再將股票買回，藉此賺取差價，即為「賣空」。只要善加運用這個方式就能在行情低迷時持續獲利。

②槓桿交易
可以借入存放於券商處的資金最多達3.3倍的現金或股票，即為「槓桿交易」。也就是說，你可以交易那些價值比自有資金高出許多的股票。

③買賣相同股票
採用以現金買進股票的「現貨交易」時，同一筆資金無法在一天之內反覆買賣同一檔股票（參照P18），但信用交易則不受此限制，你可以在同一個交易日內反覆買賣同一檔股票。

採用以現金買進股票的「現貨交易」時，同一筆資金無法在一天之內反覆買賣同一檔股票（參照P18），但信用交易則不受此限制，你可以在同一個交易日內反覆買賣同一檔股票。

與現貨交易不同的是，信用交易無法適用於所有的股票買賣，且還需要繳交相應的手續費。然而，對於在同一天內需進行多次交易的當沖客來說，信用交易是不可或缺的機制。

雖然信用交易伴隨著風險，但只要適當地使用，就能提高資金的運用效率，並在面對行情漲跌等各種局面中靈活應對，從而增加獲利的可能性。

第 **2** 章

股價走勢圖的基本概念

構成股價走勢圖的要素及判讀方法

股價走勢圖是彙整了歷史股價變化所繪製的圖表。從K線的顏色、形狀、時間軸的變化等多方面，投資人可以從中獲得大量資訊。本章將說明股價走勢圖的基本解讀方式。

Keywords

- 構成要素
- K線
- 時間軸
- 股價

構成要素

10分鐘掌握股價走勢圖的基本要素

股價走勢圖是由K線、移動平均線、成交量等3大要素構成的,投資人可以從過去至今的股價變化,判斷目前股價是處於偏高或偏低的位置。

縱軸表示價格,橫軸表示時間

所謂的股價走勢圖,是用來表示「當前的股價及過去的股價變化趨勢」的圖表。只要檢視股價走勢圖,就能掌握每檔股票在不同時期的價格,從而直觀地了解**「目前的股價相較於過去是偏高或偏低」**以及**「股價目前處於上升趨勢或下降趨勢」**。

K線、移動平均線、成交量

構成股價走勢圖的3大要素分別是:K線、移動平均線、成交量。**「K線」用以表示股價走勢**。日本投資人會用蠟燭線來解讀股價走勢,另外也有以折線表示的折線圖,以及歐美經常使用的柱狀走勢圖※等種類。

至於「移動平均線」,則是用以表示**股價走勢是處於上漲、下跌或持平狀態**的指標。

最後,配置在K線下方的柱狀圖,則**是對應K線的「成交量」,代表於該根K線中完成交易的股票數量**。

基本上,投資人皆是透過這3大要素來判斷盤勢變化、股價落點及行情量能,並藉此擬定今後的投資方向及策略。

用語解說

※ **柱狀走勢圖** —— 顯示股價高低點的柱狀圖,由1條縱線與2條橫線構成,亦稱為「美國線」。柱體的左側會顯示開盤價的橫線,右側則顯示收盤價的橫線。

構成股價走勢圖的4個基本要素

【藏壽司（2695）】

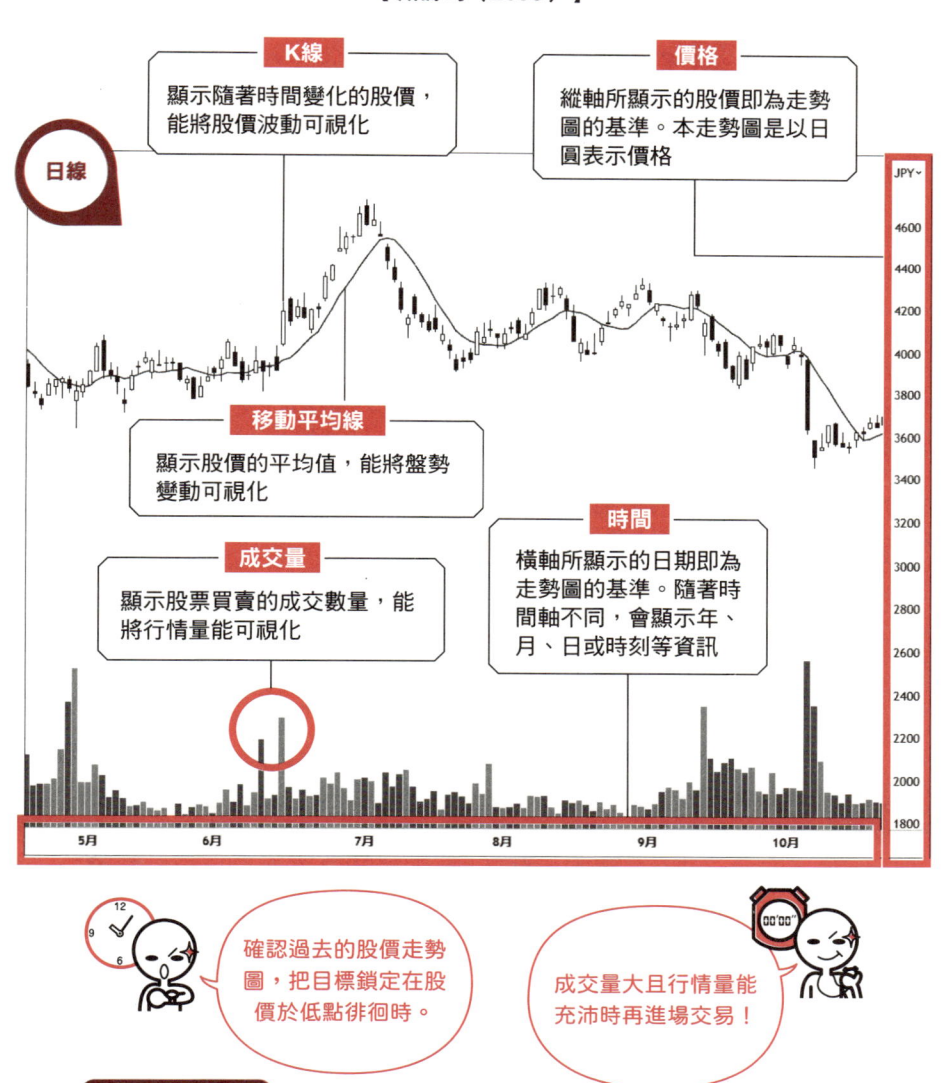

K線
顯示隨著時間變化的股價，能將股價波動可視化

價格
縱軸所顯示的價格即為走勢圖的基準。本走勢圖是以日圓表示價格

日線

移動平均線
顯示股價的平均值，能將盤勢變動可視化

成交量
顯示股票買賣的成交數量，能將行情量能可視化

時間
橫軸所顯示的日期即為走勢圖的基準。隨著時間軸不同，會顯示年、月、日或時刻等資訊

第2章 構成股價走勢圖的要素及判讀方法

> 確認過去的股價走勢圖，把目標鎖定在股價於低點徘徊時。

> 成交量大且行情量能充沛時再進場交易！

股市贏家的建議

要確實掌握「價格」、「時間」、「股價走勢圖的型態」及「技術指標」，藉此收集投資時的必要資訊。

K線

從K線的顏色和形狀來掌握行情變化

K線是用來詳細分析股價走勢的工具，即使股價走勢圖上僅顯示K線一項資訊，投資人也能掌握行情變化。

K線的顏色會隨著股價漲跌而變化

為了準確分析股價波動，進而藉由當沖獲利，我們應先認識K線的基本架構。

從1根K線中可以看出「開盤價」、「收盤價」、「最高價」、「最低價」等四種價格。以日K線為例，**「開盤價」是指當天一開盤的股價，「收盤價」是指當天最後交易的價格，「最高價」是指當天最高的股價，「最低價」是指當天最低的股價。**

此外，若當天的收盤價高於開盤價，便會出現稱為「陽線」的白色（或紅色）K線，顯示股價處於上升趨勢。相反的，若收盤價低於開盤價，則會出現稱為「陰線」的黑色（或綠色）K線，顯示股價處於下降趨勢。

K線的形狀會透漏未來的股價走向

除了顏色之外，K線的形狀（4種價格的位置）也有助於判讀股價的走向。舉例來說，當天收盤前若股價持續上漲，K線將會呈現縱長的形狀（大陽線）。另一方面，當開盤後股價變動方向不明時，K線則會呈現十字型（十字線[※]）。換言之，**單從1根K線所能獲取的資訊量相當豐富，是評估股市詳細狀況的最佳工具。**

用語解說
※ 十字線 ── 當開盤價與收盤價相同，並在交易過程中發生股價上下膠著拉扯時，就會出現十字線，代表此時的股價變化難以判讀（參照P190）。

K線所表示的4種價格

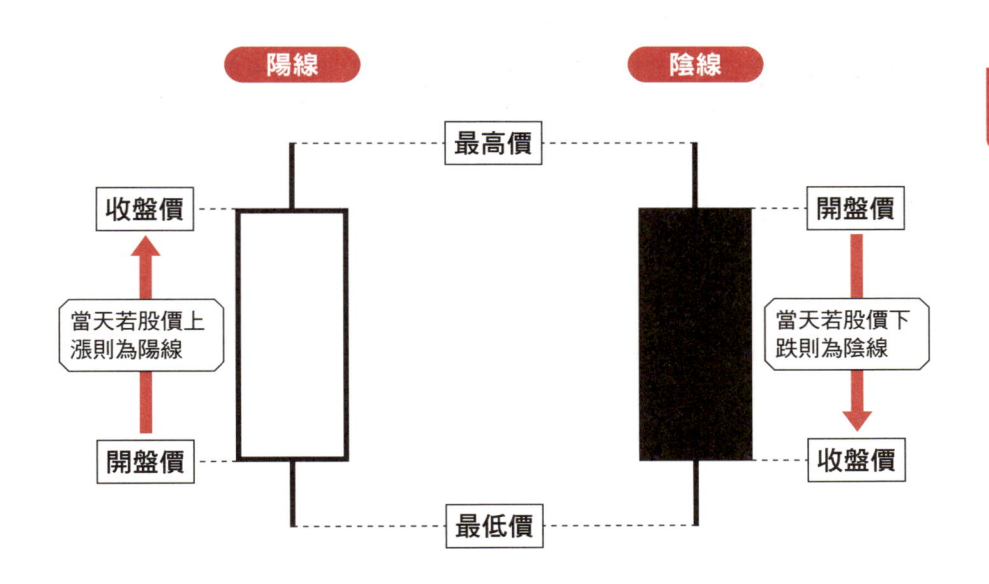

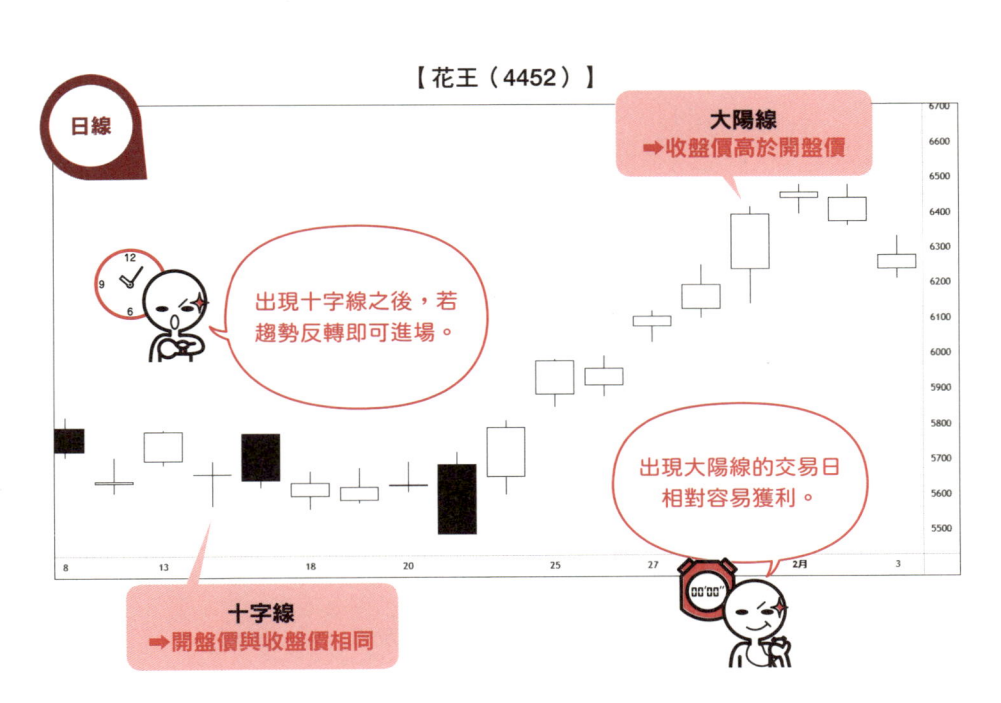

陽線
- 最高價
- 收盤價
- 開盤價
- 最低價
- 當天若股價上漲則為陽線

陰線
- 最高價
- 開盤價
- 收盤價
- 最低價
- 當天若股價下跌則為陰線

第2章 構成股價走勢圖的要素及判讀方法

【花王（4452）】

日線

出現十字線之後，若趨勢反轉即可進場。

大陽線
➡收盤價高於開盤價

十字線
➡開盤價與收盤價相同

出現大陽線的交易日相對容易獲利。

時間軸

切換K線圖的時間軸，用不同視點觀察股價變化

藉由調整K線的時間軸，可以變更1根K線所顯示的期間。在進行當沖交易時，區分使用長／短期的視點去觀察股市變化極其關鍵。

仔細選擇「應該要關注」的時間軸

上一節我們舉例說明了1根K線可以顯示一整個交易日的股價變動。這種K線稱為「日線」。

事實上，除了日線之外，還有其他不同的K線類型，例如表示一週股價變動的「週線」、表示每小時變化的「1小時線」、表示每5分鐘變化的「5分線」等。**這些名稱分別對應不同的時間段，稱為「時間軸」**。如果想確認一天中的股價變動，可以觀察日線圖；若想確認每5分鐘的股價變動，則可以參考5分線圖。投資人必須根據自己交易型態的長短，適時切換股價走勢圖。

視投資型態採用長期或短期的K線視點

由於當沖交易必須在相對較短的時間內完成，因此經常給人「必須把K線圖時間軸縮得很短」的印象。然而，**如果一整天僅注意短時間軸內的K線，很有可能會對微小的股價變動反應過度，反而錯失最佳的買賣時機。**

首先，為了掌握股價走勢，可以觀察日線或4小時線，並將圖表縮小以觀察長期的股價變化。接著，在尋找具體的進場和買賣時機時，再使用較短的時間軸來顯示K線，這樣就能更順暢地進行交易。

實戰！ 每檔股票均有各自的股價波動特徵，因此回溯其過去的走勢圖，確認在不同時間軸上出現的交易訊號，就有助於掌握個股的交易訣竅。

切換K線時間軸，鎖定最佳的買賣時機

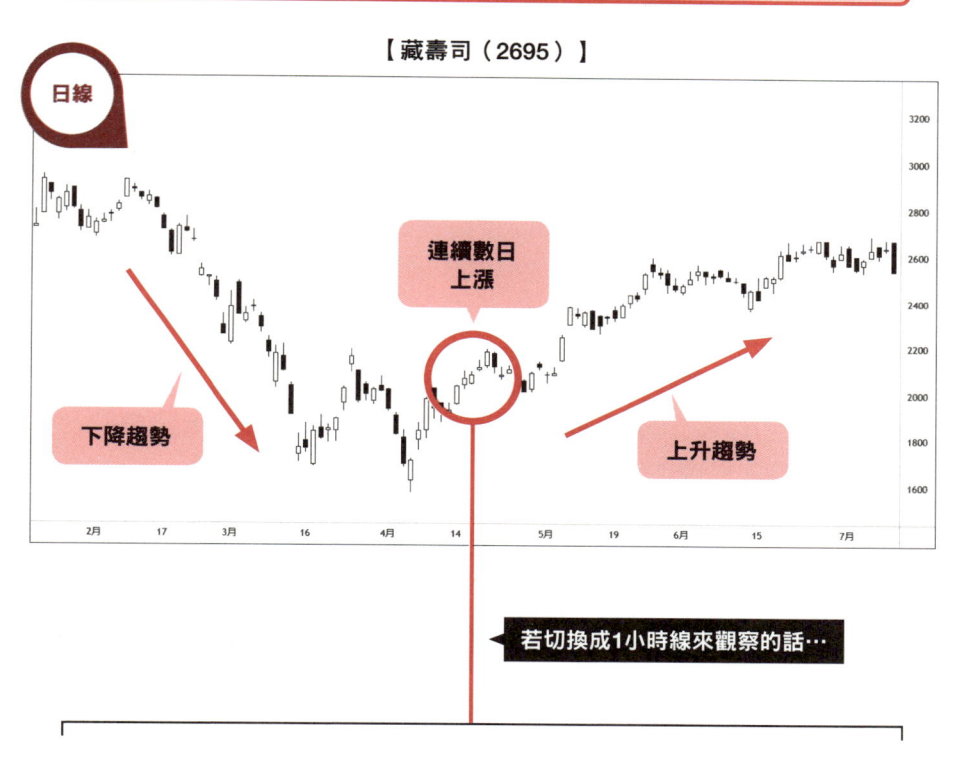

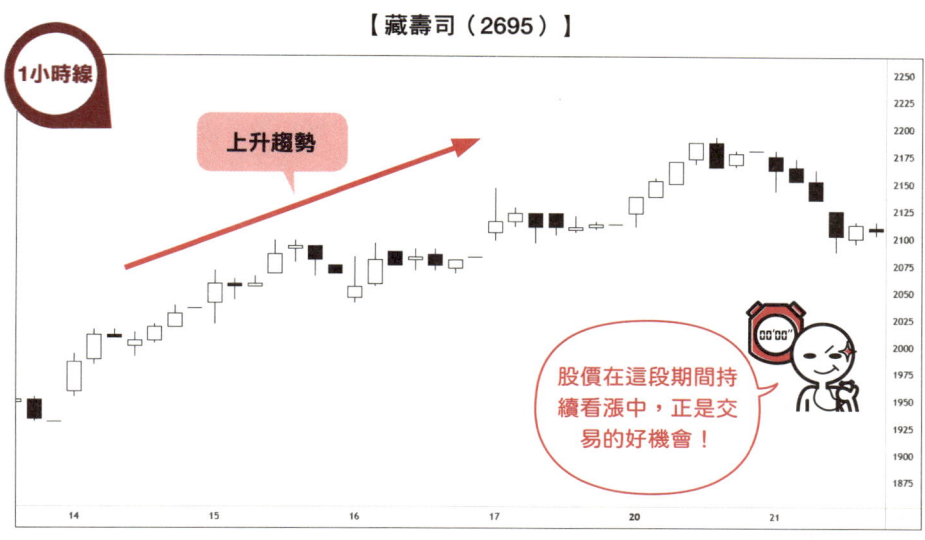

【藏壽司（2695）】

日線

下降趨勢 → 連續數日上漲 → 上升趨勢

若切換成1小時線來觀察的話…

【藏壽司（2695）】

1小時線

上升趨勢

股價在這段期間持續看漲中，正是交易的好機會！

股價

股價急速上漲或下跌時出現的漲停與跌停

當股價漲幅達到法規上限時即為「漲停」，相反，則為「跌停」。無論碰上何種盤勢都要保持冷靜，並且要去了解影響股價的事件及其原因。

股價的漲跌幅度均有其上限

在日本，為了防止股市過度的急漲或急跌，股價一天之內可以漲跌的幅度有其限制（漲跌幅限制）。而這個限度取決於一檔股票前一天的收盤價。舉例來說，前一天的收盤價若為700圓以上但未滿1,000圓的話，隔天的漲跌幅限制就是150圓（編按：台股的漲跌幅限制為股價的10％）。**當漲幅來到該上限時，稱為「漲停」；而下跌幅度達到該下限時則稱為「跌停」。**

此外，漲跌幅限制也設有調整措施，例如當連續兩個交易日均以漲停收盤時，漲跌幅的上下限則會調整為4倍。

聚焦漲停事件發生的時間點

股價出現漲停之後，股價後續會出現各種不同的反應。一般來說，在股價低點區間出現漲停後往往較容易持續上漲，而在股價高點區間出現漲停時，後續則可能因為「買氣過熱」或「股價與實際狀況背離」，而使得後繼無力，股價很快就會開始下跌。

此外，**投資人必須釐清股價漲停的原因**。例如，若漲停是因為公司宣布回購自家的股票，這有可能代表公司的財報數字好轉，吸引更多投資人關注，進而促使它的股價持續上漲。

PLUS α 如右圖所示，股價在一段盤整期後（即使期間未有漲停），只要呈現大幅上漲狀態，多數情況均可解讀為上升趨勢即將開始的訊號。

防止股價劇烈波動的漲停與漲跌

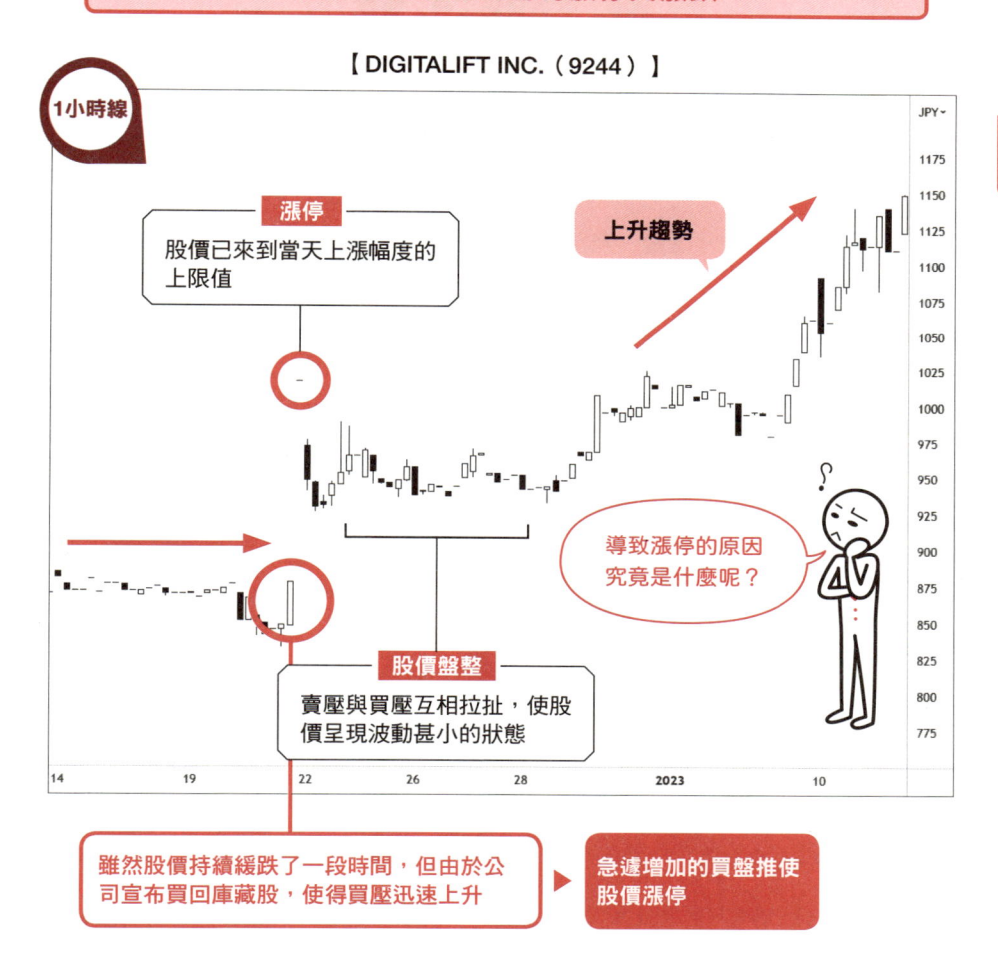

【DIGITALIFT INC.（9244）】

1小時線

漲停
股價已來到當天上漲幅度的上限值

上升趨勢

股價盤整
賣壓與買壓互相拉扯，使股價呈現波動甚小的狀態

導致漲停的原因究竟是什麼呢？

雖然股價持續緩跌了一段時間，但由於公司宣布買回庫藏股，使得買壓迅速上升

▶ 急遽增加的買盤推使股價漲停

第2章　構成股價走勢圖的要素及判讀方法

股價的漲跌幅限制（以日股為例）

前一天收盤價	漲跌幅度限制
未滿100圓	30圓
未滿200圓	50圓
未滿500圓	80圓
未滿700圓	100圓

前一天收盤價	漲跌幅度限制
未滿1,000圓	150圓
未滿1,500圓	300圓
未滿2,000圓	400圓
未滿3,000圓	500圓

※3,000圓以上亦可能出現漲跌幅限制

專欄

活用「多邊交易工具」看盤

在同一張K線圖上顯示不同的時間軸

P40已說明了藉由切換K線時間軸來調整看盤視點的方法。

若進一步延伸的話，投資人還可以採用名為「多邊交易工具」（MTF）的方法。這是一種在同一張走勢圖上同時顯示不同時間軸K線的技巧。

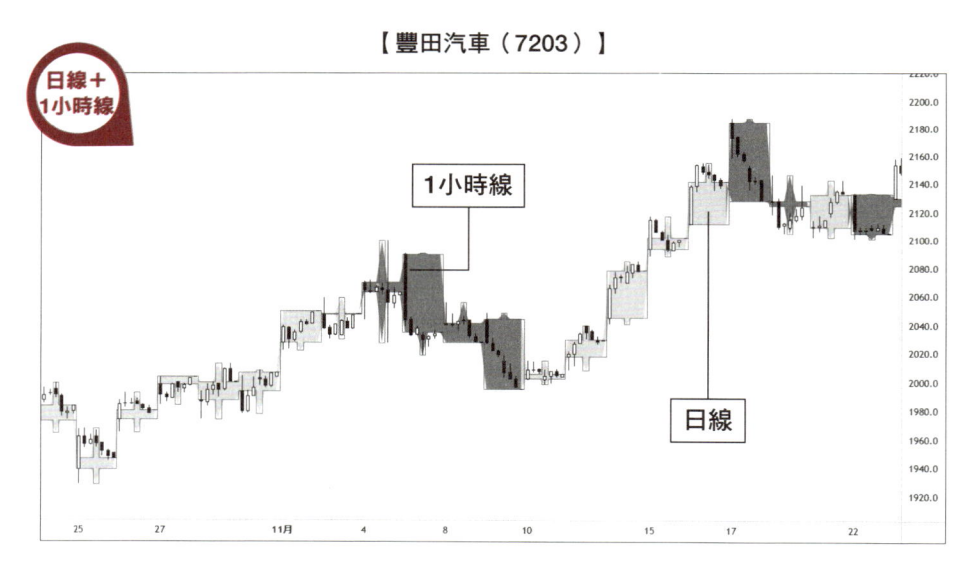

【豐田汽車（7203）】

日線＋1小時線

上圖是豐田汽車（7203）的1小時線，同時追加了日線的K線圖。透過這張圖，投資人在觀察1小時線的細微變動時，還能利用日線來確認整體股價的走勢。

當然，不僅是1小時線和日線而已，你還可以依自己的需求自由組合不同的時間軸。

舉例來說，你可以組合5分線和30分線，藉此操作超短線交易；或者組合4小時線和週線，藉此操作波段交易。如此一來，就能使你在觀察盤勢、分析股價走勢時更佳順暢。

第3章

當沖的基礎知識
運用當沖交易
取勝的
圖表型態

當沖是必須在一個交易日內完成的短線交易手法。本章將介紹可讓你輕鬆運用在當沖交易上的技術指標及K線圖攻略。

Keywords

- 交易時段
- 技術指標
- 移動平均線
- 葛蘭碧法則
- 複數均線
- 乖離率
- 隨機指標
- RCI・ADL騰落指標
- RSI相對強弱指標
- MACD指標
- 複數指標
- 道氏理論
- K線型態
- 天花板・地板
- 橫盤整理
- 成交量
- 當日現金交割

交易時段

當沖基礎知識①
把焦點鎖定在9點～11點

即使一整個交易日目不轉睛地盯著盤勢，事實上也鮮少會碰到股價劇烈變動的狀況，因此可把重心放在行情變動相對較大的上午交易時段。

抓住股價波動最明顯的時機

當沖是在同一個交易日完成股票買賣的投資模式，由於必須在有限的時間內預測特定股票的走勢，同時進行買賣，因此必須特別注意交易的時間段。

在交易過程中，當股價的波動幅度（股價高低點的差距）越大，潛在利潤也越高。從這個角度來看，**早盤的9點至11點間是最適合操作當沖的時段**。

特別是9點至9點30分這段時間。因為前一天股市收盤後公布的新聞、公司財報、經濟指標等資訊都會成為投資人此時交易的依據。此外，開盤前市場所掛的買賣單（※日股從8點開始接受下單），也會使這段時間的股價波動高於其他時段。

掌握在早盤獲利的技巧

話說回來，**雖然上述時段相對較易出現顯著的行情，但這並不保證只要在這個時段交易就能百分之百獲利**。投資人可參考本章所介紹的技術指標，以及跳空上漲、跳空下跌（參照P204）等基準，審慎選擇標的及進出場時機，如此才能確實獲利。

實戰！ 在股市開盤之前，可先鎖定那些已釋出利多消息，或股價波動幅度大的熱門股，開盤後即可更順暢地進行交易。

圖表型態 1 　鎖定交易量較高的9點～11點

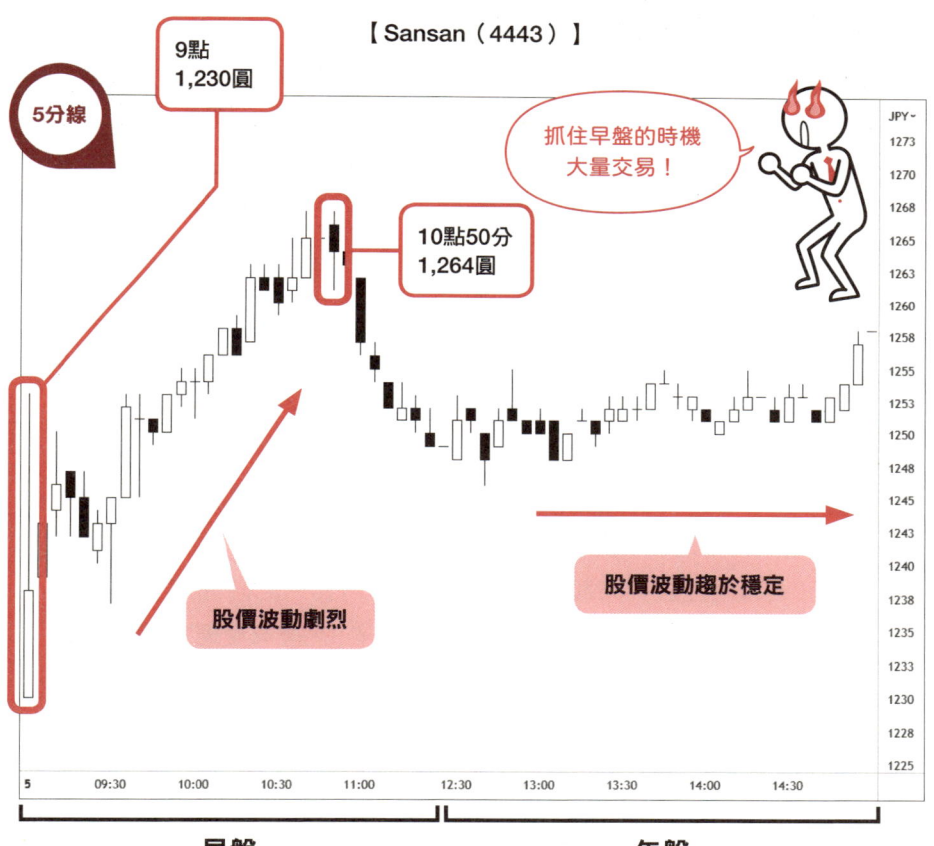

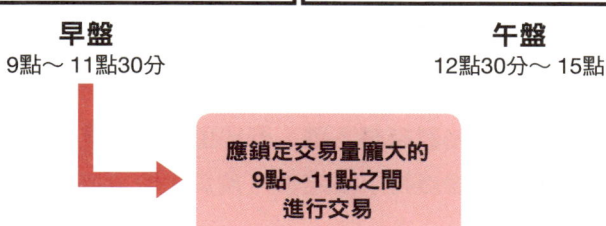

【Sansan（4443）】

5分線

9點
1,230圓

10點50分
1,264圓

抓住早盤的時機
大量交易！

股價波動劇烈

股價波動趨於穩定

早盤
9點～11點30分

午盤
12點30分～15點

應鎖定交易量龐大的
9點～11點之間
進行交易

第3章　運用當沖交易取勝的圖表型態

股市贏家的建議

在尚未熟悉當沖的操作模式之前，應避免開盤後就急著下單交易，先冷靜觀察股價是否如預期般變化才是上策。

交易時段

當沖基礎知識②
觀察前一天尾盤的股價變化

除非是公司發布重大訊息，否則大多數的股票都會依循前一個交易日的走勢發展，因此投資人要特別留意股價在前一日收盤前15分鐘的變化。

即使不交易也要觀察尾盤發生什麼事

正如上一頁提到的，當沖交易要鎖定9點～11點的時段。如果要在這個時段以外的時間交易，就要找出那些受到前一天利多消息的影響，同時在早盤維持上升趨勢的股票。必須注意的是，由於當沖必須仰賴積少成多的利潤，**投資人必須善用「沒有在交易」的時間，收集有助於隔天交易的利多訊息**。

以1天為單位去判讀股市時，一般來說可交易的時間只有數個小時，但若以1年為單位進行長期關注的話，扣除週末及國定假日，股市均會持續運作。因此即便前一天收盤至隔天開盤之間股價存在落差，但股價仍會受其延續性的影響，投資人務必要把握這個特性。

收盤前的股價很容易影響隔天的走勢

特別要注意14點45分～15點之間，稱為「尾盤」的交易內容。此時的股價變化經常會影響隔天股價的走向。舉例來說，右圖顯示【任天堂】的股價**自中午開始就持續下跌，若收盤前仍不見反彈，則可想見隔天有相當高的機率會維持下降趨勢**，投資人便可據此擬定隔天的交易策略。

> **實戰！** 在操作當沖交易之前，應把目前在市場發酵的消息納入考量，同時確認前一天尾盤的股價變化，方可使操盤過程更加順暢。

圖表型態 2 　尾盤的走勢會影響隔天的股價

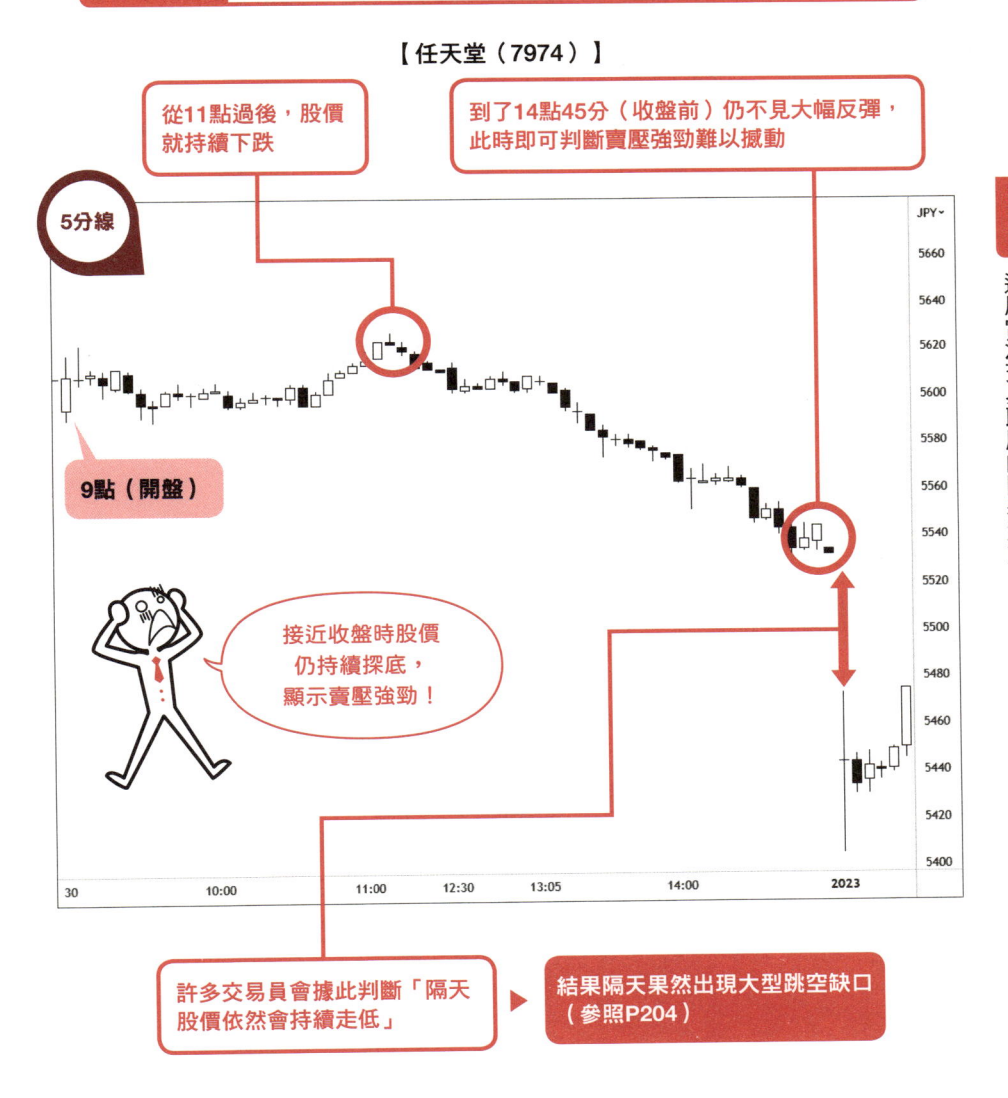

【任天堂（7974）】

- 從11點過後，股價就持續下跌
- 到了14點45分（收盤前）仍不見大幅反彈，此時即可判斷賣壓強勁難以撼動
- 5分線
- 9點（開盤）
- 接近收盤時股價仍持續探底，顯示賣壓強勁！
- 許多交易員會據此判斷「隔天股價依然會持續走低」
- ▶ 結果隔天果然出現大型跳空缺口（參照P204）

第3章　運用當沖交易取勝的圖表型態

股市贏家的建議

當預判隔天股價會持續下跌的時候，應先觀察隔天實際開盤後的狀況，再採取相應的賣空等交易策略。

49

交易時段

當沖基礎知識③
小心收盤前30分的波動風險

在即將收盤之前,由於想獲利了結的投資人會增加,可能導致此時的股價波動幅度變大,因此務必觀察股價是否出現急速下挫或反轉上揚的現象。

收盤前想出場的投資人會增加

在早盤交易的人,需特別留意收盤前半小時的尾盤狀況,此時往往是當天的交易高峰。特別是收盤前15分鐘內的交易量會十分活絡,由於此時的股價波動劇烈,很容易出現交易良機。

收盤前,操作當沖的投資人為了獲利了結[※]而平倉大幅賣出,或者為了停損而紛紛拋售持股,**這些原因都有可能使原本走高的股價一口氣暴跌,因而出現與早盤時截然不同的走勢**,此一特性不可不慎。

危機有可能是投資良機

相反的,在早盤股價大漲的股票亦可能維持強勢至收盤前一刻再拉一波,此時若能抓準勢頭,就可能創造出獲利出場的機會。在收盤前進行交易時,**應先確認午盤的股價走勢,並仔細分析早盤時已漲高的股票是否還有上漲的空間,再行進場**。此外,由於當沖是屬於不會持股至隔天的交易模式,因此能否於當日收盤前獲利也是判斷的重點所在。

用語解說
※ 獲利了結 — 當持股的股價上漲時,必須賣出股票才能確保帳面上未實現的獲利能確實進帳。

圖表型態 3 　收盤前的股價容易上下震盪

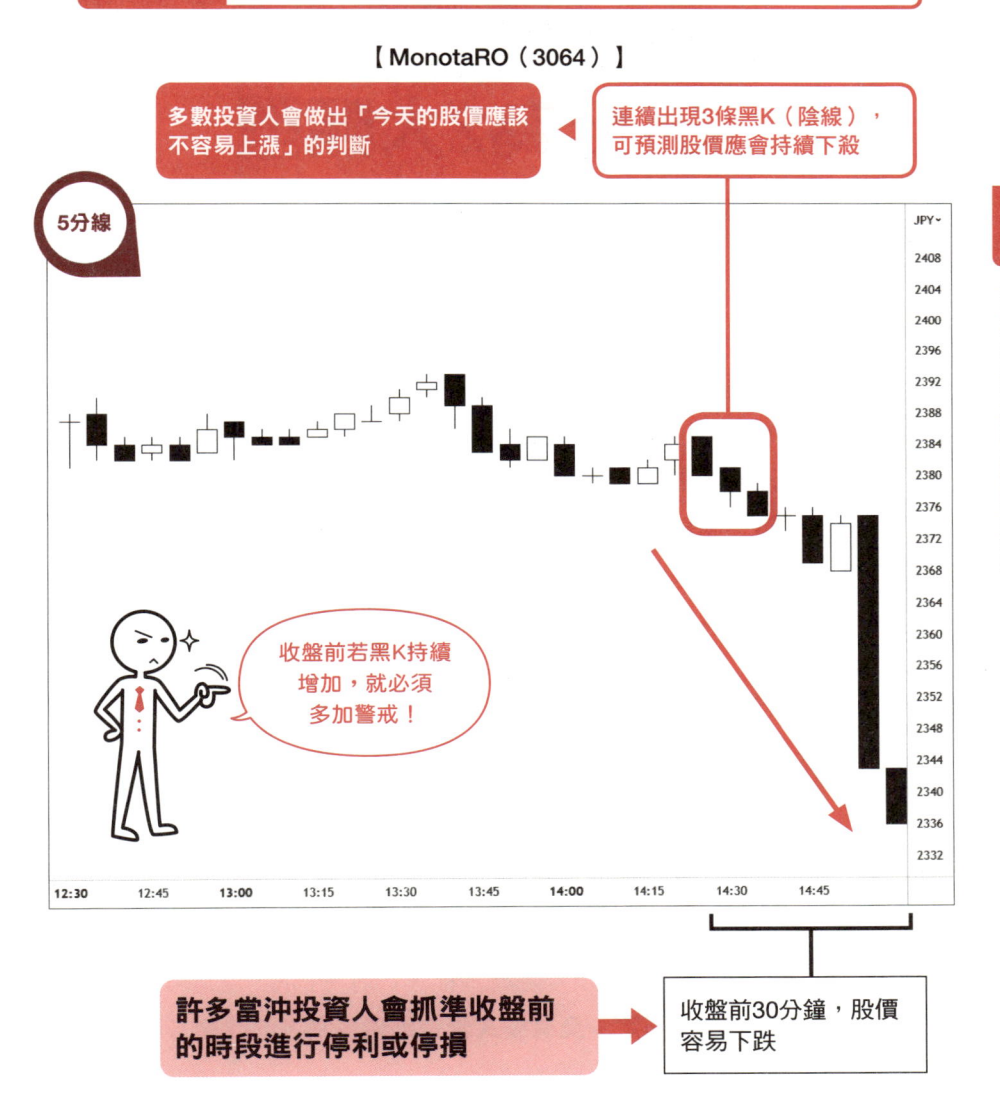

【MonotaRO（3064）】

多數投資人會做出「今天的股價應該不容易上漲」的判斷

連續出現3條黑K（陰線），可預測股價應會持續下殺

5分線

收盤前若黑K持續增加，就必須多加警戒！

許多當沖投資人會抓準收盤前的時段進行停利或停損

收盤前30分鐘，股價容易下跌

第3章　運用當沖交易取勝的圖表型態

股市贏家的建議

抓到當沖交易的感覺之後，針對開盤及收盤時段集中買賣力道也是一個可考慮的策略。

技術指標

當沖基礎知識④
技術指標分為2大類型

技術指標大致區分為「趨勢類指標」和「震盪類指標」這2大類型，分別適用於順勢操作和逆勢操作的策略。

從歷史數據解讀股價變化

本節我們將說明當沖獲利的關鍵要素「技術分析」。所謂的技術分析，是一種以歷史股價、成交量等數據為基礎，去分析股價走勢的手法。技術分析雖然無法百分之百預測未來的股價變化，但若能因時制宜地運用，**就能客觀分析、掌握「投資人心態」與「目前股價狀態」等資訊。**

其中，使用股價走勢圖來分析就是技術分析的主流手法。各位讀者已經很熟悉的「K線」，也是一種藉由線圖的型態去預測股價走向的技術分析方法。

熟練地交互運用2種技術指標

除此之外，還有一種方法是在股價走勢圖上追加名為「技術指標」的圖表，藉此更仔細地分析股價的細微變化。雖然一般均用「技術指標」稱之，但其實種類繁多，主要分為包括移動平均線及布林通道等「趨勢指標」，以及RSI及隨機指標等「震盪指標」2大類別。**視使用這些指標的方法而定，交易模式也會出現差異**，因此務必事先掌握各種指標的特徵再加以運用。

PLUS α　在解讀股價走勢時，除了技術分析之外，還可以運用參考公司業績及經濟趨勢等因素的基本面分析。

分析股市必備的2種技術指標

技術分析　依據過去的股價及成交量來預測走勢，是一種運用走勢圖來呈現，**且直觀易懂**的分析方法。

趨勢類指標

易於預測股價趨勢的起點、終點及整體走勢，故**適用於順勢交易**
- 移動平均線
- 布林通道
- 包絡線（ENV）
- 一目均衡表（雲帶圖）

…等等

震盪類指標

易於判斷市場超買或超賣的現象，故**適用於逆勢交易**
- RSI（相對強弱指標）
- RCI（順位相關指數）
- 移動平均乖離率
- 隨機指標

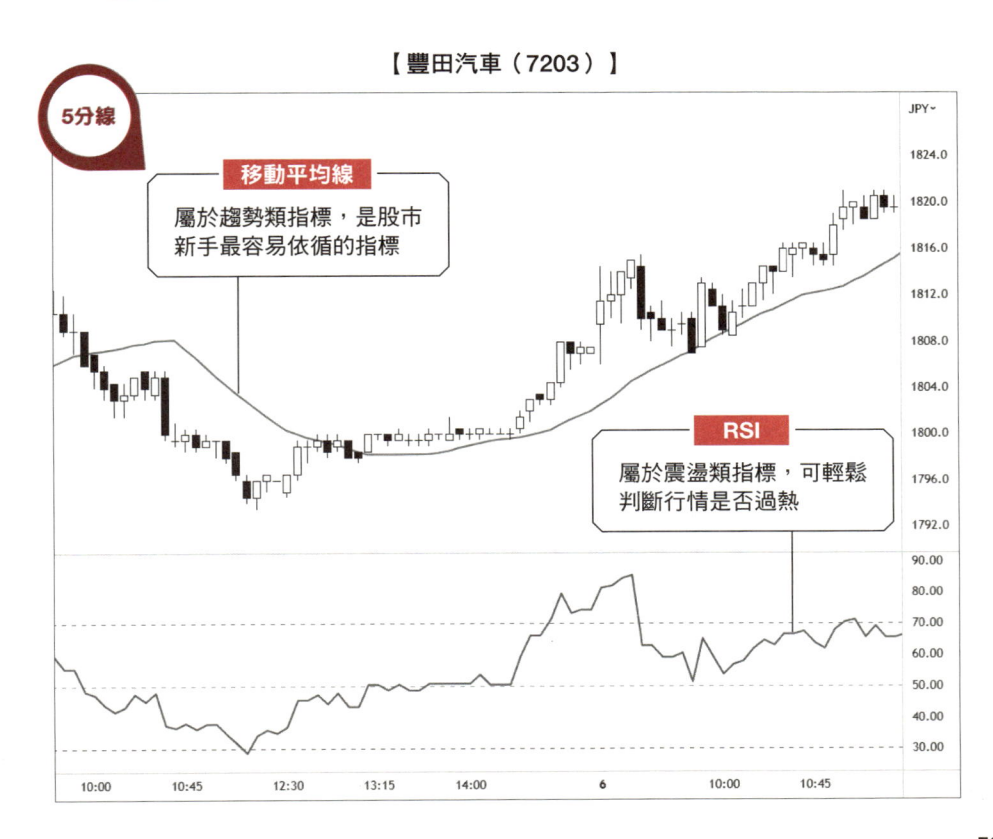

…等等

第3章　運用當沖交易取勝的圖表型態

【豐田汽車（7203）】

5分線

移動平均線
屬於趨勢類指標，是股市新手最容易依循的指標

RSI
屬於震盪類指標，可輕鬆判斷行情是否過熱

移動平均線　　　趨勢

當沖基礎知識⑤
簡單易懂的移動平均線

無論你是股市新手或老手，移動平均線都是一種能善加運用的技術指標，這個指標能讓股價走勢一目瞭然。

輕鬆掌握均線的結構及分析方法

使用技術指標分析股價時，對當沖新手而言，最易使用的指標就是「移動平均線」。顧名思義，這是一條將「股價平均值」加以「移動」後所呈現的線。這條線的構造很簡單，只要將特定期間內收盤價的平均值，標示在股價走勢圖上，接著將之後出現的收盤價平均值接連補上，最後將每一點串連起來即可（※這是單純移動平均線的情況）。

在趨勢類指標中，移動平均線是用來分析股價趨勢（走向）的。當這條線上揚時即代表「上升趨勢」，反之則為「下降趨勢」。也就是說，**只要觀察移動平均線的線型，就能快速判斷現在的行情應該要買進或賣出。**

從均線及K線的位置判斷未來走勢

若要從「走向」進一步分析整體趨勢時，可觀察移動平均線及股價（K線）的位置。舉例來說，當移動平均線向上發展，且K線位於均線上方時，**即表示和特定期間內的平均值相比，目前股價處於更高的區間，如此就能判斷整體為上升趨勢，處於漲勢特別旺盛的狀態。**

PLUS α　　移動平均線的歷史悠久，據說日本始於1910年代，而美國則從1920年代就開始採用這個指標。

圖表型態 4　留意移動平均線的「方向」與「K線位置」

【GMO Internet Group（9449）】

5分線

K線的位置高於移動平均線
➡ 上升趨勢
➡ 買進訊號

移動平均線的方向維持水平
➡ 停滯狀態

移動平均線

移動平均線持續上升
➡ 上升趨勢

簡單易懂，且容易判斷！

第3章　運用當沖交易取勝的圖表型態

移動平均線的關注重點

方向
若移動平均線持續上升，代表在特定期間內的股價正持續上漲中

K線的位置
若K線的位置高於移動平均線，代表目前的股價高於特定期間內的股價

移動平均線　　趨勢

當沖基礎知識⑥
調整移動平均線的 長短參數

投資人可進一步調整移動平均線的參數設定值（取平均值的區間）。即使是操作當沖，透過大幅度地調整參數來確認各項指標也是十分重要的步驟。

切換計算「股價平均值」的期間

使用移動平均線做技術分析時，「參數值」是關鍵要素之一。所謂的參數值，指的是計算技術指標時所用的數值，以移動平均線來說，就是指計算股價平均值的「期間」。舉例來說，以日線來表示移動平均線時，可將參數值調整為5日、50日、100日等，並以該期間來計算股價平均值。

當調整參數值後，「線條曲度」也會發生變化。例如，5日線是以最近5天的收盤價為基準計算，這會更精準反映出當前的股價波動，出現追隨股價發展起伏明顯的線條。但若是100日線，對近期的股價反應則會較為遲鈍，整體線條會顯得相對平穩。

搭配分析方法去變更均線參數值

在思考移動平均線的「走向」及「位置」時，可以發現5日線相對適用於分析較短的趨勢，而100日線則適合分析長期趨勢。即使同樣都是移動平均線，但根據所取的**參數值不同，能分析的時間軸也會出現差異**，因此根據欲分析的目標，套用相對應的參數才是有效率的做法。

有備無患！ 參數值為5的SMA（均線）會標示為「5日SMA」。若是以小時或分鐘為單位的均線且參數值為5，則會標記為「5SMA」。

移動平均線會隨著參數值的切換而變化

100日移動平均線

當參數值越大時，均線形狀就會變得更加平穩。此時雖可確認**股價的長期走向**，但無法反映短期性的股價下挫狀況。

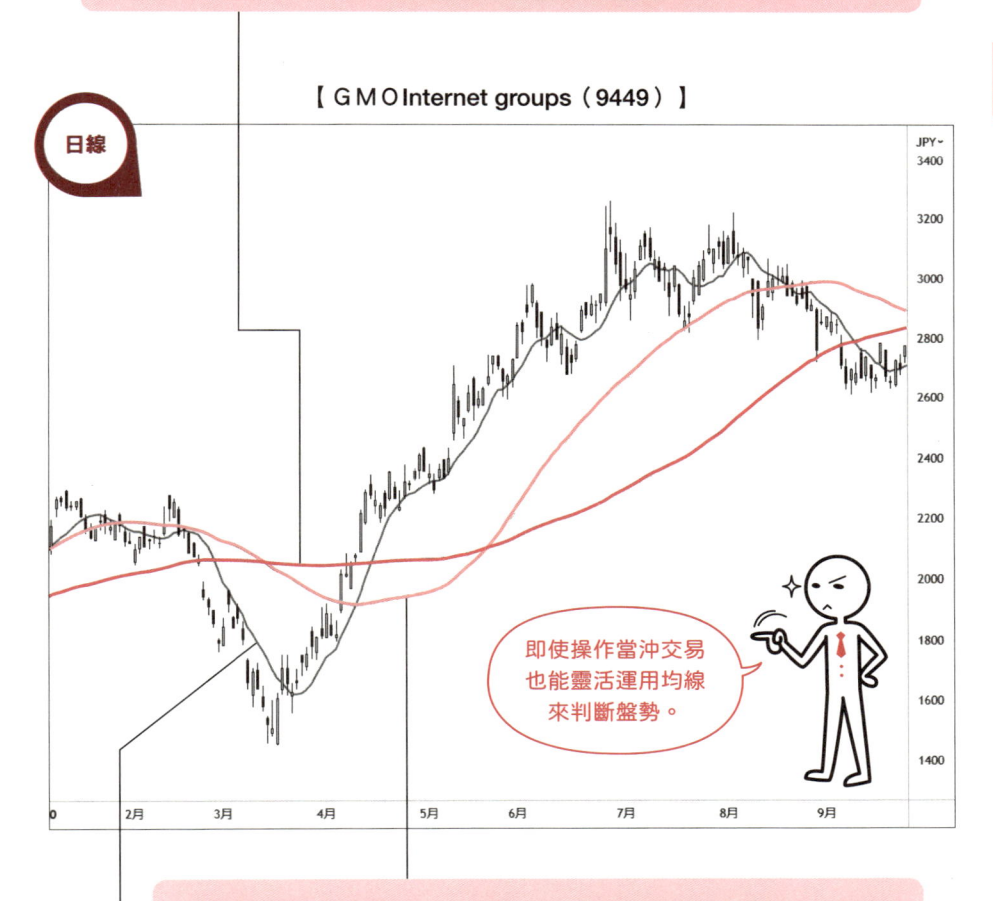

【GMO Internet groups（9449）】

日線

即使操作當沖交易也能靈活運用均線來判斷盤勢。

50日移動平均線

相較於5日線，50日線更加平穩，但若與100日線相比，則起伏又較為明顯。

5日移動平均線

顯示5天內的股價平均值，能敏銳反映出當前的波動。雖然可藉此掌握短期股價走向，**但只看這條線也很容易誤判形勢。**

| 葛蘭碧法則 | 長線視點 | 順勢操作 | 趨勢判斷 |

運用葛蘭碧法則的買進模式①

「葛蘭碧法則」是一種使用移動平均線掌握買賣訊號的技巧。其中，買進與賣出各有4種模式，合計共由8種模式所構成。

向上突破均線就買進的策略

為了實際運用移動平均線提升投資效益，必須先了解「葛蘭碧法則」究竟是什麼。這是由發明移動平均線的美國投資人葛蘭碧（Joseph E. Granville）提出的分析法──以移動平均線的「走向」及「K線位置」為基準，抓出最適合進出場的時機。其中，買進和賣出各有4種模式，以下將解說第1種買進模式。

「葛蘭碧法則」的買進模式①，**是利用行情止跌回升的逆轉盤勢來獲利的策略**。當股價持續下探時，移動平均線會下彎，而K線也會在均線下方移動。當賣出力道減弱時，K線會逐漸朝均線靠攏。如果**K線突破了水平或向上發展的均線時，代表股價已觸底，即將反轉為上升趨勢**。

成功率並非100%，必須嚴守停利出場的紀律

話雖如此，但即便股價按照這個模式推移，股價上升後亦有可能出現拉回盤整※的狀況。因此，特別是在操作當沖時，**一旦出現漲幅就應賣出持股以確保獲利**。如果整體盤勢持續看漲，再反覆進場交易即可。

用語解說
※ 盤整　　意指行情出現短期的反向走勢。例如，當股價走上升趨勢時，出現短期性下跌的盤勢就可視為拉回盤整。

圖表型態 5 　運用「葛蘭碧法則」的買進模式①

【KDDI（9433）】

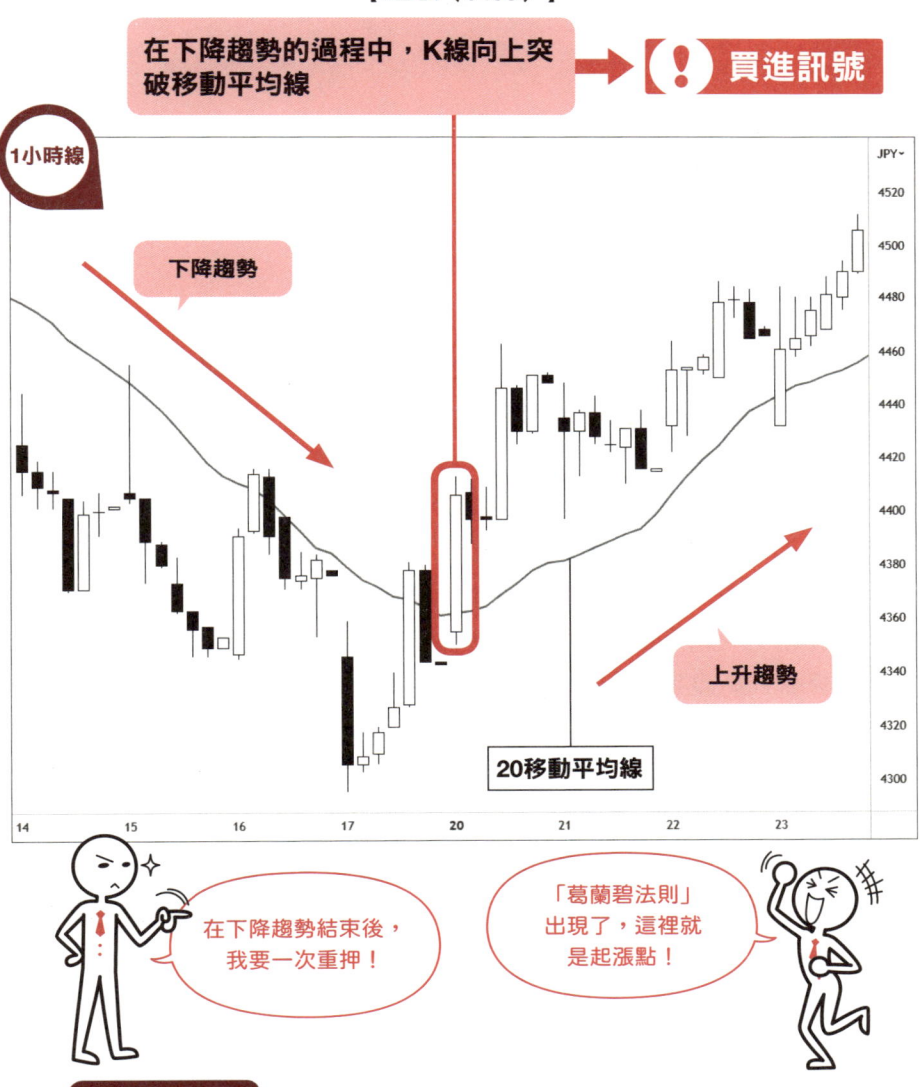

在下降趨勢的過程中，K線向上突破移動平均線 ➡ **買進訊號**

1小時線

下降趨勢

上升趨勢

20移動平均線

在下降趨勢結束後，我要一次重押！

「葛蘭碧法則」出現了，這裡就是起漲點！

股市贏家的建議

為了確認當下的行情是否確實反轉為上升趨勢，可以再多觀察2～3根K線的變動狀況。

第 3 章　運用當沖交易取勝的圖表型態

葛蘭碧法則　　長線視點　順勢操作　趨勢判斷

運用葛蘭碧法則的
買進模式②

第2種買進模式，是抓準股價暫時性下跌的「暫挫」時機進行交易。這個方法可廣泛應用在包括當沖在內的多種交易模式中。

鎖定股價暫時性下跌的時機

即使是在相對較短的區間內完成買賣的當沖交易中，仍然必須注意股價走勢。而這個買進模式就是**在盤勢上升時，瞄準股價「暫挫」（上升趨勢暫時進入重整且判斷下一波漲勢將至）的時機進場買進**。此時進場的優勢即符合「葛蘭碧法則」的買進模式②。

在這個買進模式中，當股價走勢顯示**移動平均線上彎且K線位在均線上方時，若K線一度跌落均線，之後又再次向上突破均線發展時，即是進場時機**。此時的股價變化會如同買進模式①，在盤勢反轉後一度站上高點且容易拉回盤整，而當K線再次向上突破均線時，投資人多會判斷盤勢將持續上揚。也就是將股價暫挫，視為採取買進模式②的訊號看待。

但是，即使K線一度低於均線，視情況不同亦有可能出現股價持續下跌的現象。因此採取買進模式②時，要鎖定的並非是均線下方的K線反轉上升的時機，而應將**K線突破均線的時間點或下一次K線已確定站上均線上方的時間點作為基準**，如此便能提高適時買進的精準度。

PLUS α　出現股價暫挫現象時，可視為在上升趨勢中能以相對低點進場。只要反覆練習如何掌握買進時機，就能逐步提高勝率。

圖表型態 6　運用「葛蘭碧法則」的買進模式②

【Cybozu（4776）】

在移動平均線持續上揚，且K線高於均線的狀態下出現「暫挫」，股價跌落均線。

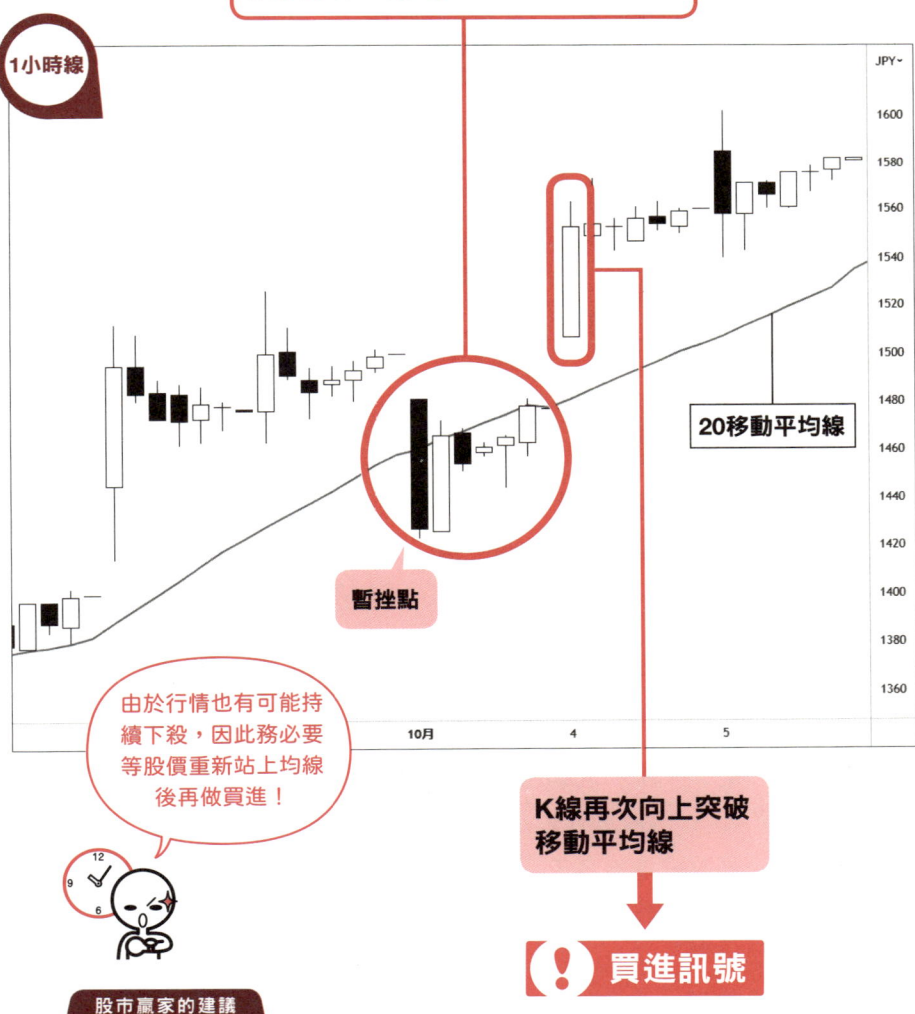

1小時線

20移動平均線

暫挫點

由於行情也有可能持續下殺，因此務必要等股價重新站上均線後再做買進！

K線再次向上突破移動平均線

買進訊號

股市贏家的建議

當股價跌破移動平均線時，也有可能出現持續下殺的狀況，此時應耐心等待股價反彈。

第3章　運用當沖交易取勝的圖表型態

| 葛蘭碧法則 | 長線視點　順勢操作　趨勢判斷 |

運用葛蘭碧法則的
買進模式③

第3種買進模式，同樣著眼於股價暫挫的時機點。當股價處於上升趨勢時更容易吸引投資人的注意，故可期待股價持續看漲。

鎖定股價暫挫時買進的第2種方法

與前述的「葛蘭碧法則」買進模式②一樣，買進模式③同樣也是在上升趨勢中瞄準股價暫跌的時機。運用買進模式③的時候，**可觀察股價在維持上升的移動平均線上出現暫時性拉回時，就是買進的時機。**

多數投資人都在關注的重點

與買進模式②相比，上升趨勢較為緩和，且K線並未跌破均線使得買進模式③成立時，投資人通常會判斷行情將持續走多。這是因為移動平均線是最為人熟知的技術指標，因此多數投資人都會依據「均線走向」及「K線的相對位置」作為參考基準。

也就是說，**當所有人都判斷「只要不跌破均線且出現反彈，代表上升趨勢不變」時**，股票買壓就容易增加。這就像討論「先有雞還是先有蛋」一樣，移動平均線的優點正是讓投資人快速察覺到盤勢的重點。

此外，以買進模式③交易時，**應鎖定股價明確反彈的時機點進場**，當K線跌破均線時就要馬上停損出場。

PLUS α　當股價未跌破均線且止跌反彈時，投資人會自然產生「上升趨勢將會持續下去」的認知，使得買盤大舉湧入。

圖表型態 7　運用「葛蘭碧法則」的買進模式③

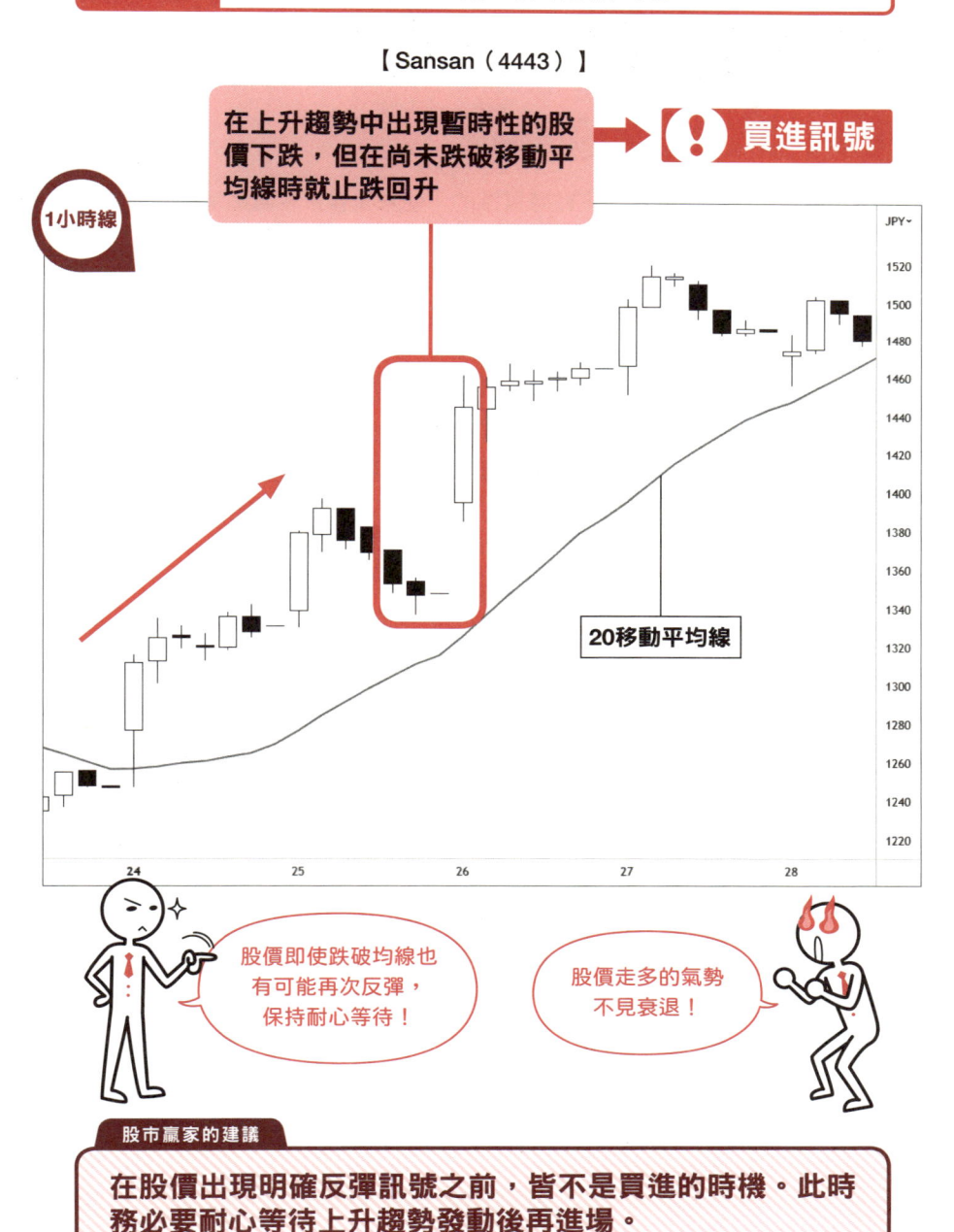

【Sansan（4443）】

在上升趨勢中出現暫時性的股價下跌，但在尚未跌破移動平均線時就止跌回升 → **買進訊號**

1小時線

20移動平均線

> 股價即使跌破均線也有可能再次反彈，保持耐心等待！

> 股價走多的氣勢不見衰退！

股市贏家的建議

在股價出現明確反彈訊號之前，皆不是買進的時機。此時務必要耐心等待上升趨勢發動後再進場。

第3章　運用當沖交易取勝的圖表型態

葛蘭碧法則　　長線視點　　逆勢操作　　趨勢判斷

運用葛蘭碧法則的買進模式④

第4種買進模式，是在股價下跌時買進的「逆勢操作」。雖然這個方法能提高獲利，但也伴隨著相對的風險，操作時務必謹慎評估並量力而為。

股價下跌時「逆勢買進」的手法

雖然「葛蘭碧法則」的買進模式①～③各有不同的進場時機點，但同樣都是根據上升趨勢所做的「順勢操作」。但本節要介紹的買進模式④，**瞄準的則是當移動平均線下修，且K線急速拉回的時機點進場的「逆勢操作」策略**。

股價急跌之後會再次向均線靠攏

在買進模式④中，必須在移動平均線下修且離K線有一段明顯距離時進場。如右圖所示，此模式發揮最大效果的狀況，就是**當上升趨勢告一段落，且股價跌破均線、急速拉回的時間點**。當上升趨勢結束，投資人判斷「股價不會再漲」時便會開始賣出持股，而買在高點的人為了停損，也會開始拋售。這些原因都會導致行情震盪、股價急速下殺。當股價跌到一定的程度時，市場會再次出現「賣壓過強」的判斷，股價此時會再次反彈至均線附近。

話雖如此，逆勢操作的進場時機及停損點設定等，難度皆偏高。**即使判斷股價會止跌反彈，亦有可能再次出現大量賣壓**，因此須格外留意。

> **實戰！** 除非股價如預期般上漲，否則逆勢操作將無法獲利。因此在做當沖交易時務必要避免在收盤前進行逆勢操作。

圖表型態 8 　運用「葛蘭碧法則」的買進模式④

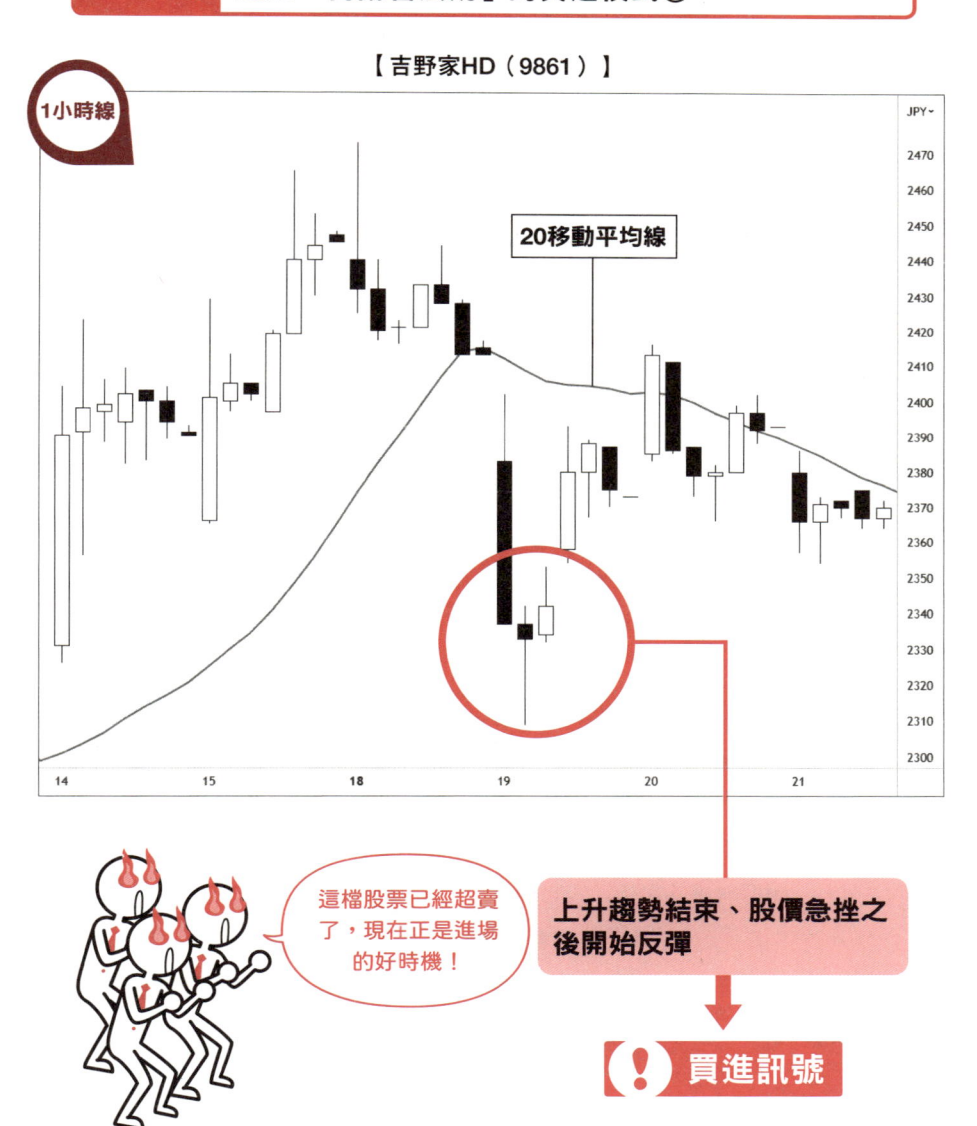

【吉野家HD（9861）】

1小時線

20移動平均線

這檔股票已經超賣了，現在正是進場的好時機！

上升趨勢結束、股價急挫之後開始反彈

買進訊號

股市贏家的建議

為了控管逆勢操作的風險，應在確認出現「長下影線」等反轉訊號之後，迅速設定停利和停損的買賣點。

第3章　運用當沖交易取勝的圖表型態

65

| 葛蘭碧法則 | 短線視點 | 順勢操作 | 趨勢判斷 |

運用葛蘭碧法則的
賣出模式①

第1個賣出訊號會出現在行情從上升趨勢反轉為下降趨勢之際。為了盡可能賣在高點，請務必要將以下法則謹記在心。

運用K線和均線掌握趨勢反轉的時機

本節將開始介紹「葛蘭碧法則」的4種賣出模式。

由於操作當沖的人有很大一部分皆會使用信用交易※去賣空，因此在思考當下的行情該做多或做空時，「葛蘭碧法則」就是一個很實用的參考準則。

「葛蘭碧法則」的賣出模式①，**是利用盤勢由上升反轉為下降時，利用股價跌勢來獲利的策略。**

當上升趨勢持續時，移動平均線會上移，K線也會向上推進，但是當買盤減弱時，K線會向下朝均線靠攏。而當K線停滯或向下跌破均線時，股價就有可能觸頂轉為跌勢，而這便是可使用賣出模式①的訊號。

「葛蘭碧法則」可以從買進及賣出的角度，分析上升／下降趨勢的初期、中期到結束的最佳進場時機。從這個觀點來看，在賣出模式①中，首先可先做試單（為掌握股價走勢而做的小額測試單），先投入部分資金。**若股價走勢符合預期，則繼續持有；若股價沒有變動或出現相反走勢，就要及早出脫持股。**

用語解說

※ 信用交易 　將現金或股票抵押給券商，向券商借入更高額度的現金或股票來進行買賣的手法。向券商借股票「賣出」，則稱為賣空。

圖表型態 9 運用「葛蘭碧法則」的賣出模式①

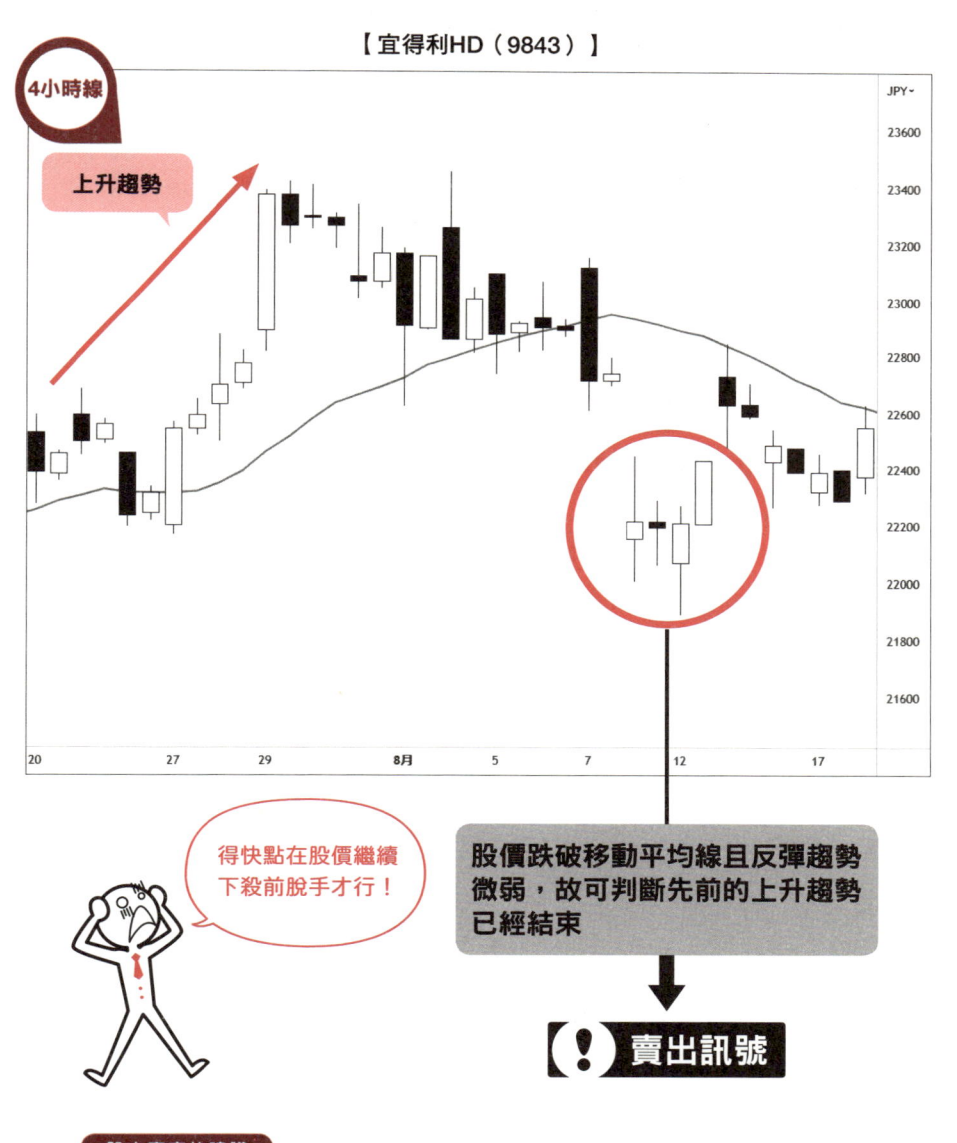

【宜得利HD（9843）】

4小時線

上升趨勢

得快點在股價繼續下殺前脫手才行！

股價跌破移動平均線且反彈趨勢微弱，故可判斷先前的上升趨勢已經結束

⚠ 賣出訊號

第3章 運用當沖交易取勝的圖表型態

股市贏家的建議

當股價趨於跌勢時，多數投資人會傾向進行停損或賣空，導致整體盤勢跳空下殺。

葛蘭碧法則   短線視點   順勢操作   趨勢判斷

運用葛蘭碧法則的賣出模式②

當盤勢呈現下降趨勢時，過程中股價可能會出現短暫止跌回升的時機點。此時正是第2個賣出訊號，切勿錯失這波稍縱即逝的反彈時機。

瞄準股價短暫反彈的時機點

「葛蘭碧法則」的賣出模式②恰好與買進模式②（參照P60）相反。當移動平均線走低，且K線在均線下方游移時，只要出現**「K線向上突破均線後再次跌破均線」**的訊號，就是交易的時間點。

如同買進模式②所示，原先的盤勢因「暫挫」盤整，並會再次進入上升盤勢，此時進場買進即為「逢低買進」，然而，若在下降趨勢中盤勢拉回重整，且預期股價會繼續下探時賣出，則稱為「逢高賣出」。

當股價上升即賣出將導致賣壓迅速增強

在賣出模式①中曾提到，股市行情會持續波動，而賣出模式②則是「在下降趨勢的中期，找出股價暫時反彈的時機點賣出」的策略。在賣出模式②中，當上升趨勢反轉為下降趨勢後，若出現短暫止跌回升的走勢，而後再次跌破均線時，就是進場的最佳時機。

這種情況如果發生在下降趨勢中，**投資人多會認定這波跌勢將會持續下去，整體賣壓會因此加重**，而此時正是「逢高賣出」的時機點。

PLUS α   股價一旦進入下降趨勢，就會呈現低點不斷更低，高點也會持續下降的狀態（請參照P92）。

圖表型態 10　運用「葛蘭碧法則」的賣出模式②

【宜得利HD（9843）】

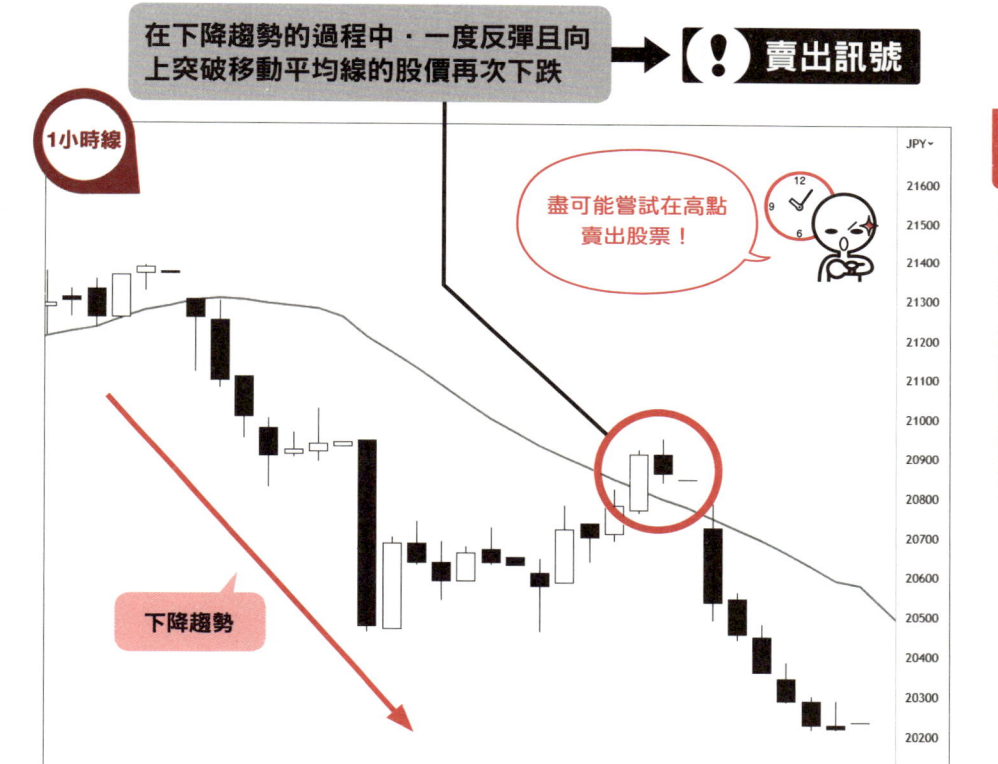

在下降趨勢的過程中，一度反彈且向上突破移動平均線的股價再次下跌 ➡ **賣出訊號**

1小時線

盡可能嘗試在高點賣出股票！

下降趨勢

趁現在賣空股票吧！

股市贏家的建議

即使是在行情走空時，也會有賣空平倉或逆勢買進的人，故依然會出現反彈且適合「逢高賣出」的時機點。

葛蘭碧法則　　短線視點　順勢操作　趨勢判斷

運用葛蘭碧法則的
賣出模式③

第3個賣出訊號，是採用賣出加倉的手法。由於此訊號十分容易判斷，是可以積極操作且值得信賴的訊號。

亦可應用於判斷是否應賣出加倉的訊號

賣出模式③與②相同，都是在下降趨勢中找到止跌回升點的策略。在賣出模式③中，**面對下降中的移動平均線，當發現股價暫時上揚，但在尚未向上突破均線時又再次下跌時，即可視為是適合操作賣出的訊號。**

當此模式出現在下降趨勢時，投資人多會判斷跌勢會持續一段時間，因此，**若已按照賣出模式①做「試單」賣出後，此時再賣出加倉**※，就是一個十分有效的策略。

最易操作的「葛蘭碧法則」賣出模式

與賣出模式②不同，賣出模式③不需等待股價突破均線，而是當股價在均線下方移動時賣出。因此，停損點也可以簡單設定為「當股價突破均線時」，如果正確掌握趨勢的話，就很容易獲利。此外，在操作短線交易時，可以在日線圖上尋找出現此模式的股票，如此更能精準操作那些**被市場認為處於下降趨勢的股票**。由於「葛蘭碧法則」會因時間軸的不同而有不同的策略，因此必須根據具體情況選擇適合的交易模式。

用語解說
※ **賣出加倉**　　視市場行情狀況進一步追加賣出操作，進而取得更大的獲利。

圖表型態 11　運用「葛蘭碧法則」的賣出模式③

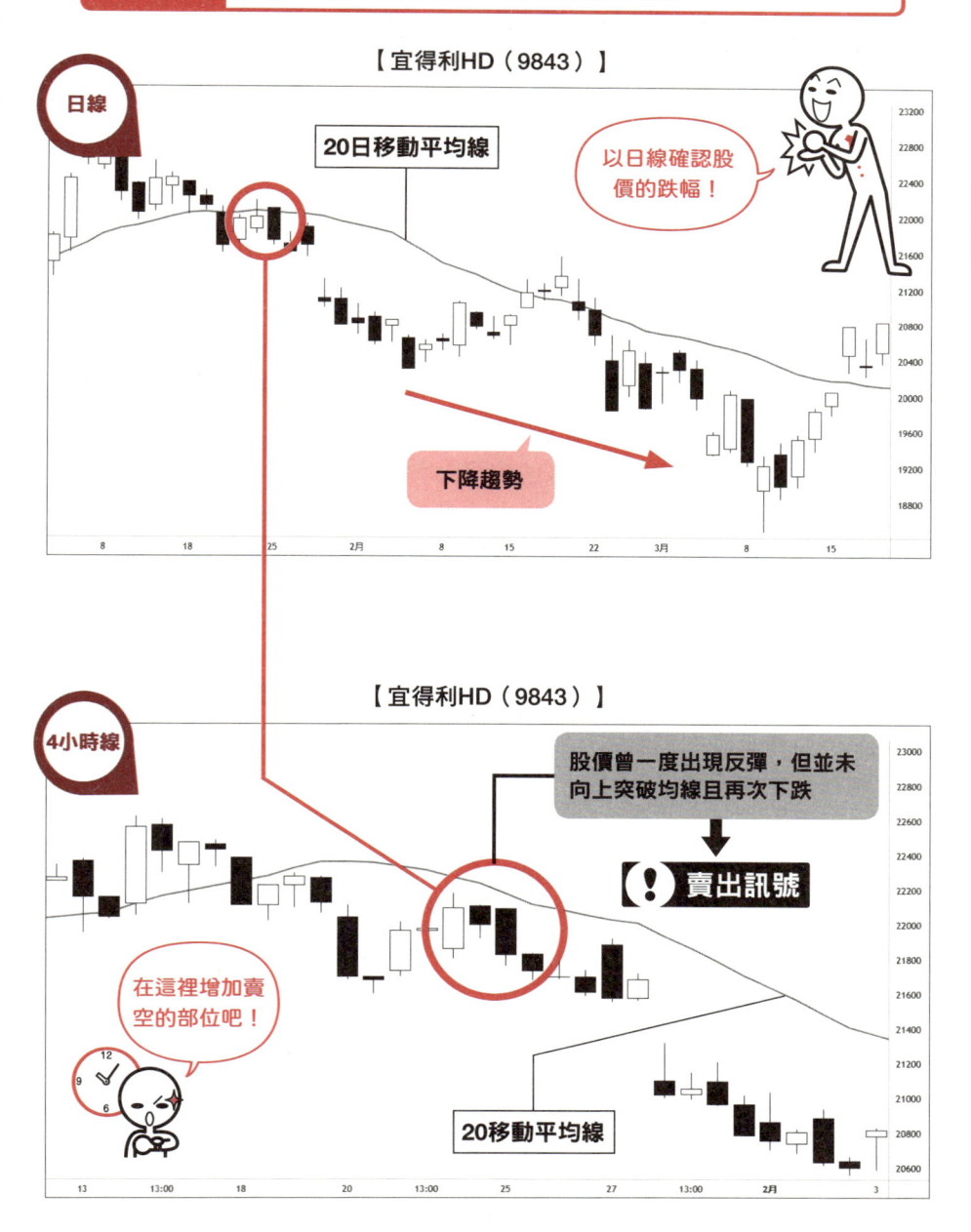

【宜得利HD（9843）】

日線

20日移動平均線

以日線確認股價的跌幅！

下降趨勢

【宜得利HD（9843）】

4小時線

股價曾一度出現反彈，但並未向上突破均線且再次下跌

賣出訊號

在這裡增加賣空的部位吧！

20移動平均線

葛蘭碧法則　　短線視點　　逆勢操作　　趨勢判斷

運用葛蘭碧法則的
賣出模式④

第4個賣出訊號，是在股價急漲時進行逆勢操作賣出的手法。當趨勢轉換時，就是操作這個賣出模式的最佳時機。

看準股價與均線之間乖離率擴大的時機

在賣出模式④中，**要鎖定在上升趨勢中股價與均線之間出現大幅背離的時機點賣出股票，屬於「逆勢操作」的策略。**

基本上，當股價急速上漲並拉開與均線的距離時，可視為出現賣出模式④的訊號。然而，與買進模式④相同，必須先仔細確認停損點及進場點之後再做賣出，否則可能蒙受意想不到的損失。

鎖定下降趨勢結束的時機點

從這個觀點來看，**最適合賣出模式④的情況如右圖所示，當均線的斜率放緩且出現觸底徵兆時，股價即有急速向上突破均線的機會，此時就是最佳的賣出時機。**

在從下降趨勢反轉為上升趨勢的初期，市場通常會極端地傾向買進，導致暫時性的急漲。多數情況下，股票在展開一波上漲趨勢前會先進行盤整，投資人會等上升趨勢確立後才會積極參與行情。而在盤勢重整的時機點，賣出模式④也相對容易發揮作用，因此可以多加利用這個機會。

PLUS α　　當股價大幅偏離移動平均線之後，一定會再次朝均線靠攏，投資人可多加利用這個時機點。

圖表型態 12 　運用「葛蘭碧法則」的賣出模式④

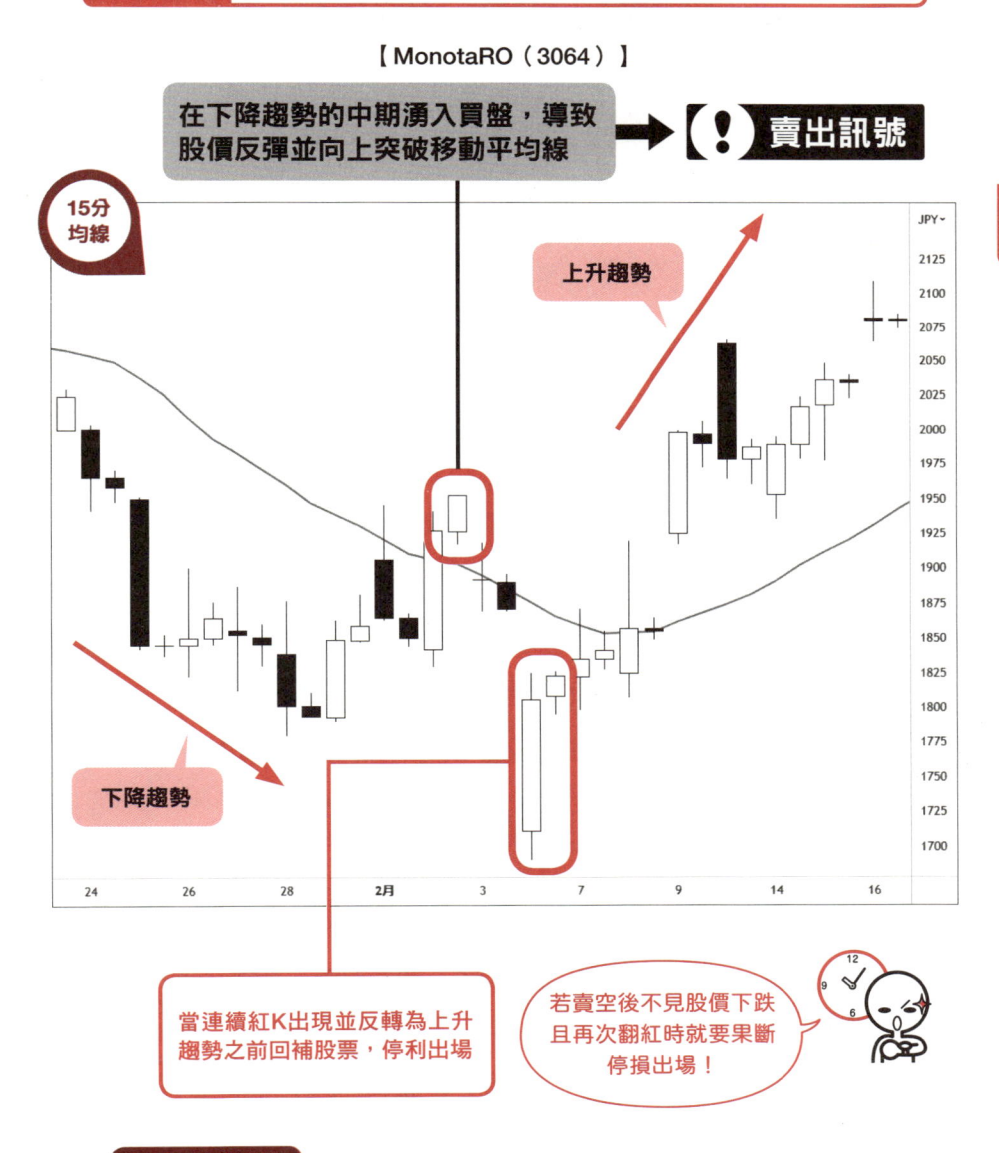

【 MonotaRO（3064）】

在下降趨勢的中期湧入買盤，導致股價反彈並向上突破移動平均線 ➡ 【!】賣出訊號

15分均線

上升趨勢

下降趨勢

第 **3** 章　運用當沖交易取勝的圖表型態

當連續紅K出現並反轉為上升趨勢之前回補股票，停利出場

若賣空後不見股價下跌且再次翻紅時就要果斷停損出場！

股市贏家的建議

賣空的逆勢操作，是指在股價上漲時賣出，並在股價跌至低點時買回的策略。

移動平均線　　趨勢判斷

移動平均線的3大類型
SMA・EMA・WMA

將一定期間的收盤價加以平均後,可以求得「簡單移動平均線」(SMA),除此之外,還有進化後的EMA及WMA等不同的均線類型。

SMA不擅於應對股價急遽的變化

到這裡為止,關於移動平均線的解說主要是針對最基礎的「簡單移動平均線」(SMA)。基本上,使用均線的走勢圖分析通常只需要SMA就夠了,但精確的說,SMA仍存在「對近期股價波動反應遲緩」的缺點,**特別是在股價急漲或急跌時,SMA經常無法及時反映**。為了克服此一弱點,進化後的「指數平滑移動平均線」(EMA)及「加權移動平均線」(WMA)就應運而生。

能即時反映行情變化的EMA與WMA

EMA與WMA的計算方式雖然不同,但**其特徵是與SMA相比,它們對近期的股價變化更為敏感**。右圖展示了SMA、EMA和WMA等3種均線(參數值皆設為相同)。從走勢圖後段的下降趨勢中可以看出,對於K線的反應速度依序為WMA＞EMA＞SMA。

舉例來說,在「葛蘭碧法則」的賣出模式①中,使用均線去觀察趨勢反轉訊號時,EMA和WMA能更快地顯示訊號,對於希望早一步分析交易時機的人來說,這兩條均線是更適合的選擇。

有備無患! EMA與WMA側重近期的股價波動,就算碰到急遽的走勢變化也能迅速反應出來,能有效協助投資人觀察趨勢走向。

3種移動平均線

簡單移動平均線（SMA）：將一定期間的收盤價加以平均的指標，缺點是**較不容易反映急遽**的趨勢轉換

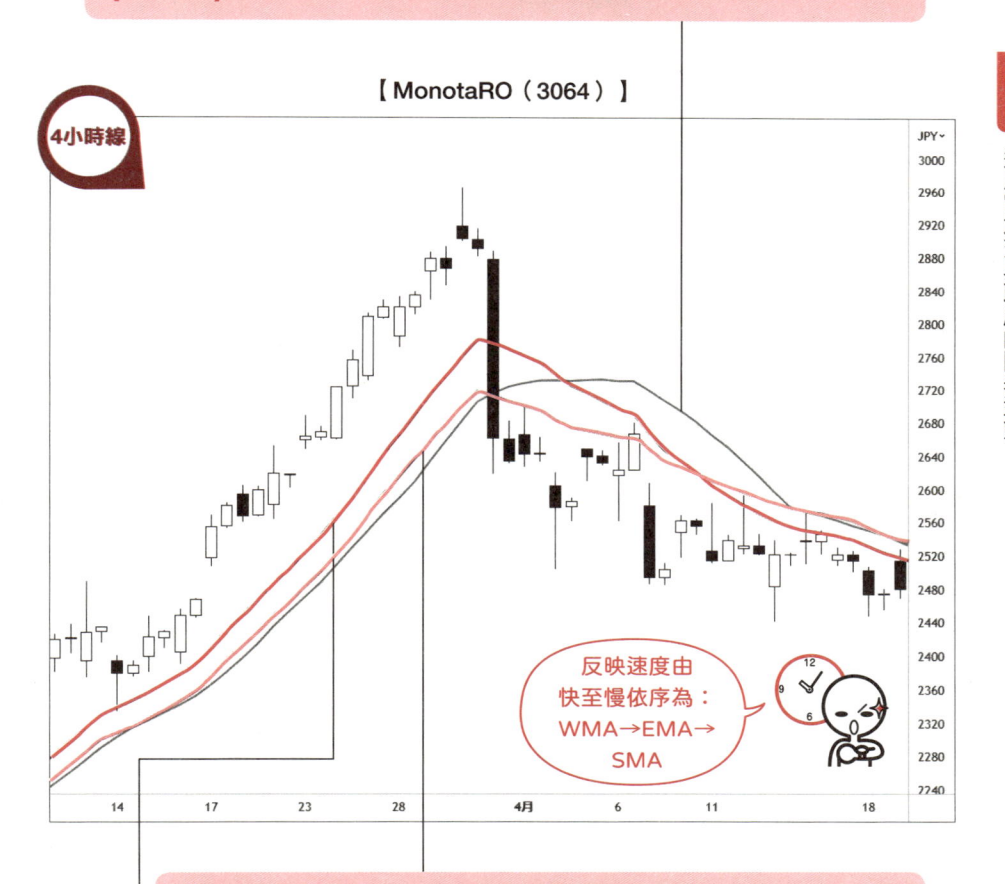

【MonotaRO（3064）】

4小時線

反映速度由快至慢依序為：WMA→EMA→SMA

指數平滑移動平均線（EMA）：給予近期股價較高的權重加成計算出來的移動平均線。與WMA相比，涵蓋的計算範圍更廣

加權移動平均線（WMA）：給予近期股價較高的權重加成計算出來的移動平均線。在3種均線中**最能迅速反應行情波動**

第3章 運用當沖交易取勝的圖表型態

| 複數均線 | 順勢操作　趨勢判斷 |

判斷多空轉折的
黃金交叉與死亡交叉

只要在股價走勢圖上顯示多條參數值不同的均線，就能進行更縝密的分析。而使用2條均線的「黃金交叉」及「死亡交叉」就是最具代表性的訊號。

運用兩條移動平均線的觀測訊號

本節開始將進入均線的應用篇，首先介紹的是投資人耳熟能詳的黃金交叉及死亡交叉。這兩者皆是使用2條參數不同的均線，藉此判斷趨勢轉折的訊號。**當參數較小的均線（短期線）上移，並突破參數較大的均線（長期線）時，稱為「黃金交叉」；相反的，當短期線向下突破長期線時，稱為「死亡交叉」。**

透過長短期的視角觀察趨勢轉折

如同前文所述，均線的走向可用來分析趨勢方向，而當出現黃金或死亡交叉時，就代表「操作短線的人和操作長線的人，兩者的趨勢出現逆轉」。

也就是說，**即使整體走勢呈現上升或下降，黃金和死亡交叉也有助於判斷股價走勢是否即將反轉**。例如，當出現黃金交叉時，可能表示股價正準備開始起漲；而出現死亡交叉時，則表示股價可能即將下殺。由於這兩種交叉能將漲跌的趨勢可視化，基於這一點，可以簡單地將「黃金交叉」視為買進訊號，將「死亡交叉」視為賣出信號，據此作為直接的交易策略。

PLUS α　　當黃金或死亡交叉出現之後，有可能會發展出「多頭排列」或「空頭排列」（參照P78），如此就能判斷趨勢動能非常強勁。

圖表型態 13　轉為上升趨勢的「黃金交叉」

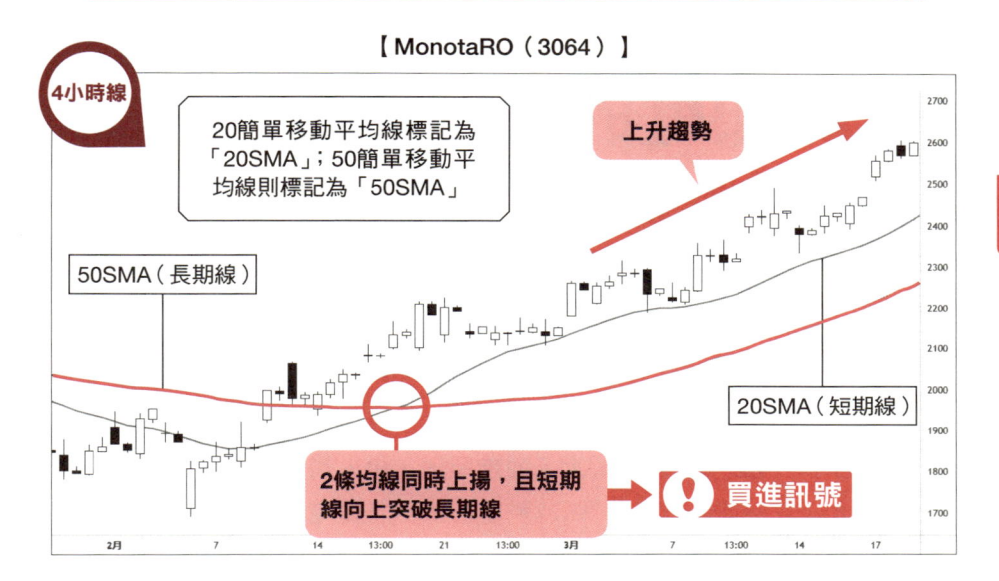

【MonotaRO（3064）】

4小時線

20簡單移動平均線標記為「20SMA」；50簡單移動平均線則標記為「50SMA」

上升趨勢

50SMA（長期線）

20SMA（短期線）

2條均線同時上揚，且短期線向上突破長期線 → 買進訊號

圖表型態 14　轉為下降趨勢的「死亡交叉」

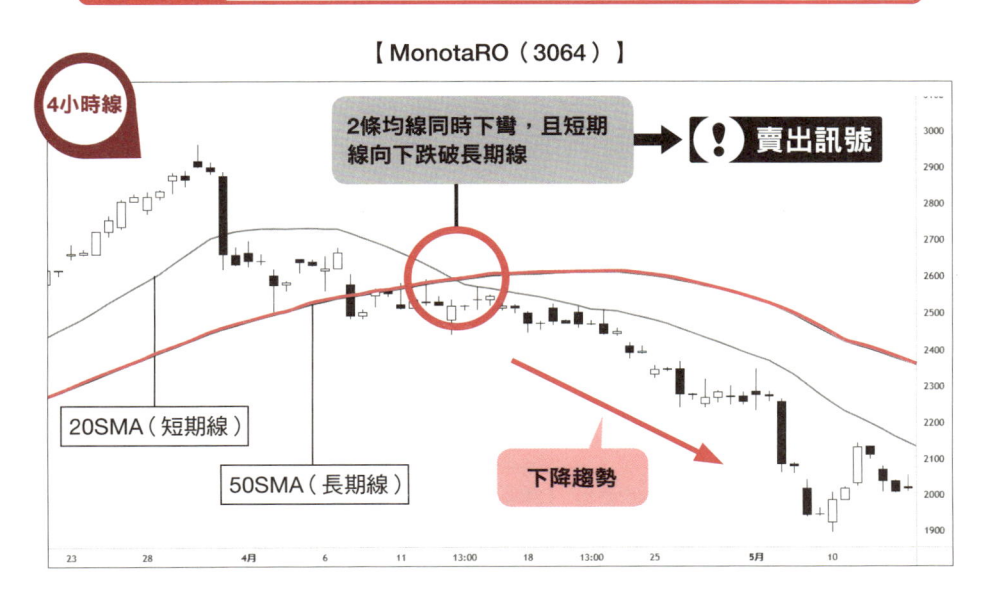

【MonotaRO（3064）】

4小時線

2條均線同時下彎，且短期線向下跌破長期線 → 賣出訊號

20SMA（短期線）

50SMA（長期線）

下降趨勢

第3章　運用當沖交易取勝的圖表型態

| 複數均線 | 順勢操作 | 趨勢判斷 |

多頭排列是多方氣勢如虹的買進訊號

當3條移動平均線朝向同一方向發展,且走勢呈現強烈上升狀態時,稱為多頭排列。做順勢交易時務必要謹記這個訊號。

3條均線就能判斷股價走向

除了黃金與死亡交叉之外,還有一種運用多條均線進行順勢操作的策略,名為「多頭排列」。所謂的多頭排列,**是將3條以上、參數值各異的均線顯示在走勢圖上,並按照短、中、長期線的順序排列。**當出現多頭排列時,即可判斷趨勢處於強烈且穩定的狀態,是進行順勢交易的極佳時機。

關鍵是短期線與中期線的交叉點

具體實例如右圖所示。

當股價處於上升趨勢中,且短、中、長期等3條移動平均線形成多頭排列時,即可判斷此時出現相當強烈的上升趨勢。

上升趨勢的定義為「股價上漲過程中呈現一系列不斷墊高的低點和高點」,當這種狀態持續下去的話,即會形成多頭排列。由於這代表上升趨勢處於高度穩定的狀態中,因此可在此時找出合適的時機點順勢進場。

> **有備無患!** 根據多頭排列的訊號進場買進之後,如果短期線和中期線出現死亡交叉的訊號,就是必須果斷出場的賣出點。

圖表型態 15　顯示強烈上升趨勢的「多頭排列」

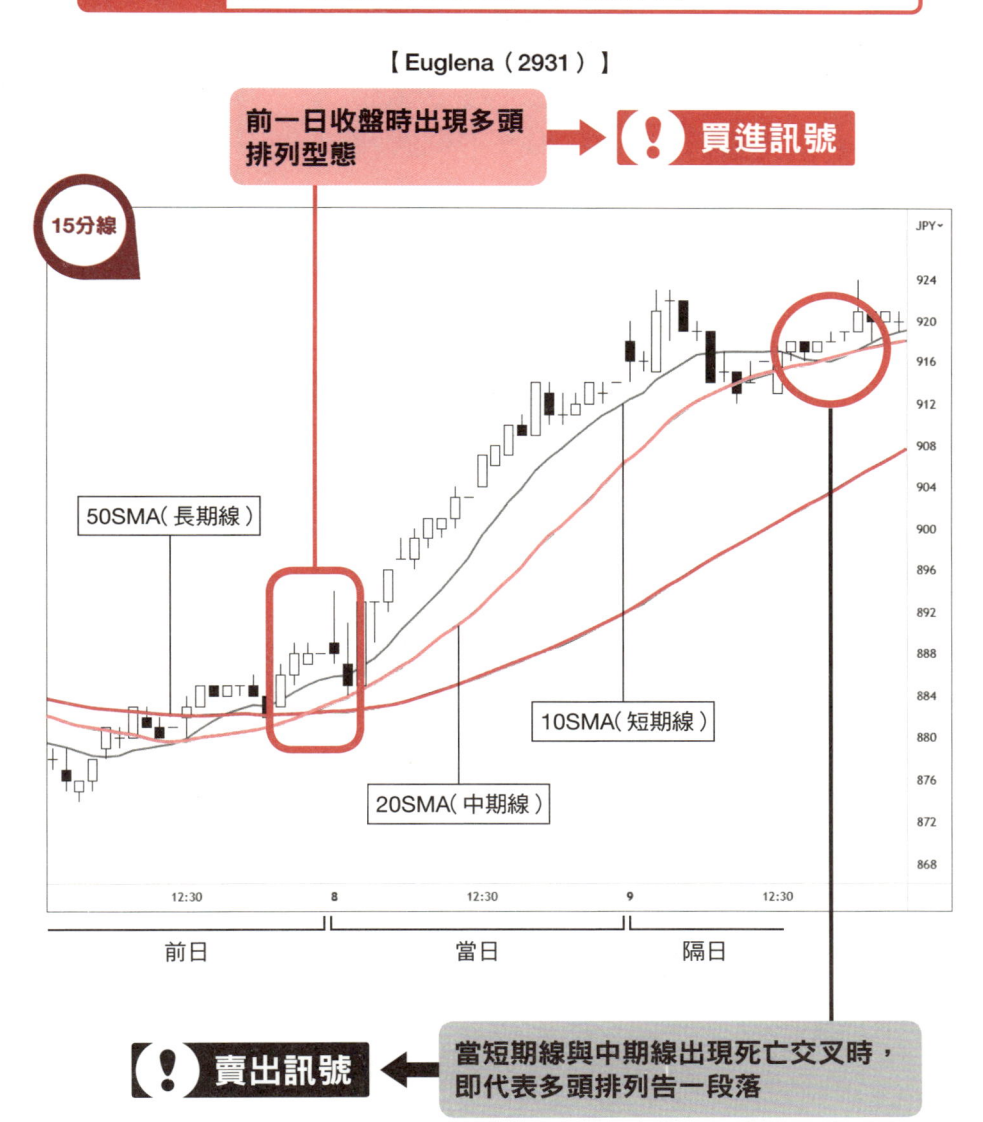

【Euglena（2931）】

前一日收盤時出現多頭排列型態 → **買進訊號**

15分線

50SMA（長期線）

10SMA（短期線）

20SMA（中期線）

前日　當日　隔日

賣出訊號 ← 當短期線與中期線出現死亡交叉時，即代表多頭排列告一段落

第3章　運用當沖交易取勝的圖表型態

股市贏家的建議

如果直到收盤前都沒有出現賣出訊號，為了避免隔夜風險，也可以在收盤前停利出場。

乖離率　　　逆勢操作　　震盪指標

判斷行情是否反轉的
移動平均乖離率

「移動平均乖離率」是用來顯示股價與均線之間距離遠近的震盪指標。乖離率越大，代表市場反轉的可能性越高。

適當的乖離率會因股價指數和個股不同而異

「移動平均乖離率」是應用均線的一種技術指標，顯示股價與均線的乖離程度及其變化，可用來識別趨勢反轉點。右圖上半顯示的是日經平均指數的日K線和21日SMA，下半顯示以21日SMA為基準的移動平均乖離率。從過去的趨勢來看，當股價大幅波動且遠離均線時，乖離率會以0為基準上下波動。

從右圖可見，當股價急漲或急跌，**乖離率超過±4％時，股價有回歸均線的趨勢**。但這僅可視為是「暫時性趨勢」的參考，並不能保證未來必定會出現相同的走勢。

將乖離率結合「葛蘭碧法則」使用

在右圖日經平均指數的例子中，是以±4％作為乖離率的判斷基準，但適當的乖離率會因不同的指數和個股而異，因此必須仔細檢視過去的走勢圖來確認何種乖離率適合判斷手中股票的買賣點。此外，若能結合「葛蘭碧法則」的買進模式①，則能更精準的捕捉趨勢反轉初期的機會。

有備無患！ 在這個例子中採用的基本策略為「當乖離率超過＋4％時即賣出」及「當乖離率低於－4％時即買進」等兩大方向。

圖表型態 16 作為趨勢翻轉判斷基準的「移動平均乖離率」

【日經平均指數】

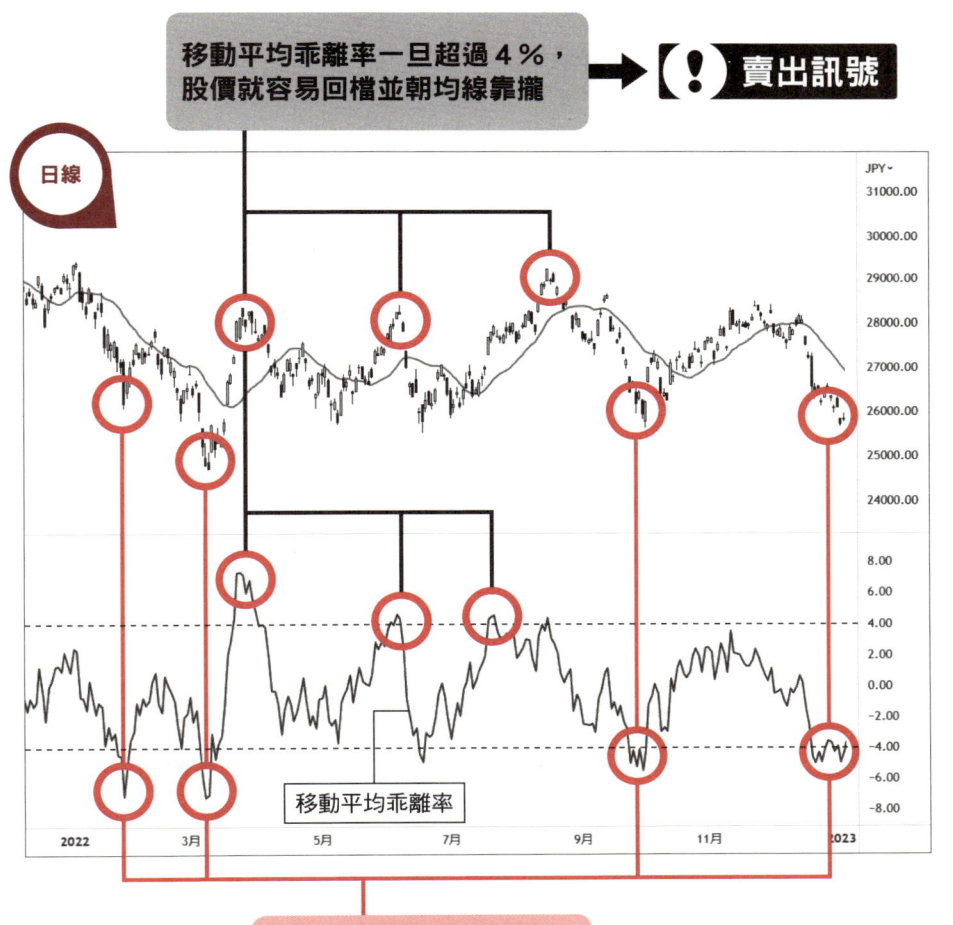

移動平均乖離率一旦超過4％，股價就容易回檔並朝均線靠攏 → **⚠ 賣出訊號**

第3章 運用當沖交易取勝的圖表型態

日線

移動平均乖離率

移動平均乖離率一旦超過－4％，股價就會開始上揚並朝均線靠攏 → **⚠ 買進訊號**

股市贏家的建議

操作當沖交易的時候，為了掌握市場趨勢，可以透過日線來確認股價是否過熱。

81

| 隨機指標 | 逆勢操作 | 震盪指標 |

判斷市場是否已超賣或超買的隨機指標

「隨機指標」是運用2條線來判斷市場是否處於「超賣」或「超買」狀態的指標,對逆勢操作的策略尤其有效。

以「慢速隨機指標」為中心

在震盪系列的技術指標當中,「隨機指標」是最具代表性的指標之一。

隨機指標使用名為「%K」[※]及「%D」[※]2條線,呈現出「快速隨機指標」及觀測其反應所延伸出的「慢速隨機指標」兩種指標。前者由於對股價變動的反應過於敏感,容易造成投資誤判,**故一般多會使用「慢速隨機指標」**。而慢速隨機指標使用的是「%D」及其移動平均線(參數值通常為3)「SD」。

亦可與股價走勢圖模式併用

慢速隨機指標的基本用法為:當「%D」在20%以下時,判斷為「超賣」;80%以上時,判斷為「超買」。此外,當「%D」在80%以上且形成雙頂(參見P100)時,是賣出訊號;在20%以下且形成雙底時,則是買進訊號。

當「%D」向上突破「SD」時,是買進訊號;向下跌破「SD」時,則是賣出訊號。其中,**20%以下的買進訊號和80%以上的賣出訊號,皆屬於強力訊號**。

用語解說
※「%K」與「%D」 %K指股票在一定期間的波動幅度中,目前股價落點的線;%D則是對%K進行移動平均後所得的線。

圖表型態 17　判斷股價是否過熱的「慢速隨機指標」

【Euglena（2931）】

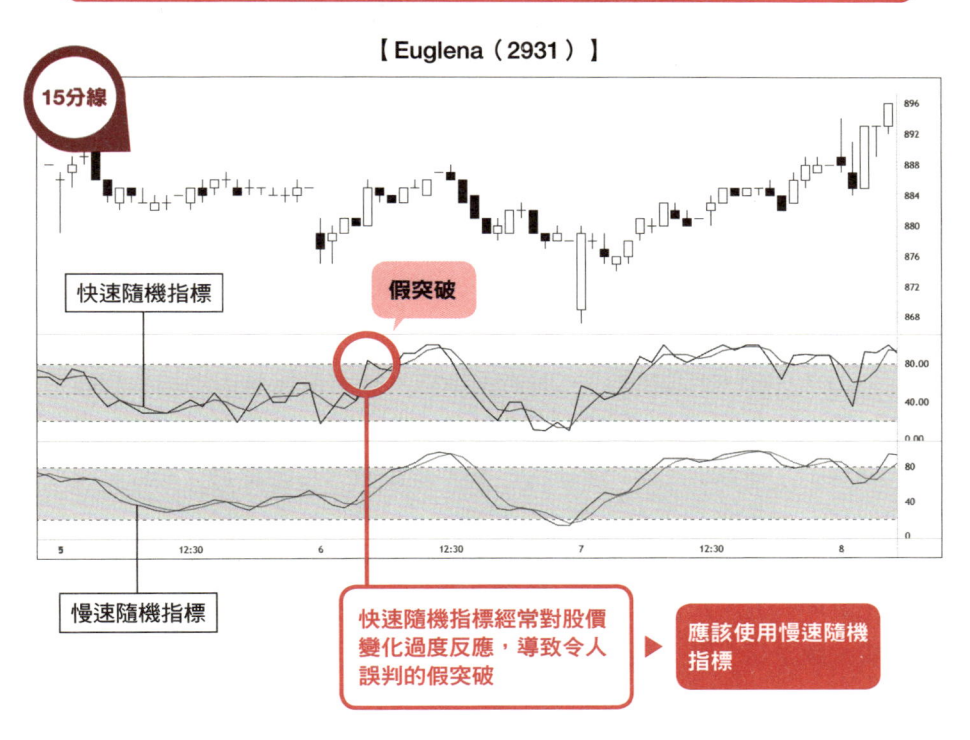

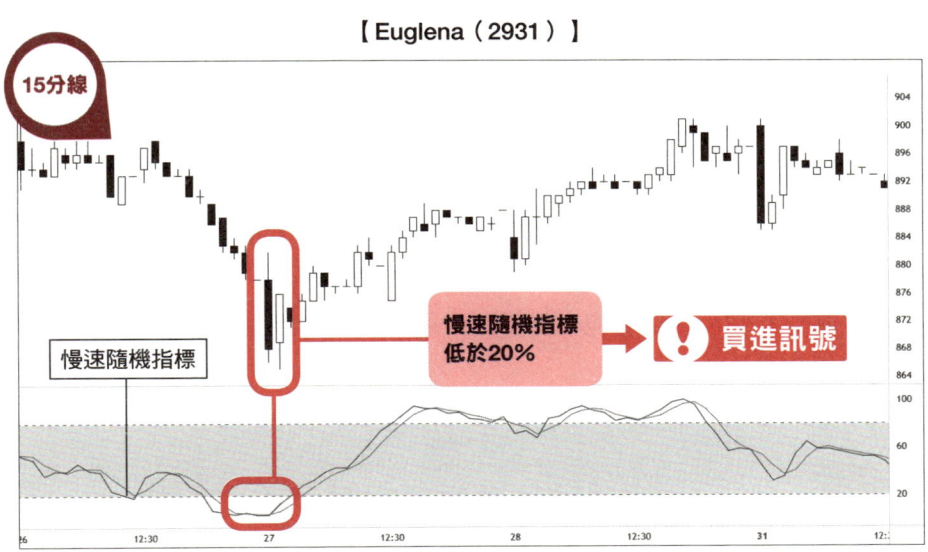

15分線

快速隨機指標

假突破

慢速隨機指標

快速隨機指標經常對股價變化過度反應，導致令人誤判的假突破　▶　應該使用慢速隨機指標

【Euglena（2931）】

15分線

慢速隨機指標

慢速隨機指標低於20%　→　**⚠ 買進訊號**

第3章　運用當沖交易取勝的圖表型態

RCI・ADL 騰落指標

`逆勢操作`　`震盪指標`

判斷個股及市場是否過熱的 RCI及騰落指標

RCI及騰落指標（ADL）均屬於震盪類指標，不同的是，RCI適合分析個股，騰落指標則可用於觀測整體市場的熱度。

用RCI指標判斷低買高賣的時機

RCI（順位相關指數）※與隨機指標一樣，是測量市場過熱程度的技術指標之一。RCI能將日期和股價分別排序，將兩者的關係呈現在圖表上。基本上，**當RCI在70～80％以上時，可判斷為「超買」；在－70～－80％以下時，則為「超賣」。**

此外，當顯示多條不同參數的RCI時，可依據「當長期線緊貼於上下其中一方，只有短期線反轉時，代表適合低點買進或高點賣出的機會來臨」這一點來判斷交易時機。

用騰落指標判斷行情是否過熱

在分析大型股市的交易熱度時，騰落指標也是相當有效的技術指標之一。它是將一定期間內（通常設定為25天，也有以5天為期）股價下跌的股票數量除以上漲的股票數量所得出。

若上漲與下跌的股票數量相同，騰落指標即為100％。**若低於70％（或80％），表示市場處於超賣狀態；高於120％（或110％）則為超買狀態。**

在操作當沖時，若能先行掌握市場整體的強弱狀況，就能作為該買進或賣空的依據。

用語解說
※RCI　RCI的參數通常設定為9，但如果顯示多條RCI，常用的參數組合為9、26（或36）及52。

圖表型態 18　判斷股價是否過熱的「RCI指標」

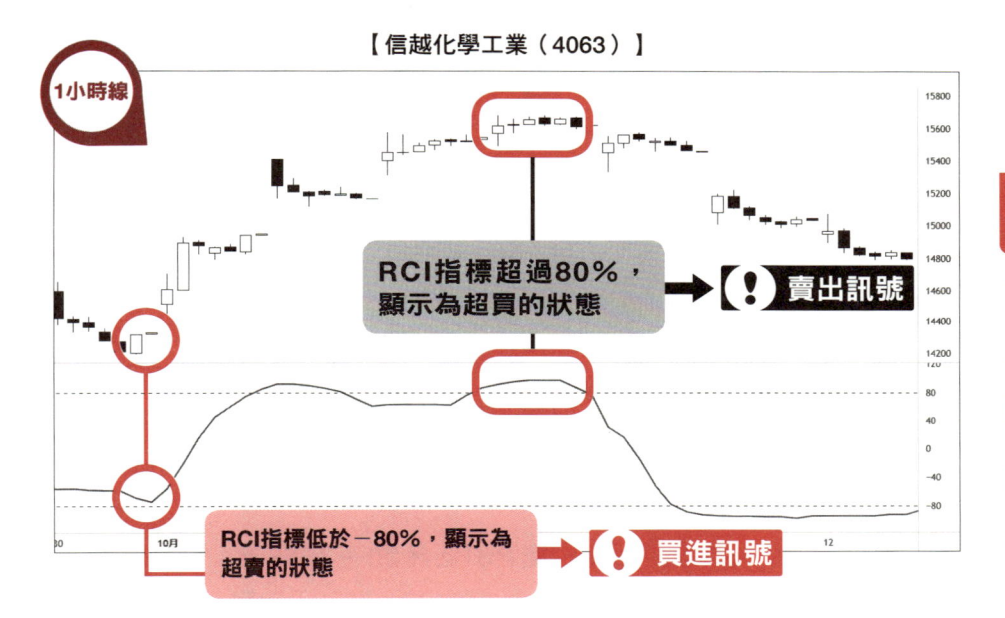

【信越化學工業（4063）】

1小時線

RCI指標超過80％，顯示為超買的狀態 → ⚠ **賣出訊號**

RCI指標低於－80％，顯示為超賣的狀態 → ⚠ **買進訊號**

圖表型態 19　判斷整體行情是否過熱的「騰落指標」

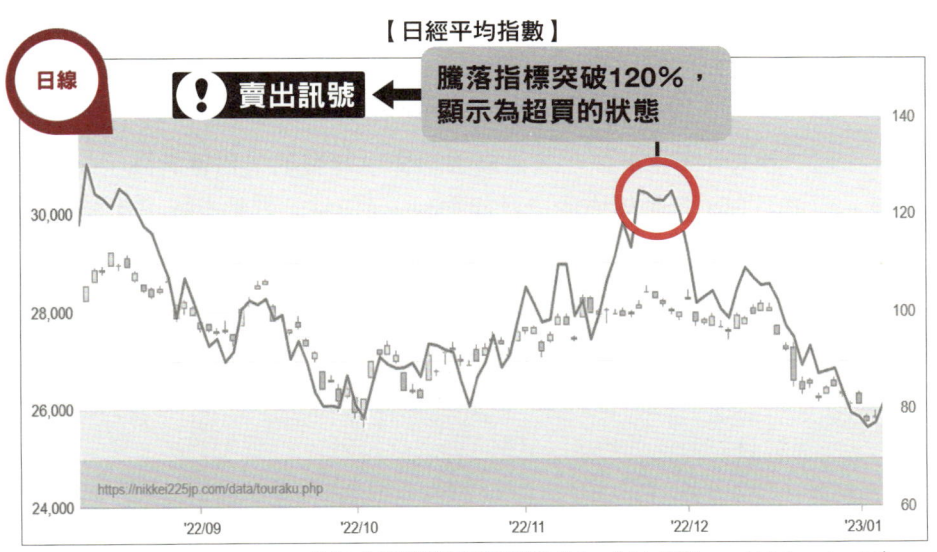

【日經平均指數】

日線

⚠ **賣出訊號** ← 騰落指標突破120％，顯示為超買的狀態

出處：全球股價與日經平均期貨（https://nikkei225jp.com/data/touraku.php）

第3章　運用當沖交易取勝的圖表型態

RSI相對強弱指標

`逆勢操作` `震盪指標`

判斷盤勢時最受歡迎的
RSI相對強弱指標

RSI屬於震盪指標之一。由於單純的逆勢操作策略容易遇到假突破等情況，此時RSI可精確地判斷出趨勢從何開始、從何結束。

RSI超過50％＝上升趨勢

「RSI相對強弱指標」是震盪指標中相當受歡迎的指標，可作為分析股價是否過熱的工具。RSI的計算方式為：將一定期間的漲幅平均值÷（漲幅平均值＋跌幅平均值）。一般多會以14天作為計算期間。

RSI指標的基本用法是：**當RSI低於20～30％時，可判斷為「超賣」（買進訊號）；高於70～80％時，則為「超買」（賣出訊號）**。RSI在波動行情中非常有效，但是當行情平穩時，效果則會減弱，因此需特別注意。

注意RSI出現背離的狀況

如右圖的右側所示，當RSI即將跌破50％之前，此時的股價雖然在上漲，但RSI卻在下降。**這是震盪指標中特有的「指標背離」**[※]**狀態**。也就是說，當股價處於上升趨勢時，若RSI的走勢下降，代表漲勢已經開始衰退，即暗示趨勢即將反轉的可能性。

用語解說

※ **指標背離** 英文原意指的是逆行現象。不僅僅是RSI，另外像是MACD亦可作為判斷趨勢轉換時的訊號使用。

圖表型態 20 判斷行情過熱程度及趨勢轉換的「RSI指標」

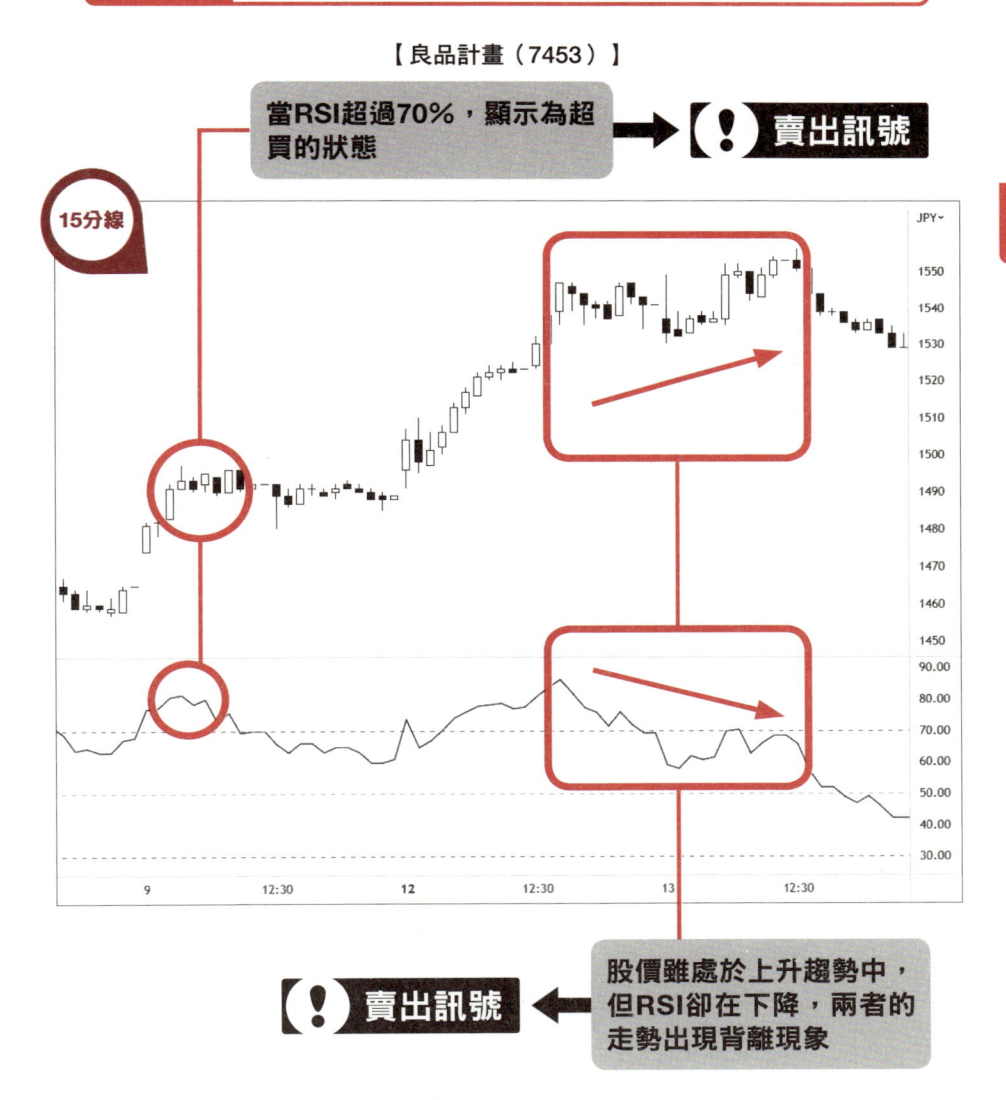

【良品計畫（7453）】

當RSI超過70%，顯示為超買的狀態 → **賣出訊號**

15分線

股價雖處於上升趨勢中，但RSI卻在下降，兩者的走勢出現背離現象 → **賣出訊號**

第3章 運用當沖交易取勝的圖表型態

股市贏家的建議

若股價處於下降趨勢中，但RSI卻在上升時，代表跌勢已經開始減緩，可視為是趨勢即將反轉向上的訊號。

87

MACD指標 　順勢操作　震盪指標

由均線進化而成的 MACD指標

MACD是一個改良移動平均線的技術指標。運用MACD線、訊號線及直方圖，可以分析出趨勢的存在與否及行情是否過熱。

MACD線先行，訊號線再跟上

「MACD線」是進化後的均線，它是以能充分反映近期股價變化的「指數平滑移動平均線」（EMA）計算出來的。具體算式為：「短期EMA－長期EMA」。一般而言，短期EMA的參數值設為12，長期EMA則設為26。若操作的是當沖，亦可選用更小的參數值。

觀察「MACD線」時，**若股價大幅上漲，短期EMA會跟隨股價一起上揚，而長期EMA的變動則相對平穩，因此短期EMA與長期EMA之間的差距會拉大**，這就是MACD在零線上方持續上升的狀態。至於「訊號線」則是「MACD線」的移動平均線（訊號線的常用參數為9）。當股價波動時，MACD會先行發展，訊號線則會接續跟上。

在使用上，**要觀察圖表中心的零軸，當零軸下方的「MACD線」向上突破「訊號線」時，可判斷為買進訊號；當零軸上方的「MACD線」向下跌破「訊號線」時，則是賣出訊號**。此外，當「MACD線」趨近零軸時可嘗試小量買進，若向上突破零軸時（短期EMA向上突破長期EMA，出現黃金交叉），則可加碼部位；當「直方圖」達到峰值且開始滑落時，就是出場時機。

有備無患！ 當MACD線高於零軸且呈現上揚走勢時，可視為短期EMA高於長期EMA，代表行情正處於上升趨勢中。

圖表型態 21 判斷趨勢起始點及結束點的「MACD指標」

【任天堂（7974）】

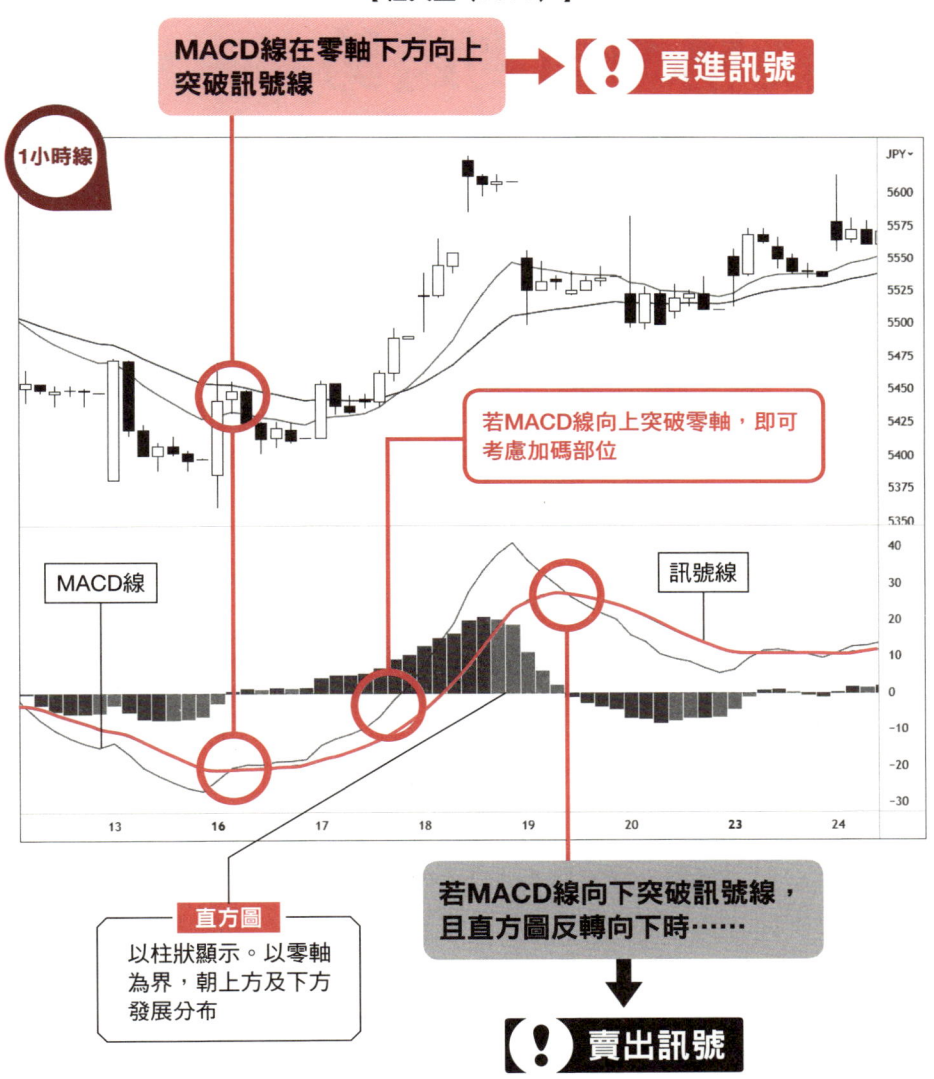

MACD線在零軸下方向上突破訊號線 → ⚠ **買進訊號**

1小時線

若MACD線向上突破零軸，即可考慮加碼部位

MACD線

訊號線

直方圖
以柱狀顯示。以零軸為界，朝上方及下方發展分布

若MACD線向下突破訊號線，且直方圖反轉向下時……
↓
⚠ **賣出訊號**

股市贏家的建議

MACD在股價處於明確趨勢時很有效，但若股價處於上下震盪的狀態就容易出現假訊號，須格外留意。

第3章 運用當沖交易取勝的圖表型態

複數指標　　趨勢判斷　　震盪指標

結合SMA與MACD指標 更能精準抓到趨勢

雖然僅依靠單一技術指標也可以進場交易，但若能搭配不同的指標綜合運用，在分析市場趨勢時就能更加精確。

結合SMA與MACD兩種技術指標

如何結合SMA（簡單移動平均線）與MACD兩種指標呢？在右圖中，1小時線的走勢圖上顯示了21SMA及MACD。從K線與21SMA的關係來看，**當K線向下或向上突破SMA時**（可參考「葛蘭碧法則」買進模式①或賣出模式①），**將會發生趨勢反轉，且該趨勢通常會持續一段時間。**

接著再觀察MACD。以SMA為軸心並發生趨勢反轉的前一刻，MACD與訊號線之間將會出現黃金交叉或死亡交叉。此外，當出現「葛蘭碧法則」的買進模式②或③之後，MACD線會向上突破零軸並持續向上推移，此時即可確認趨勢將會持續增強。

基於上述判斷基準，我們即可擬定以下的策略：❶當MACD線與訊號線出現黃金或死亡交叉時，要改變交易方向；❷當SMA被向上或向下突破時可進場試單；❸當出現「葛蘭碧法則」的買進模式②或③，且MACD線突破零軸之上（或之下）時，可加碼買進（或賣出）；❹當MACD線與訊號線出現黃金或死亡交叉時，就平倉出場。當然，由於股票種類及股價走勢的不同，應用技術指標的模式也會不同，因此務必要先確認股票的歷史走勢再行操作。

實戰！ 只要善加運用上述❶～❹的策略，即可追蹤一段趨勢起始到結束的過程，伺機進行交易。

圖表型態22　結合SMA及MACD指標來分析趨勢

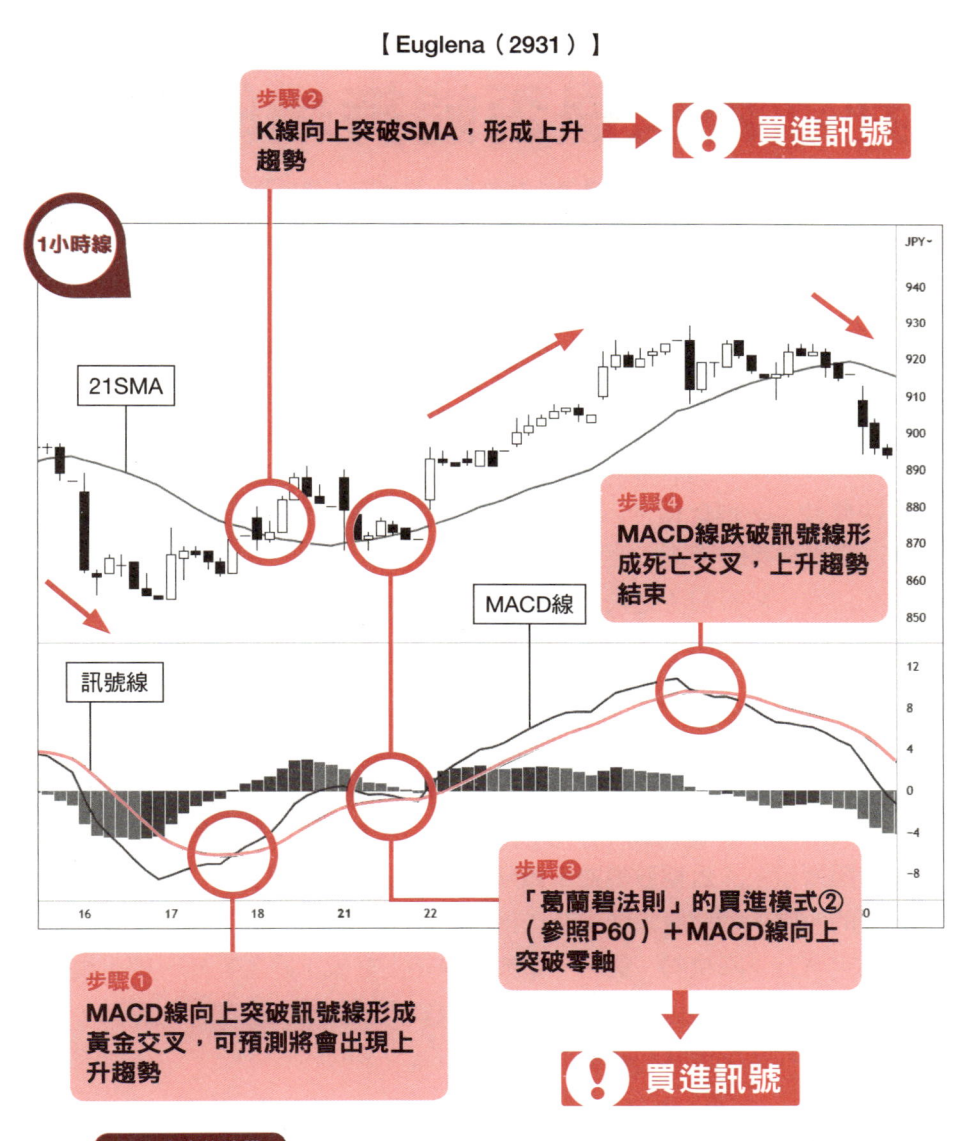

【Euglena（2931）】

步驟❷
K線向上突破SMA，形成上升趨勢 ➡ ⚠ 買進訊號

1小時線

21SMA

MACD線

訊號線

步驟❹
MACD線跌破訊號線形成死亡交叉，上升趨勢結束

步驟❶
MACD線向上突破訊號線形成黃金交叉，可預測將會出現上升趨勢

步驟❸
「葛蘭碧法則」的買進模式②（參照P60）＋MACD線向上突破零軸 ➡ ⚠ 買進訊號

股市贏家的建議

此策略依據趨勢持續的長短不同，亦可將之運用於當沖或波段交易中。

道氏理論　　　順勢操作

道氏理論①
判斷趨勢是否能持續的關鍵

「道氏理論」將上升趨勢定義為「高點會持續創高，而低點則不會再探低」的狀態，只要維持住此狀態，即可判斷該趨勢會持續下去。

歷久不衰的趨勢分析指標

在分析股價目前是否正走在一段趨勢中時，「道氏理論」是一個強大的工具。這個理論是由一位美國記者查爾斯・道[※]提出的，他把關於股價走勢的理論整理成6大項目，其中一項便是「趨勢持續的先決條件」，以此衍伸出的趨勢分析法從該理論問世至今已超過100年，仍是許多投資人主要的分析工具。

這裡，將針對「道氏理論」中「趨勢持續的先決條件」被視為核心的理由，以淺顯易懂的方式加以解說。

根據市場波動方式，客觀判斷趨勢走向

「道氏理論」主要是依據「上升趨勢」、「下降趨勢」、「無趨勢」（盤整）等股價波動形式加以定義。其中，**上升趨勢的持續狀態如右圖所示，「近期股價並未跌破前次低點，且突破了前次高點」**。相對的，當「近期股價並未突破前次高點，且跌破了前次低點」時，則被定義為下降趨勢。最後，當無法滿足上升或下降趨勢時，則可視為無趨勢變化。透過這種分析方式，投資人就能避免主觀上的認知，藉此作為判斷行情的明確基準。

用語解說

[※] 查爾斯・道　　生於1851年。除了提出「道氏理論」之外，他還創立了道瓊公司和《華爾街日報》，並計算出後來的「道瓊工業平均指數」。

圖表型態 23 判斷趨勢是否能持續下去的「道氏理論」

【Lasertec（6920）】

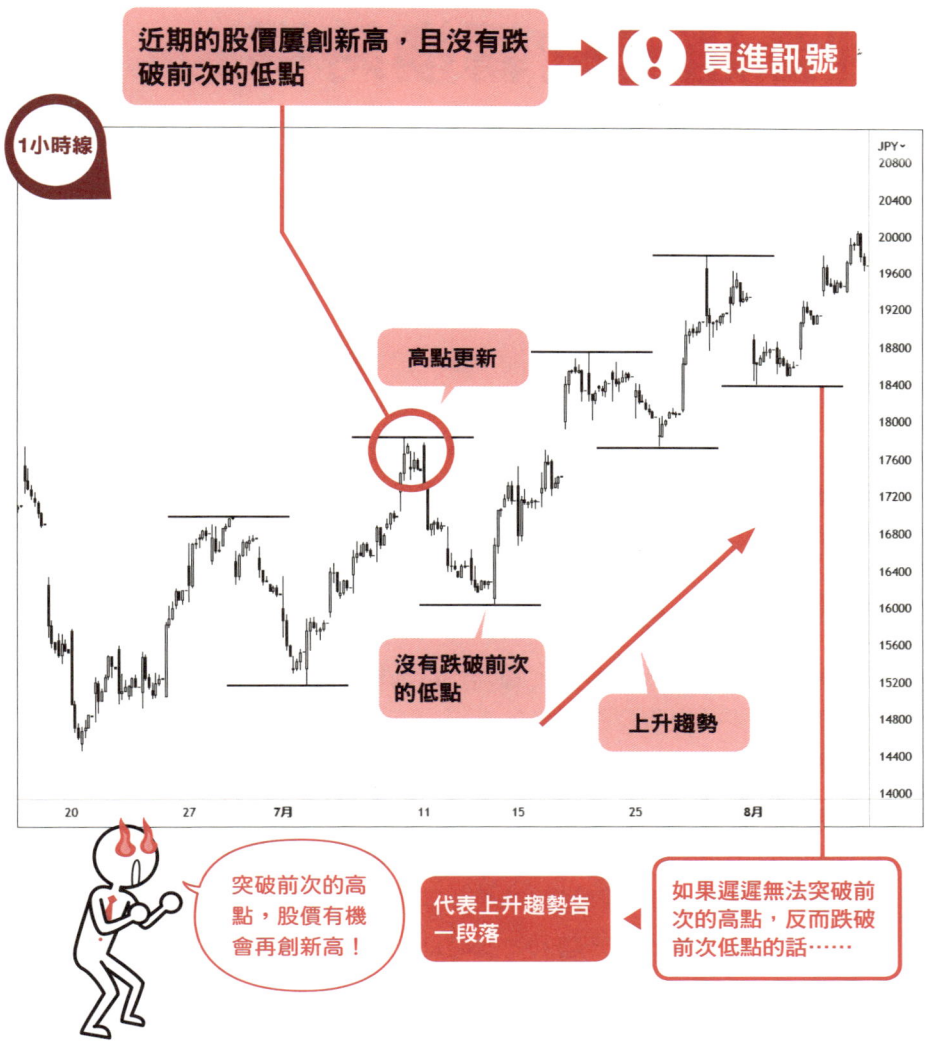

近期的股價屢創新高，且沒有跌破前次的低點 → **買進訊號**

1小時線

高點更新

沒有跌破前次的低點

上升趨勢

突破前次的高點，股價有機會再創新高！

代表上升趨勢告一段落

如果遲遲無法突破前次的高點，反而跌破前次低點的話……

第 3 章　運用當沖交易取勝的圖表型態

股市贏家的建議

運用「道氏理論」研判股價高點與低點的變化，可以客觀的判斷一段趨勢是否會持續下去。

93

道氏理論　　　順勢操作

道氏理論②
判斷趨勢的轉換時機

當趨勢持續的條件不再成立時，即表示目前趨勢告一段落，並且將進入下一個新趨勢。投資人應根據這個時間點來改變交易策略。

基本操作就是在下降趨勢時賣出

　　右頁的上圖標示了「道氏理論」中的近期高點與近期低點。圖表前半的股價持續下跌，高點不斷下修，無法突破前高，反倒是持續創下新的低點，滿足了「下跌趨勢持續」的條件。**根據這個走勢，在做像是「超短線交易」這類短線交易時，應以「賣空」為基本策略**。在股價盤整的時機點進場，或是在確認趨勢改變後再進行順勢操作等，都是可行的策略。

當趨勢改變時就要切換交易模式

　　另一方面，在觀察右頁上圖的「目前股價」時，你會發現股價不再創新低且開始出現反彈態勢，甚至逼近前一波的高點。雖然下降趨勢尚未完全結束，**但由於股價已盤整了一段時間，賣方已不再具有明顯的優勢，因此應切換為「箱型整理」的交易模式**。

　　隨著行情進一步發展，正如右頁下圖所示。此時股價已突破前一波的高點，代表下降趨勢已經結束。若近期高點又被突破的話，就代表即將進入新一輪的上升趨勢，此時即可調整為買進策略，順應新的趨勢。

有備無患！　即便K線向下發展，看似處於下降趨勢，但只要上升趨勢的持續條件尚未消滅，仍應將其視為是上升趨勢。

圖表型態 24　判斷趨勢是否即將轉換的「道氏理論」

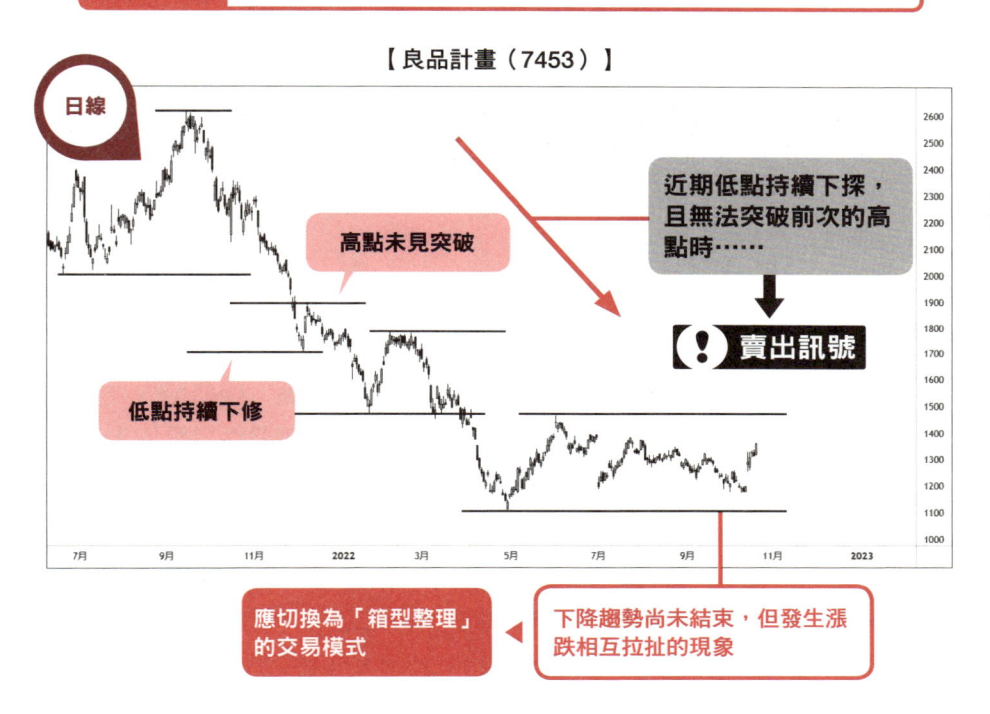

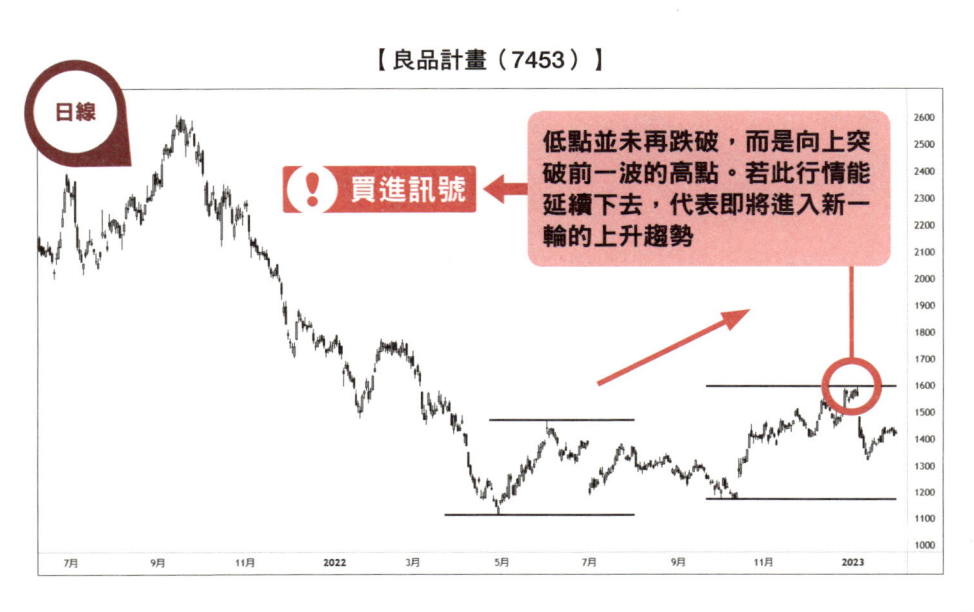

【良品計畫（7453）】

日線

高點未見突破

低點持續下修

近期低點持續下探，且無法突破前次的高點時⋯⋯

賣出訊號

應切換為「箱型整理」的交易模式

下降趨勢尚未結束，但發生漲跌相互拉扯的現象

【良品計畫（7453）】

日線

買進訊號

低點並未再跌破，而是向上突破前一波的高點。若此行情能延續下去，代表即將進入新一輪的上升趨勢

第3章　運用當沖交易取勝的圖表型態

道氏理論　　　順勢操作　　趨勢判斷　　震盪指標

道氏理論③
搭配其他技術指標增加威力

「道氏理論」亦可與其他技術指標合併運用，特別是和包括移動平均線在內的趨勢性指標更是一拍即合。

道氏理論搭配200日SMA

如同先前的章節所述，「道氏理論」是一種定義「趨勢是否會持續發展」的分析手法，**因此它與基本的技術指標及趨勢性指標均十分契合。**

舉例來說，道氏理論與均線就是很適合分析「長期趨勢」的組合。右頁上圖是P95的走勢圖，使用200日SMA後所呈現的內容。從圖表前半至中期為止，股價皆處於持續下降的趨勢，已符合「道氏理論」的持續下降定義，此時再加上200日SMA向下發展，以及K線亦位於200日SMA下方等佐證，即可更加確認整體走勢維持下降趨勢。另一方面，若符合「道氏理論」的下降趨勢結束，且K線向上突破200日SMA，而200日SMA的傾斜度也開始趨緩，即可判斷轉換為上升趨勢的可能性正在提高。

道氏理論搭配MACD

若想更快掌握趨勢轉換的時機點，亦可搭配MACD一起觀察。右頁下圖的走勢到中期為止，根據「道氏理論」可判斷出下降趨勢將持續下去，但MACD已出現背離（參照P86），**亦可掌握到未出現在K線上的賣壓變化。**

PLUS α　若與震盪指標中的RCI搭配使用時，可在出現超賣訊號時，鎖定上升趨勢中股價拉回的時機點進場。

圖表型態 25　「道氏理論」搭配「200日SMA」確認趨勢

【良品計畫（7453）】

日線

200日SMA

在道氏理論中，下降趨勢一旦結束，200日SMA的傾斜度即會趨緩

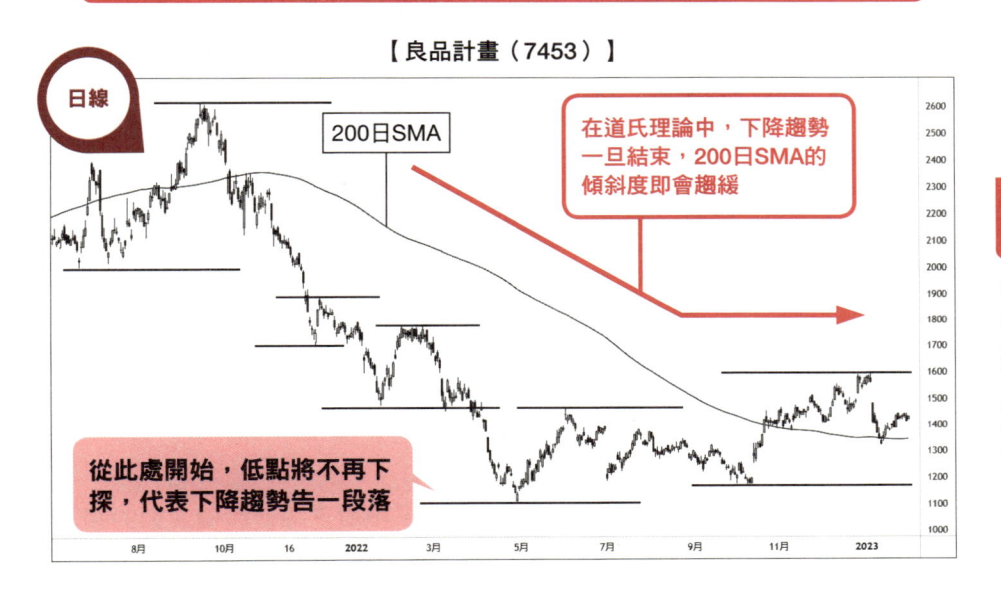

從此處開始，低點將不再下探，代表下降趨勢告一段落

第3章　運用當沖交易取勝的圖表型態

圖表型態 26　「道氏理論」搭配「MACD」確認趨勢

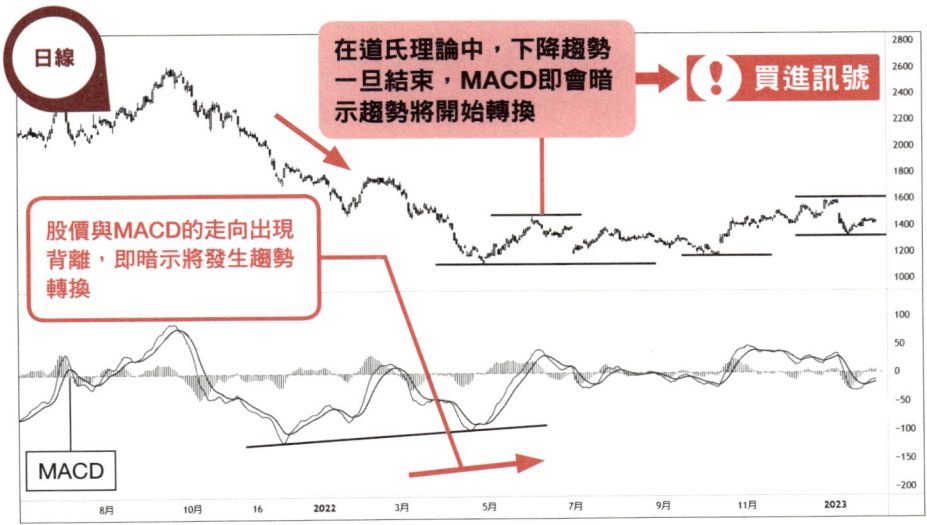

【良品計畫（7453）】

日線

在道氏理論中，下降趨勢一旦結束，MACD即會暗示趨勢將開始轉換

❗買進訊號

股價與MACD的走向出現背離，即暗示將發生趨勢轉換

MACD

97

K線型態

運用K線組成的型態分析股價未來走勢

除了使用技術指標進行分析外，僅靠K線組成的形狀，亦可判斷接下來的行情究竟是買方或賣方力道較強，這個方法稱為解讀「K線型態」。

投資人的心理是驅使股價波動的要素

　　本節開始將說明操作當沖時不可或缺的技巧，也就是分析K線型態。這是將多根K線視為一個「區塊型態」，從中汲取資訊作為預測未來股價變化的分析手法。

　　股價乍看之下會給人隨機變化的錯覺，**但真正驅使股價波動的關鍵，是交易者的「心理」**。投資人[※]會基於各種技術指標，預測「這檔股票未來應該會上漲」來進行交易，而在眾多資訊中最簡明易懂的，就是K線顯示的「型態」。

學會用K線型態判斷未來的股價走向

　　當「未來股價易漲難跌的K線組合」出現時，買盤便會湧入，而賣空的交易者也會回補先前賣空的股票。換句話說，**透過了解投資人可能會注意到的K線型態，就能更容易判斷「當滿足特定條件時，究竟是買方或賣方力道較強」**。因此，請務必牢記以下幾種基本的K線型態。

用語解說
※ 投資人　為了和操作包括當沖等短線交易的「投機者」區隔，這裡稱操作中長線交易的人為「投資人」。

解讀「K線型態」以預測股價變化

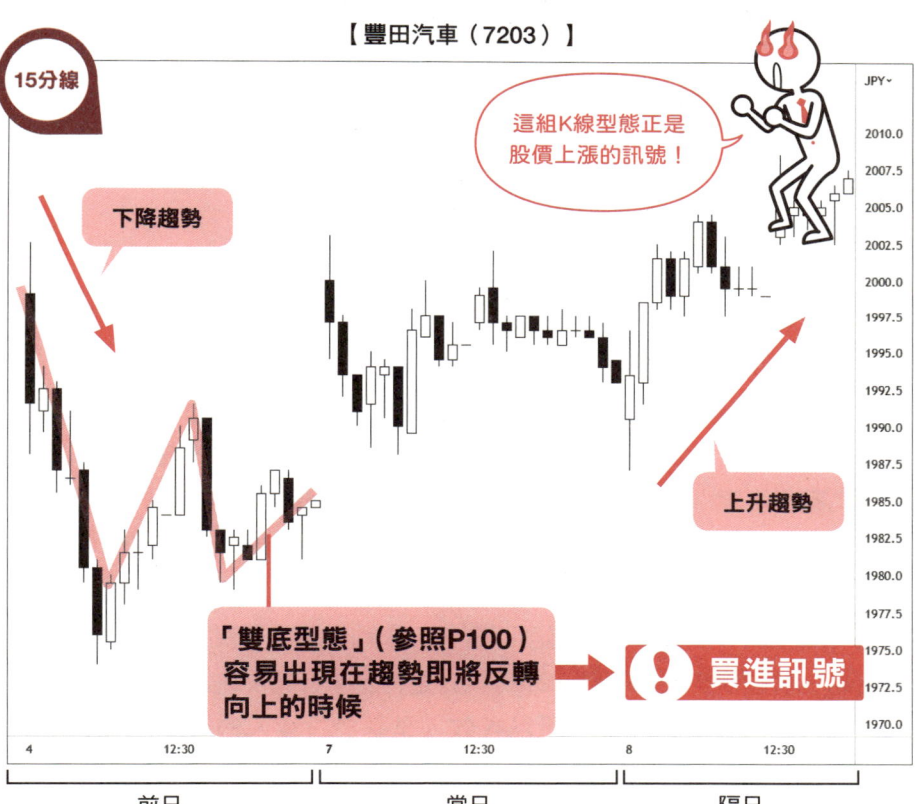

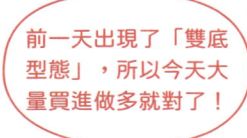

【豐田汽車（7203）】

15分線

下降趨勢

這組K線型態正是股價上漲的訊號！

上升趨勢

「雙底型態」（參照P100）容易出現在趨勢即將反轉向上的時候

買進訊號

前日　　當日　　隔日

第3章　運用當沖交易取勝的圖表型態

我們是空方，昨天已經回補賣空的部位，獲利出場了！

前一天出現了「雙底型態」，所以今天大量買進做多就對了！

股市贏家的建議

由於股價走勢是由市場參與者的心理變化驅動的，這會使得「固定的股價型態」更容易成形。

天花板・地板　　順勢操作

判斷趨勢轉折點的
雙頂與雙底

「雙頂型態」代表股價可能來到天花板，而「雙底型態」則代表股價可能觸底。兩者皆為典型的K線型態，許多投資人會特別關注。

股票走勢會隨著投資人心態而發生變化

　　「雙頂」與「雙底」是最常見的K線型態，兩者可視為是鏡像反射。對雙頂型態而言，在出現上升趨勢後，股價會先創下新高，隨後進行盤整反彈，但再次觸及前波高點附近後便開始下跌。當股價跌破由高點與高點間的低點連線（頸線）時，即可視為是轉為下降趨勢的訊號。

　　而雙底型態則正好相反。在出現下降趨勢時，股價會先創下新低，隨後反彈上漲，接著再度回落，但未跌破前次低點，並再次反彈走高。當股價突破頸線時，即可視為是轉為上升趨勢的訊號。

　　這個趨勢反轉訊號之所以有效，是基於投資人的心理。在此以「雙頂型態」來加以說明。

　　當出現上升趨勢時，原本在低點進場的投資人會尋找能使持股收益最大化的「賣點」，相反的，在高點買進的投資人則會尋找出場機會，避免增加「未實現損失」[※]。在最初的高點錯失獲利或停損機會的投資人，在下一次上升趨勢中若未見突破高點，多會判斷「已經不會再漲」而開始撤退。而當股價向下跌破頸線時，更會加深他們的論點，繼而轉為下降趨勢。

用語解說
※ 未實現損失　　當目前股價低於買進時的股價時，如果你賣出持股，就會實現損失。若未賣出，則為「未實現損失」。

圖表型態 27 判斷轉為下降趨勢的「雙頂型態」

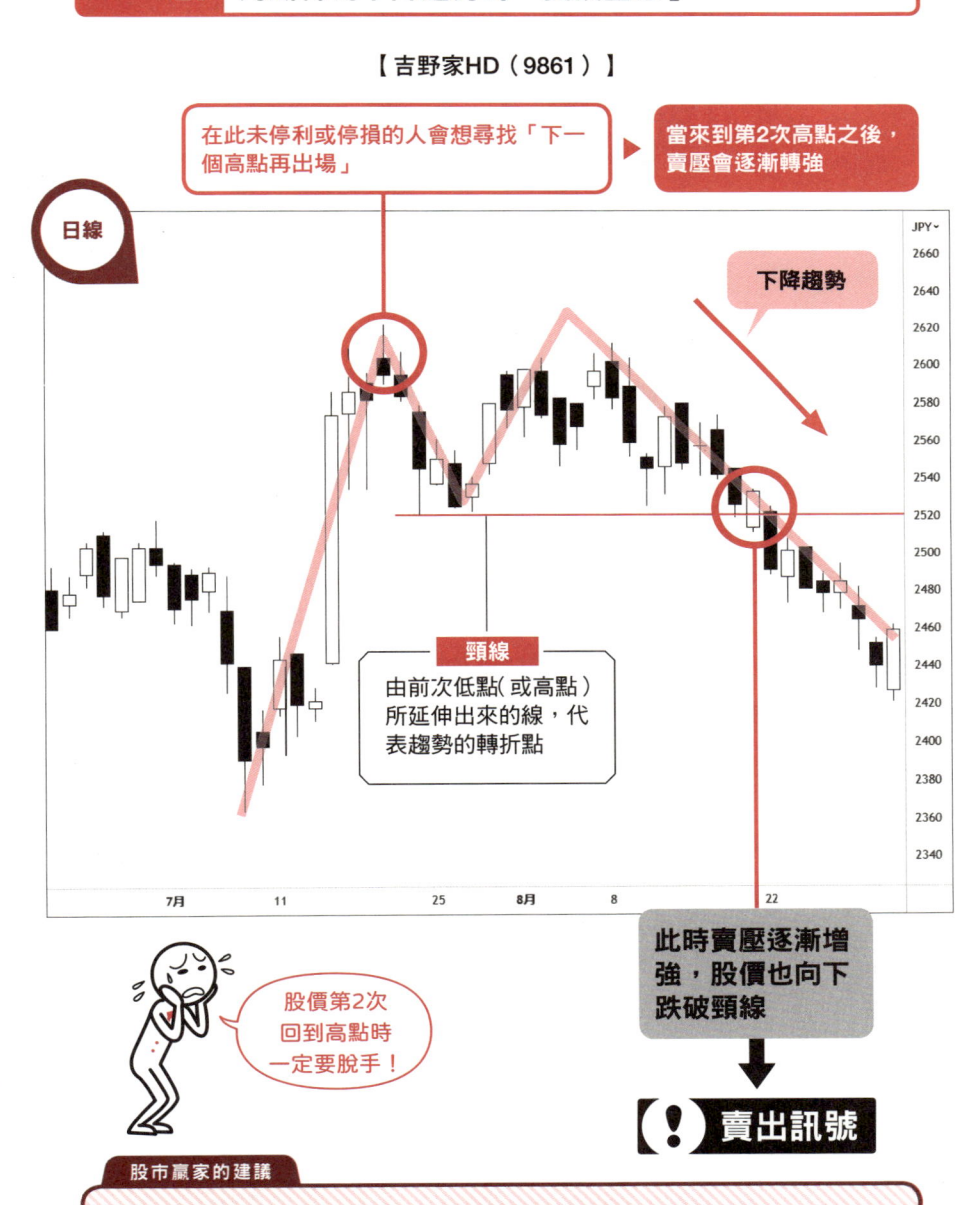

【吉野家HD（9861）】

第3章 運用當沖交易取勝的圖表型態

日線

在此未停利或停損的人會想尋找「下一個高點再出場」

當來到第2次高點之後，賣壓會逐漸轉強

下降趨勢

頸線
由前次低點（或高點）所延伸出來的線，代表趨勢的轉折點

股價第2次回到高點時一定要脫手！

此時賣壓逐漸增強，股價也向下跌破頸線

！ 賣出訊號

股市贏家的建議

這個案例還需考慮出現三重頂（參照P102）的可能性，因此務必要留意頸線何時遭到跌破。

天花板・地板　　順勢操作

能抓出股價高低點的
三重頂與三重底

「雙頂」與「雙底」是確認2個極端股價（高點或低點）的K線型態，而「三重頂」與「三重底」則是能同時確認3個股價高（低）點的K線型態。

當3個高點（或低點）出現時，趨勢就會改變

與「雙頂」與「雙底」型態相同，用來判斷趨勢轉折的「三重頂」與「三重底」也是投資人必須牢記於心的K線型態。

「三重頂」是由3個山頭（高點）構成，「三重底」則是由3個谷底（低點）構成，且正中央的山頭（谷底）會呈現最高（最低）的形狀。此外，「三重頂」會在3個山頭之間呈現2個股價低點，而「三重底」則會在3個谷底之間形成2個股價高點，而連結這些低點或高點的線，就是「頸線」。**當股價突破這條頸線向上或向下時，即會出現「三重頂」或「三重底」，代表趨勢即將反轉。**

上升趨勢的氣勢不足時就會出現三重頂

「三重頂」之所以會被視為趨勢轉折的訊號，主要是因為當中央的高點形成後，市場原本預期趨勢會持續發展，但因為上升動能不足，導致第3個山頭無法超越前高。**此時，上升趨勢會被認定為已進入尾聲，當股價跌破頸線後，賣壓將會進一步加劇。**

這兩種型態多半會出現在大行情之後，雖然出現次數不頻繁，但很容易會吸引投資人的注意，是準確度極高的K線型態。

實戰！　本節所述的這兩種型態，又稱為「三尊頭」、「逆三尊頭」，或者「頭肩頂」、「頭肩底」，是值得密切關注的K線型態。

圖表型態 28　判斷趨勢已達天花板的「三重頂型態」

「索尼集團（6758）」

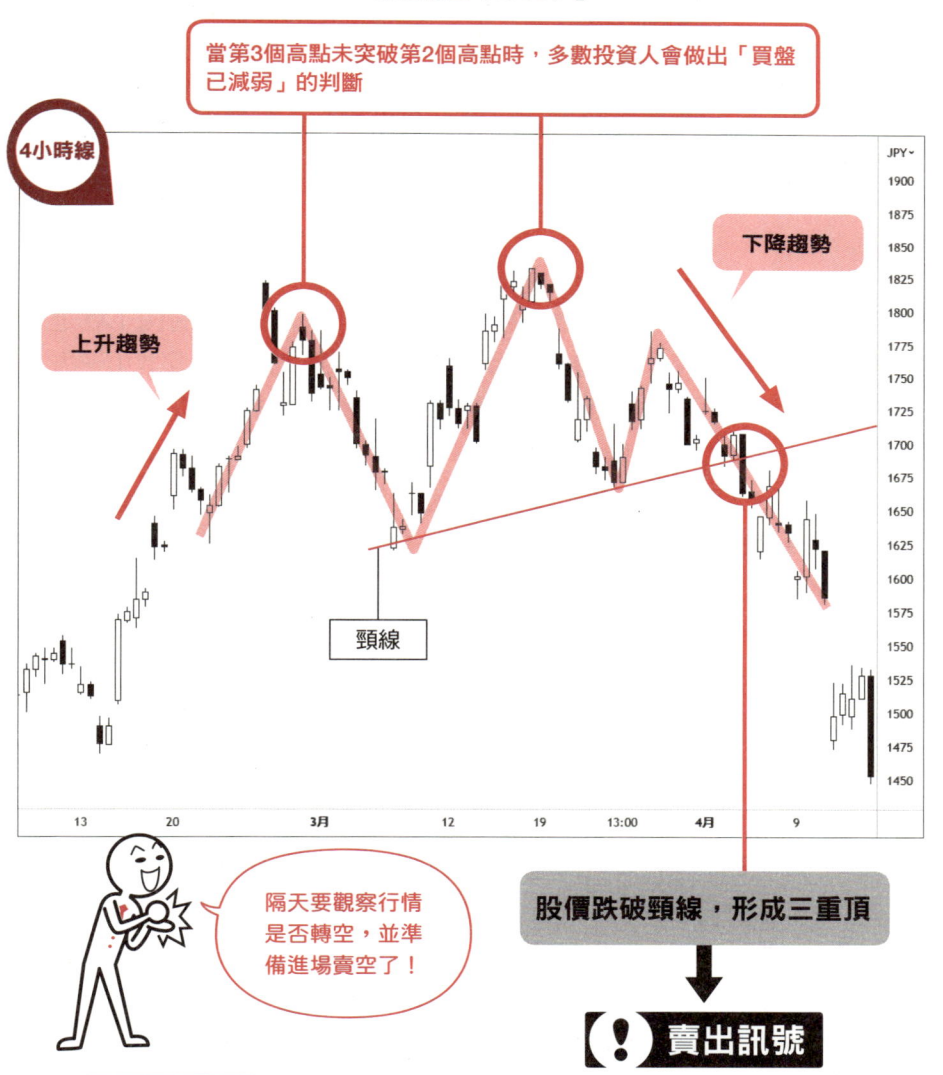

當第3個高點未突破第2個高點時，多數投資人會做出「買盤已減弱」的判斷

4小時線

上升趨勢

下降趨勢

頸線

第 3 章　運用當沖交易取勝的圖表型態

隔天要觀察行情是否轉空，並準備進場賣空了！

股價跌破頸線，形成三重頂

【!】賣出訊號

股市贏家的建議

當股價同時跌破SMA，或出現「葛蘭碧法則」的賣出模式①時，趨勢出現反轉的可能性又會更加提高。

`橫盤整理` `順勢操作`

透露市場猶豫心理的
三角收斂型態

「三角收斂型態」屬於盤整行情之一。當K線突破三角形線型的時候,往往就容易順著該方向形成一股趨勢。

因「猶豫」而導致買賣雙方僵持不下

某些K線型態能顯示出「投資人的猶豫」,最典型的例子就是「三角收斂型態」。股價是靠買方和賣方的力量支撐的,當其中一方的力量超過另一方時,就會產生趨勢。當趨勢結束後,股價會進入一定區間內上下震盪,形成盤整行情。盤整結束後,又會再展開新一波的趨勢行情。股價就是這樣反覆地上漲、下跌、停滯,反覆波動著。而**「三角收斂型態」就是盤整行情的一種,意指股價波動逐漸趨緩,最終形成如同三角形般的走勢。**

三角形的形狀不同,解讀方法也不同

「三角收斂型態」可分為3種類型:①上升與下降呈現均衡的對稱三角形;②上邊呈現水平,下邊傾斜的三角形;③上邊傾斜,下邊呈現水平的三角形。其中,①是最難判讀股價走向的型態。由於買賣雙方相互拉扯,使投資人難以判斷股價究竟會向上或向下。例如,即使前端部分突破上邊或下邊,也可能只是假突破而非真正的走勢,此時應等待趨勢確立後再進場交易。另一方面,在②和③型態中,一旦突破水平線,就容易朝著同方向持續發展。**特別是在上升趨勢中的②及下降趨勢中的③,在順勢操作中很適合作為進場時機點。**

`有備無患!` 上升趨勢中的「上邊保持水平的三角型態」,以及下降趨勢中的「下邊保持水平的三角型態」,是順勢操作時的理想進場點。

圖表型態 29 判斷買方與賣方均衡度的「三角收斂型態」

【dip（2379）】

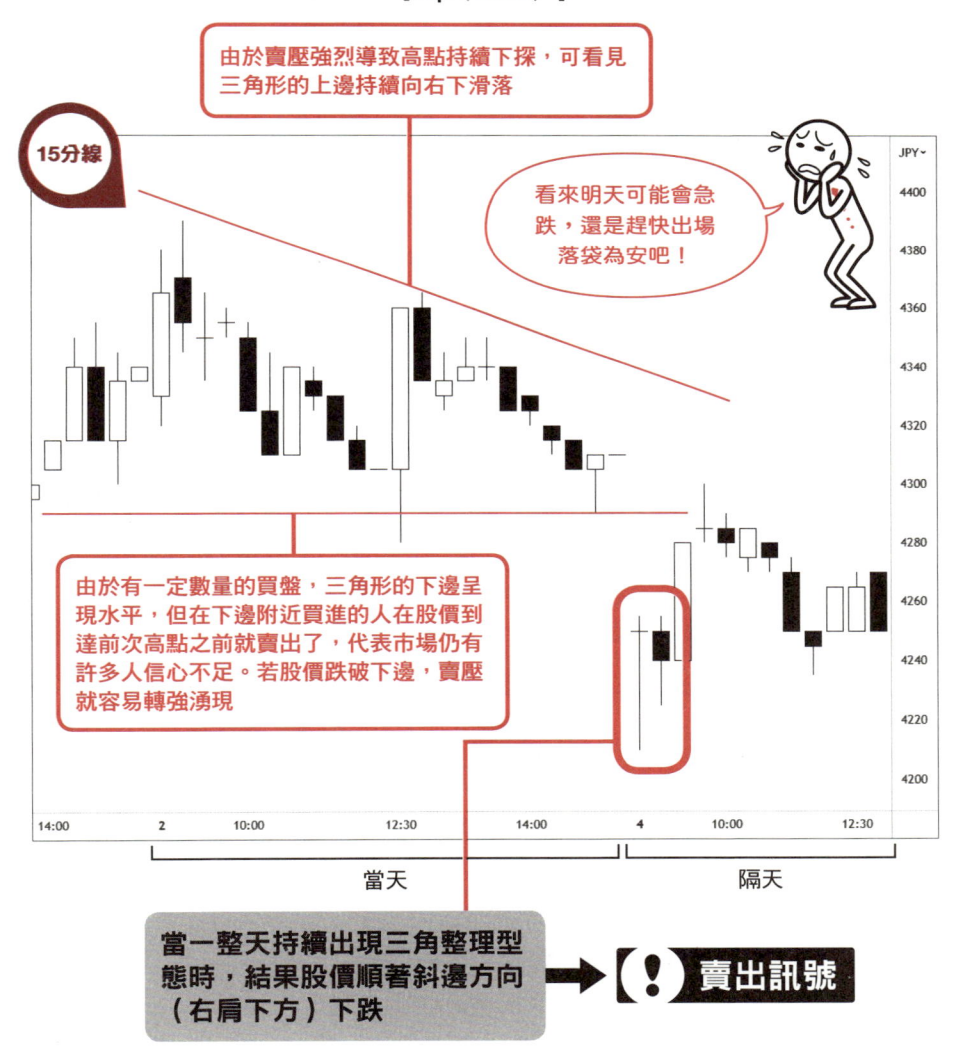

> 由於賣壓強烈導致高點持續下探，可看見三角形的上邊持續向右下滑落

15分線

> 看來明天可能會急跌，還是趕快出場落袋為安吧！

> 由於有一定數量的買盤，三角形的下邊呈現水平，但在下邊附近買進的人在股價到達前次高點之前就賣出了，代表市場仍有許多人信心不足。若股價跌破下邊，賣壓就容易轉強湧現

當天 ｜ 隔天

當一整天持續出現三角整理型態時，結果股價順著斜邊方向（右肩下方）下跌 ▶ **(!) 賣出訊號**

股市贏家的建議

若出現的是漂亮的對稱三角形，即代表此時很難預測股價的漲跌，因此可再搭配其他技術指標去判讀走勢。

第3章 運用當沖交易取勝的圖表型態

> 橫盤整理　　　順勢操作

股價在趨勢內整理的楔形與旗形型態

「楔形」和「旗形」都屬於會朝某一方向進展，並同時形成整理狀態的K線型態。請務必觀察股價在此型態中會如何發展。

楔形型態在上升及下降趨勢中均會出現

「楔形」源自英文的「Wedge」。當股價高點持續攀高（或低點持續下探），且線型越見狹窄時，即稱為「楔形型態」，亦是「三角型態」的延伸型。

「上升楔形」無論出現在上升或下降趨勢中，都是股價即將下跌的徵兆，亦為「賣出」訊號。與低點相比，可以發現此時的漲幅正逐漸縮小，故可判斷買盤正逐漸衰退；相反的，「下降楔形」則為「買進」訊號，此時與高點相比，跌幅正逐漸縮小，故可判斷賣盤正逐漸轉弱。

至於「旗形型態」則是在趨勢發展中，高點與低點平行上揚（或下挫）的K線型態。在走勢形成前，股價的上升或下跌稱之為「旗竿」。在上升局面中，若出現持續下滑的「上升旗形」，就是「買進」訊號；在下跌局面中，若出現持續上升的「下降旗形」，則可視為「賣出」訊號。

當股價突破旗形上邊，即完成「上升旗形」；若突破下邊，則成為「下降旗形」。**當股價與旗竿呈相同方向突破時，就是「趨勢持續」的重要訊號**，對操作當沖的人來說，此時亦是合適的進場時機。

> **有備無患！** 當旗形型態出現突破後，股價有很高的機率循著趨勢發展的方向走，因此務必要多加確認旗形突破前的趨勢狀況。

圖表型態 30 判斷股價將上漲的「下降楔形」

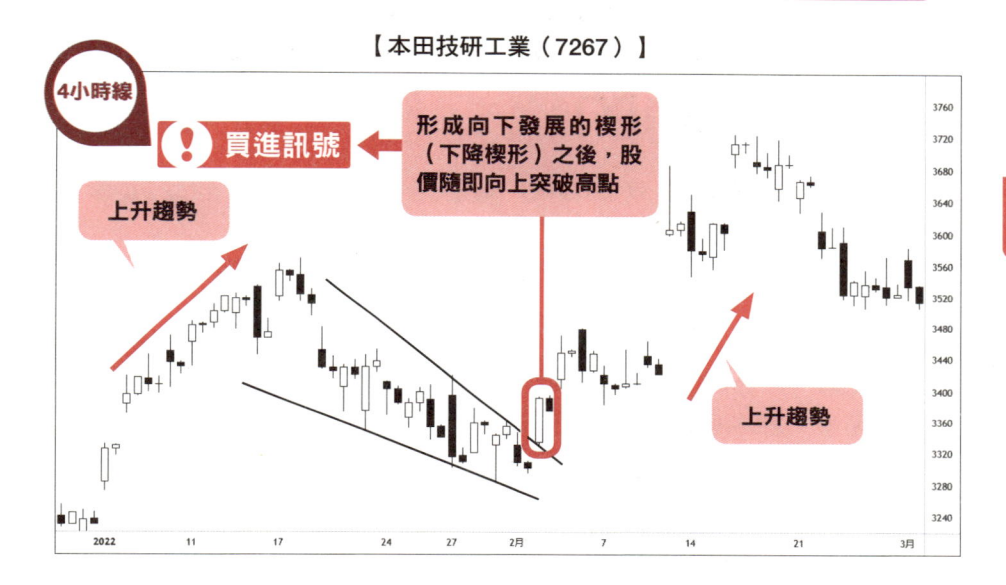

【本田技研工業（7267）】

- 4小時線
- 買進訊號
- 上升趨勢
- 形成向下發展的楔形（下降楔形）之後，股價隨即向上突破高點
- 上升趨勢

第3章 運用當沖交易取勝的圖表型態

圖表型態 31 判斷股價將下跌的「下降旗形」

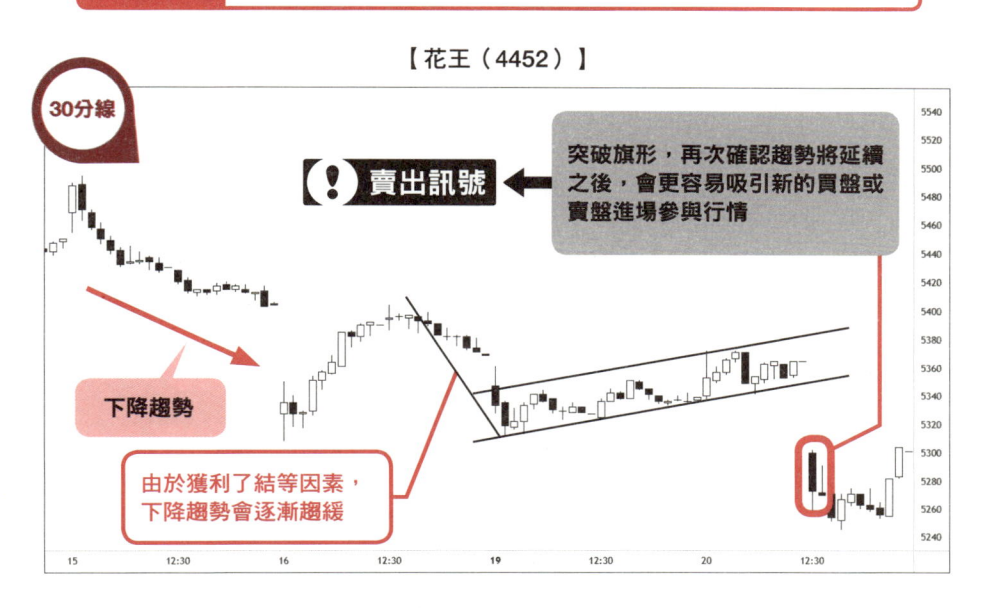

【花王（4452）】

- 30分線
- 賣出訊號
- 下降趨勢
- 突破旗形，再次確認趨勢將延續之後，會更容易吸引新的買盤或賣盤進場參與行情
- 由於獲利了結等因素，下降趨勢會逐漸趨緩

107

横盤整理　順勢操作　逆勢操作

股價在支撐線與壓力線之間來回波動的箱型整理

最後要介紹的整理型態，就是所謂的「箱型」。其特點在於，「箱型」能顯示股價在2條水平線內來回波動的狀況。

在2條水平線內來回波動的股價

在顯示盤整行情的各種訊號中，「箱型」也備受投資人關注。所謂的箱型，顧名思義就是如同「箱子」般的型態，**指的是股價在低點的水平線（支撐線）之上，且在高點的水平線（壓力線）之下，來回波動的狀態**。如果股價在最近的高點或低點組成的水平線附近反轉時，即可判斷投資人已注意到這個箱型。

在「箱型」內逆勢操作

當「箱型」出現時，有兩種應對方式：「在箱型內進行逆勢操作」和「鎖定支撐線及壓力線的突破，進行順勢操作」。前者是當支撐線或壓力線上出現反轉（在箱型區間來回）時，依循該方向進場。此時，建議結合RSI等適用於盤整行情的震盪指標觀察，就能提高判斷反轉時機的精確度。

而後者是瞄準股價突破支撐線或壓力線的方向時順勢進場。**當「箱型」被突破、使原本的橫盤整理結束時，上升或下降的動能通常會增強**，此時可利用這股動能賺取價差。此外，等待股價拉回[※]後再進場，也是一種有效的策略。

用語解說
※ 拉回　　意指由於獲利了結等賣出因素，使得股價回歸到箱型的支撐線或壓力線附近。

圖表型態 32 應對「箱型」的2種策略

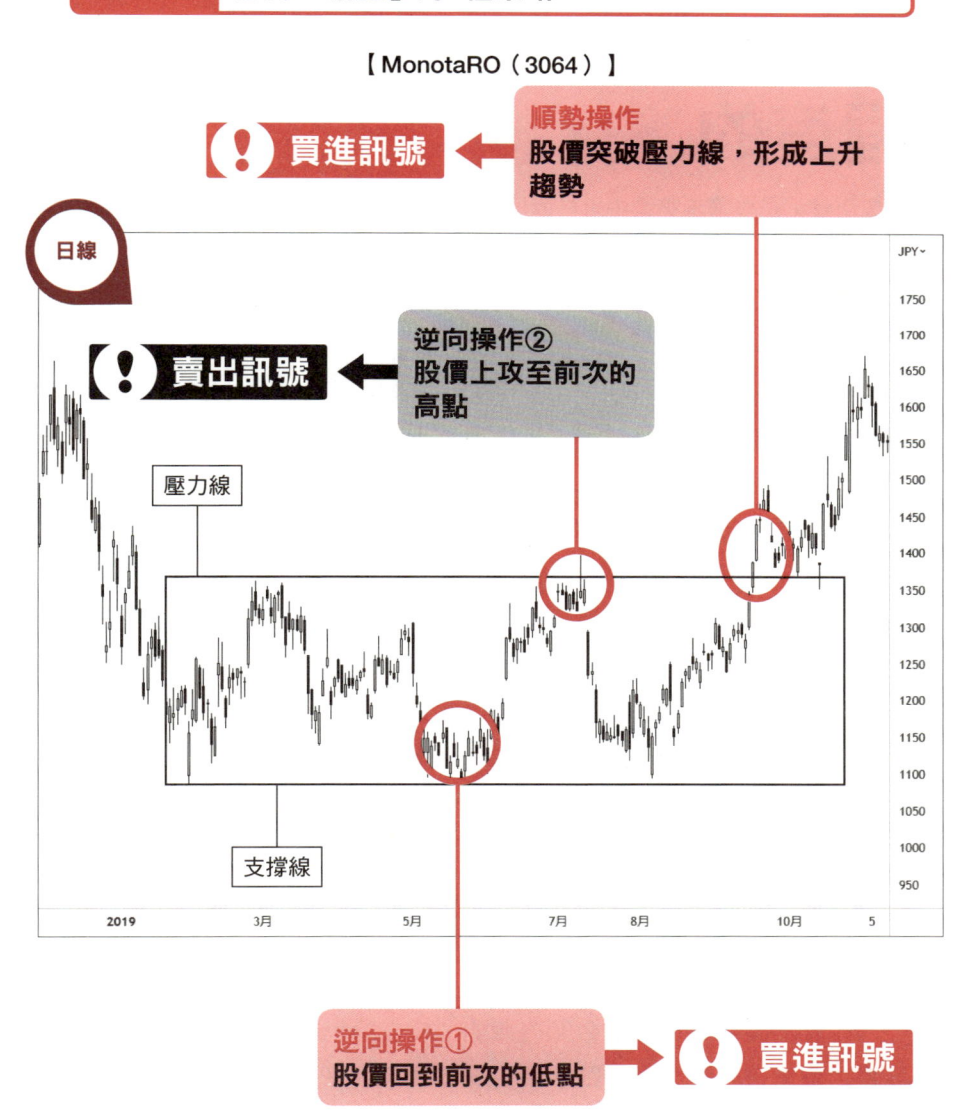

【MonotaRO（3064）】

順勢操作
股價突破壓力線，形成上升趨勢

⚠ **買進訊號**

逆向操作②
股價上攻至前次的高點

⚠ **賣出訊號**

日線

壓力線

支撐線

2019　　3月　　5月　　7月　8月　　10月　　5

逆向操作①
股價回到前次的低點

⚠ **買進訊號**

第3章 運用當沖交易取勝的圖表型態

股市贏家的建議

當股價在箱型區間內上漲時，即使操作的是當沖交易，也能相對容易獲利。

成交量 　　**趨勢判斷**

判斷股票受市場關注程度的成交量

「成交量」是股價走勢圖中以柱狀圖表示的指標，成交量越大，即可判斷該檔股票的買氣及受市場關注的程度越高。

顯示股票交易數多寡的指標

　　所謂的成交量，是指在一定期間內「確定成交的交易股數」的指標。包括個股及指數的買氣多寡均可藉由這個指標來判斷，是投資股票時不可或缺的要素。

　　當成交量越大時，可判斷該檔股票的交易十分熱絡，相反的，若成交量低迷，則可判斷該檔股票並未收到投資人的青睞。

關注賣壓高峰時的成交量

　　需要記住的是，「成交量往往會比股價早一步出現變化」。特別是在下降趨勢的末期，此一特徵在「賣壓高峰」（Selling climax）出現時會特別明顯。

　　當股價持續緩步下跌時，背負著「未實現損失」的人會開始思考「差不多該停損了」，因而開始拋售持股，導致股價急速下跌。這種狀態稱為「賣壓高峰」。當所有利空消息出盡之後，股價才會再次止跌回升。

　　在賣壓高峰時，賣盤會顯著增加，成交量也會隨之上升。因此，**可將「暴量帶來的股價暴跌」視為市場觸底的訊號，藉此鎖定上升趨勢轉換的時機**。

有備無患！ 　成交量大的K線具有相當重要的意義。舉例來說，當股價帶量突破壓力線時，通常代表了趨勢即將反轉的訊號。

圖表型態 33 判斷股票人氣及趨勢結束時機的「成交量」

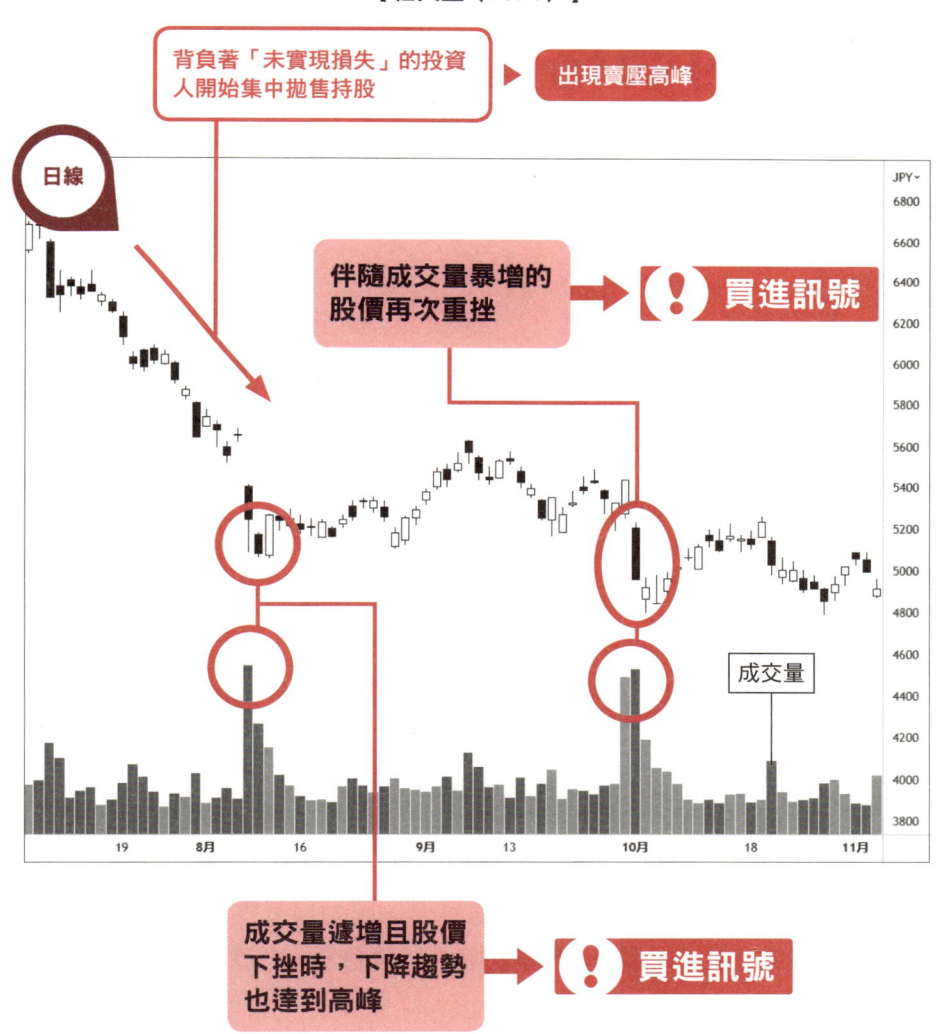

【任天堂（7974）】

背負著「未實現損失」的投資人開始集中拋售持股 ▶ 出現賣壓高峰

日線

伴隨成交量暴增的股價再次重挫 ▶ 買進訊號

成交量

成交量遽增且股價下挫時，下降趨勢也達到高峰 ▶ 買進訊號

第3章 運用當沖交易取勝的圖表型態

股市贏家的建議

許多券商都會公布成交量急速上升的個股排行等數據，選股時可善加利用這項資訊。

成交量　　*趨勢判斷*

運用分價量表尋找市場關注的價格區間

「分價量表」是顯示在哪個價格區間的交易量較高的指標。光從一般的成交量數據無法判別的「投資人關注的價格」，透過這個量表即可一目了然。

成交量大的價格區間，會形成壓力線及支撐線

　　除了前述的成交量指標，「分價量表」亦是最容易運用在當沖的指標。這是將一定期間內的成交量，依價格區間加以圖像化，通常會如右圖般以橫向表示，這是為了與股價走勢圖做出區別。

　　標示出「分價量表」的優點在於，**你可以聚焦在投資人所關注（或不受關注）的股價區間**。

　　右圖顯示的是「分價量表」與「股價」之間的關係，其中，最受關注的價格區間是成交量最高的6,100圓～6,350圓附近。這代表多數投資人在此區間交易的股數較多。

　　基於這個觀點來分析股價變化，可發現股價在6,100圓～6,350圓間波動後，上攻至6,750圓，然後再次回到6,100圓～6,350圓的區間拉扯。此時在前次波動時買進、漲至6,700圓左右時仍未停利出場的人，當股價回到第2次波動的價格區間時，一旦股價下跌就會背負損失，故此時就應該考慮停損出場。

　　也就是說，**在成交量大的價格區間，壓力線及支撐線將發揮功能；而在成交量小的價格區間，則容易出現急漲或急跌的狀況**。

有備無患！　在成交量較小的價格區間中，股價會相對快速的急漲或急跌，在交易時務必要多加留意。

圖表型態 34　發揮壓力線及支撐線功能的「分價量表」

【軟體銀行集團（9984）】

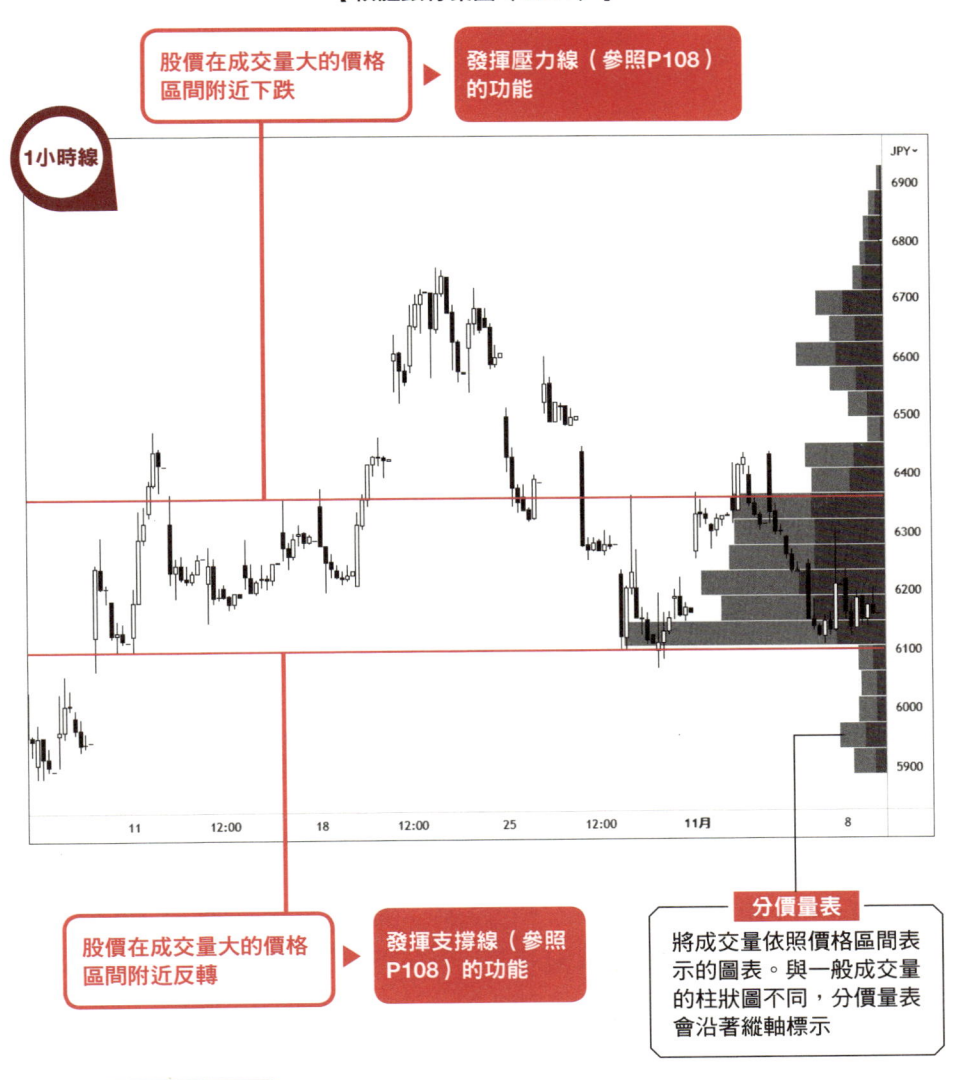

- 股價在成交量大的價格區間附近下跌 ▶ 發揮壓力線（參照P108）的功能

1小時線

- 股價在成交量大的價格區間附近反轉 ▶ 發揮支撐線（參照P108）的功能

分價量表
將成交量依照價格區間表示的圖表。與一般成交量的柱狀圖不同，分價量表會沿著縱軸標示

第3章　運用當沖交易取勝的圖表型態

股市贏家的建議

成交量大的價格區間位於股價上方時，即會發揮壓力線的功能；若位於股價下方，則會扮演支撐線的角色。

**當日
現金交割**

「當日現金交割」交易法①
掌握特定的股價波動

為了抑制市場過熱，日股中的某些股票有「當日現金交割」限制，股價會因此產生特定的走勢，此時可嘗試將本節所述的資訊運用於投資中。

適用於股票掛牌首日無發生任何買賣狀況時

　　新上市的股票，由於上市前交易熱烈，以致於在掛牌當天直到收盤都沒有任何交易時，就有可能出現沒有開盤價※的狀況。這種情況下為了抑制市場過熱，日本有所謂的「當日現金交割制度」。當股票一旦受此限制，將僅能透過現金來進行買賣。此時，將無法使用：①市價交易（參照P30）、②信用交易（參照P34），以及③無法將其他股票賣出、換取交割款來買進該檔股票。

　　受到「當日現金交割」限制的股票，股價會有出現特定變化的傾向。首先，在受限後出現偏高的開盤價時，多數情況都無法長時間維持在高點而會緩步下跌。這是因為受到無法使用信用交易的影響，使得該檔股票缺少買盤。**但即便是「當日現金交割」的股票，若隔天被解除此限制時，買盤便會開始上升，投資人可掌握這個特性適時進場。**

　　換句話說，當股價受限於「當日現金交割」時，股價通常會從開盤價一路下跌，並於低點橫盤整理，到了隔天，瞄準該限制將解除的買單湧入，於是開始進入上升趨勢。P116將針對此點說明更詳細的進場策略。

用語解說
※ 新股開盤價　　新股掛牌發行且首度成交時的股價。本頁所提到的開盤價是專指新上市的股票。

受到「當日現金交割」限制的股價波動特徵

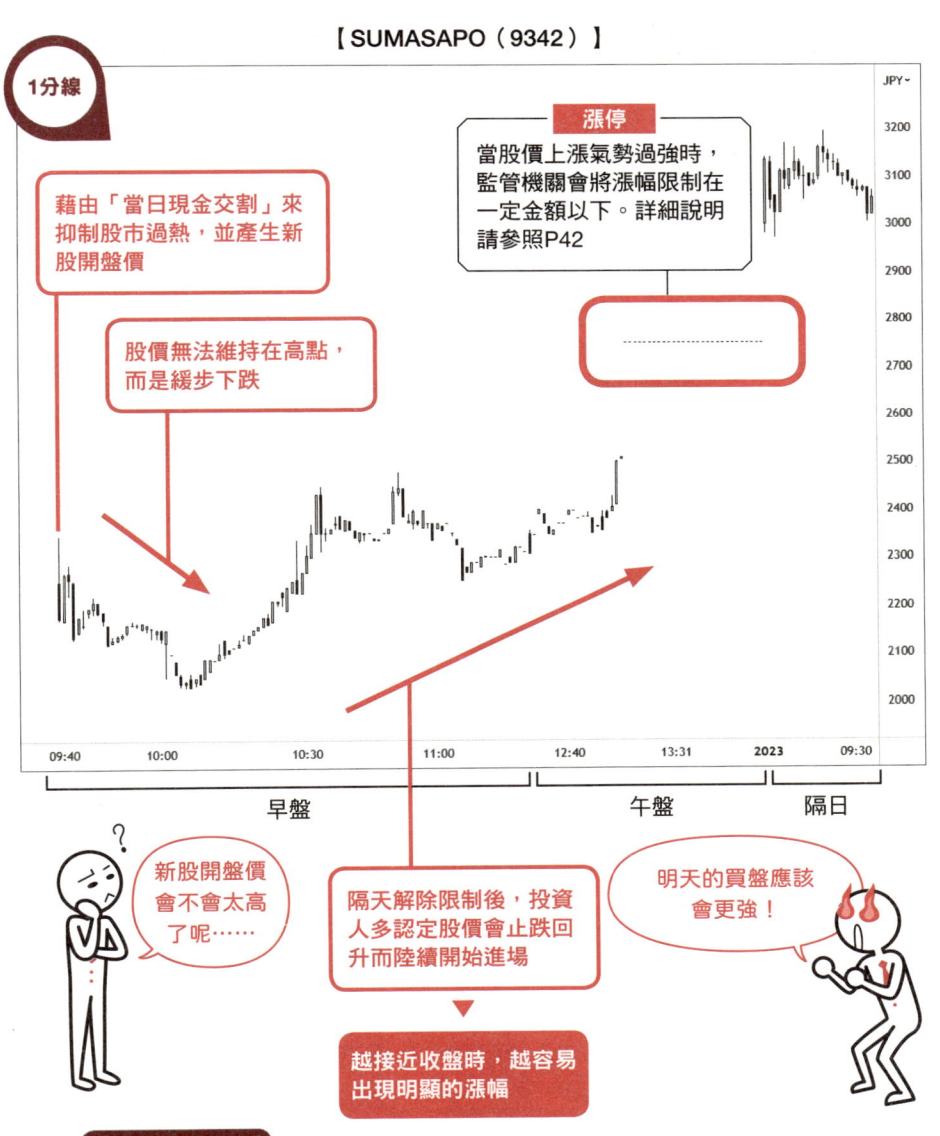

【SUMASAPO（9342）】

1分線

漲停
當股價上漲氣勢過強時，監管機關會將漲幅限制在一定金額以下。詳細說明請參照P42

藉由「當日現金交割」來抑制股市過熱，並產生新股開盤價

股價無法維持在高點，而是緩步下跌

早盤　　　午盤　　　隔日

新股開盤價會不會太高了呢……

隔天解除限制後，投資人多認定股價會止跌回升而陸續開始進場

明天的買盤應該會更強！

越接近收盤時，越容易出現明顯的漲幅

股市贏家的建議
某些新股的漲勢也有可能會在早盤時終結，因此可觀察MACD指標和逐筆成交明細，考慮提前出場。

第3章 運用當沖交易取勝的圖表型態

當日現金交割 未譯

「當日現金交割」交易法②
鎖定反彈的時機點

善用「當日現金交割」限制，就能鎖定反彈點來設定交易策略。為了能隨時因應細微的走勢變化，建議將K線設為1分線。

利用MACD把握反彈買進的機會

　　操作「當日現金交割」的股票，應以「買進」作為主要的交易模式。**當受限的股票出現開盤價後（多會在早盤時確定），經常會出現暫時性的下跌，此時的基本策略就是鎖定反彈時機進場**。這裡推薦使用1分線搭配MACD來尋找進場點。當MACD線向上突破訊號線時，即可判斷是反彈出現前的訊號（MACD請參照P88）。

利用「MACD向上突破零軸」來判斷假突破

　　必須注意的是，上述的研判方式亦可能會遇到許多假突破的陷阱。建議剛開始可先少量試單，**等確認「MACD線突破零軸」等趨勢出現、判斷已進入穩定上升趨勢時再趁勢加碼買進**，如此就能提高獲利的精準度。此外，亦可觀察「逐筆交易明細」[※]來判斷反彈時機點。當主力大戶的買盤湧進時，亦可視為是進場的利多消息。

　　在進場之後，當MACD轉換為賣壓走勢（MACD與訊號線形成死亡交叉），或MACD的直方圖越過最高點開始走下坡時，即是賣出的時機點。近年的股價走勢經常可見「即使出現反彈，上升趨勢也僅會在早盤就結束」的狀況，故應盡早脫手上漲的股票來確保獲利，或適時停損出場較為合理。

用語解說
※ 逐筆交易明細　　在交易時間內，股價會以時間排序並搭配成交量來顯示。詳細說明請參閱P182。

圖表型態 35 「當日現金交割」限制下的MACD策略

【SUMASAPO（9342）】

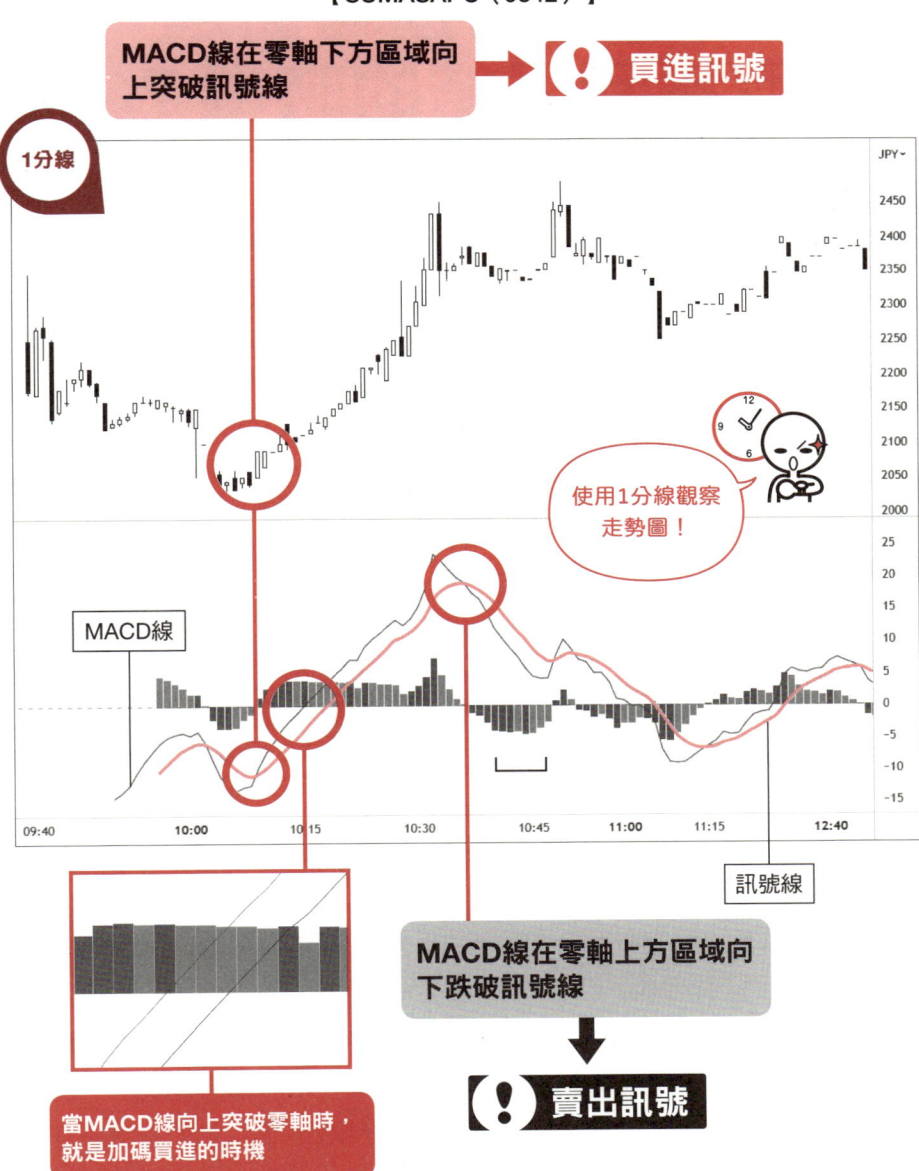

MACD線在零軸下方區域向上突破訊號線 → ⚠ **買進訊號**

1分線

使用1分線觀察走勢圖！

MACD線

訊號線

MACD線在零軸上方區域向下跌破訊號線 → ⚠ **賣出訊號**

當MACD線向上突破零軸時，就是加碼買進的時機

※根據走勢圖分析工具的不同，技術指標的型態也會產生差異。本頁為了讓交易訊號更加明顯，故將MACD線的參數值設定為「9、12、7」（通常多為「12、26、9」）。

練習

問題❶──SMA與MACD的觀察重點

Q 如何判斷進場買進與獲利了結的時機？

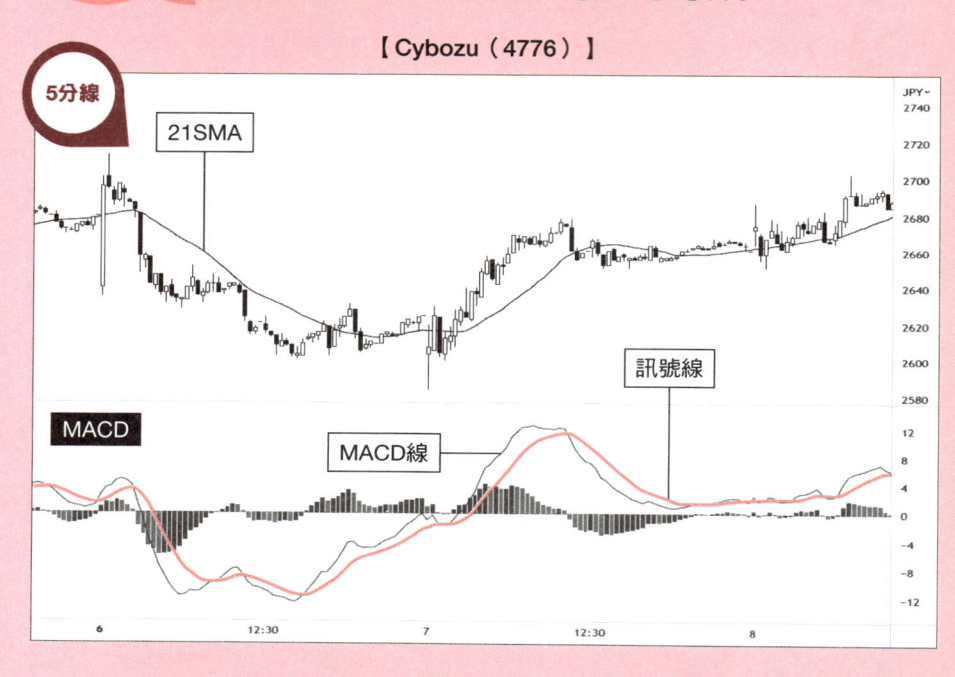

【Cybozu（4776）】

用2個技術指標抓到進出場訊號

　　首先，我們先思考如何利用多個技術指標來分析走勢，找出進場和獲利出場點的問題。

　　上圖是Cybozu（4776）的5分K線圖，圖表前半顯示出下降趨勢，但隨後開始轉為上升趨勢。在趨勢反轉之後，可以參考圖表上的21SMA和MACD線，此時會出現從進場點到獲利出場點的訊號。請問你能找出這2個位置在哪裡嗎？

練習

問題❷──K線型態的觀察重點

下降及上升趨勢分別是哪種K線型態？

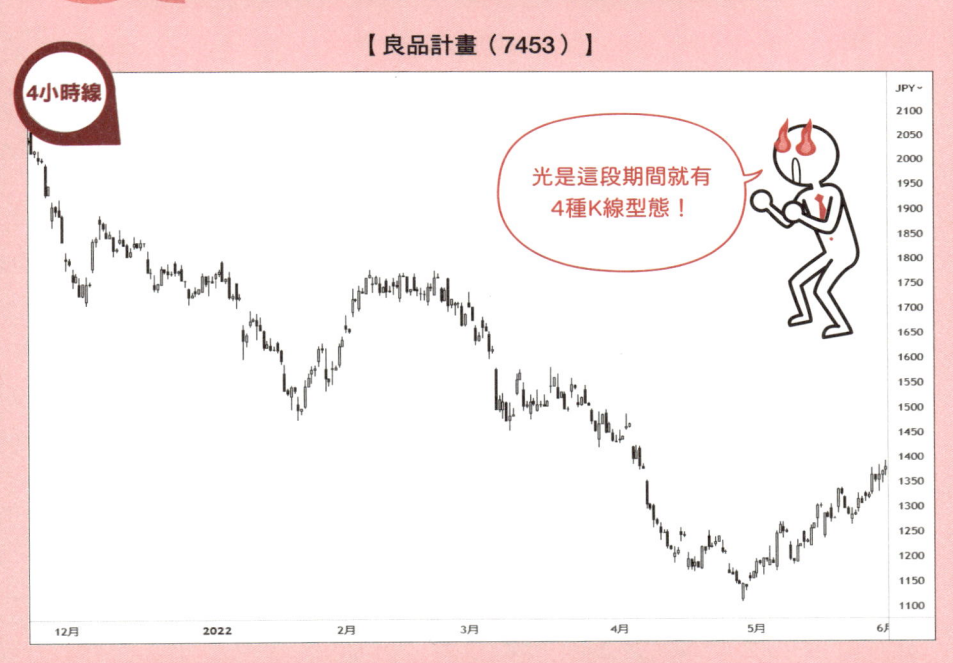

【良品計畫（7453）】

4小時線

光是這段期間就有4種K線型態！

從多種K線型態中找出進場點

接下來，是跟K線型態有關的問題。上圖是良品計畫（7453）的4小時K線圖。從大局來看，股價似乎持續處於下降趨勢，但過程中仍出現數個能操作反彈賣出及反轉買進的機會。

以這張圖表為例，能作為進場點的K線型態總共有4種，請從圖表中找出這4種型態。

練習

解答❶──SMA與MACD的觀察重點

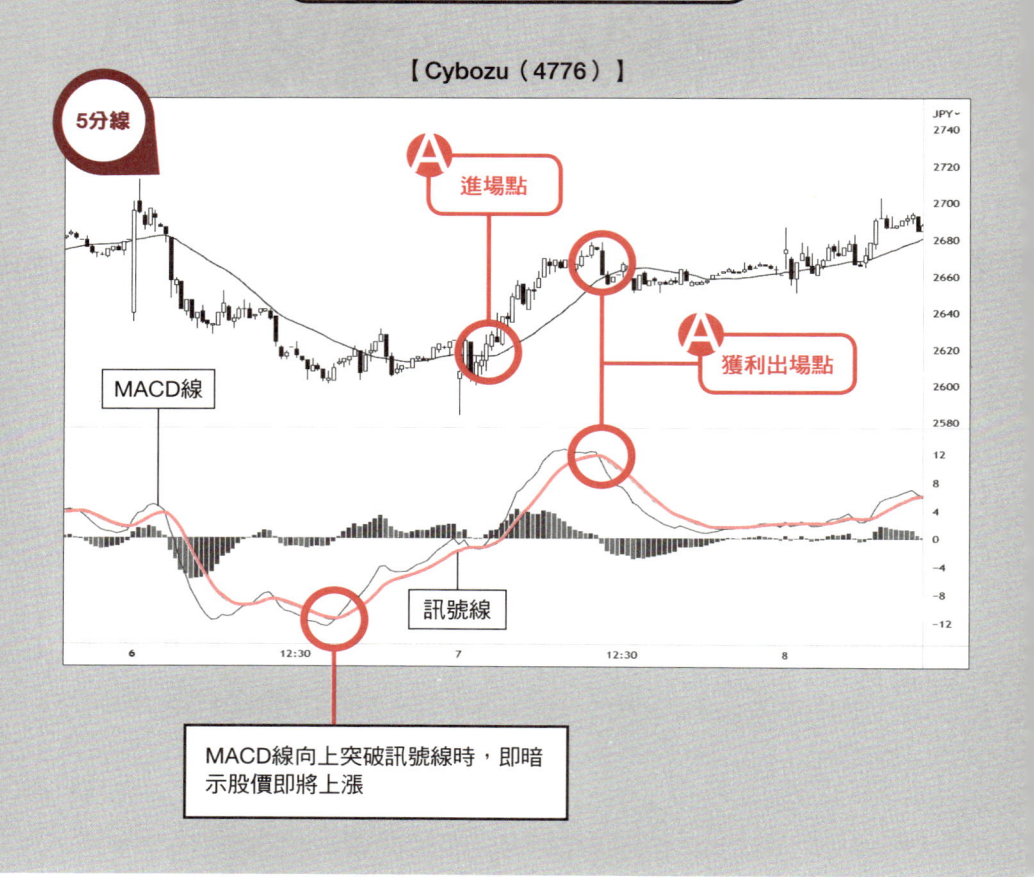

【Cybozu（4776）】

5分線

Ⓐ 進場點

Ⓐ 獲利出場點

MACD線

訊號線

MACD線向上突破訊號線時，即暗示股價即將上漲

當股價突破SMA，以及MACD線與訊號線交叉時

　　正確答案就是上圖的紅圈處。

　　首先，從走勢圖來看，雖然前半段的股價處於下降趨勢，但當走勢來到中盤時，移動平均線開始走平，同時MACD線和訊號線出現黃金交叉，預告趨勢即將反轉。隔日開盤之後，K線突破SMA，暗示股價即將上漲，此刻正是進場點。接下來，K線向下貫穿，MACD線和訊號線也形成死亡交叉，這裡便是獲利了結的出場點。

練習

解答❷——K線型態的觀察重點

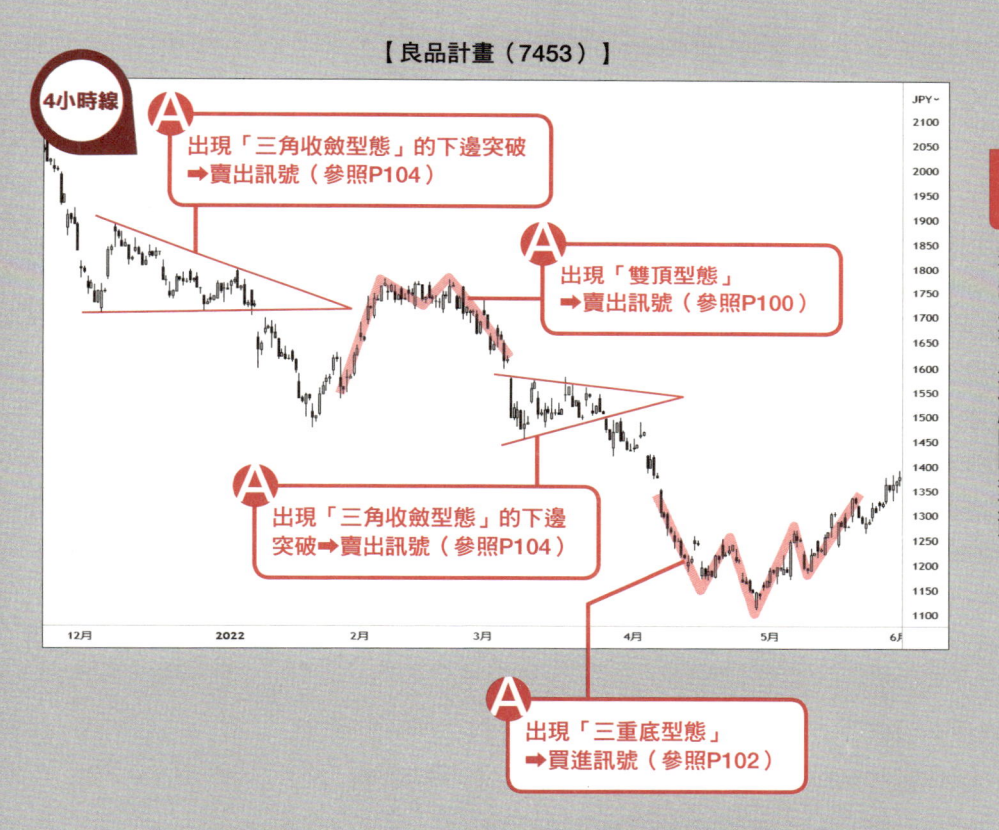

【良品計畫（7453）】

4小時線

A 出現「三角收斂型態」的下邊突破
➡賣出訊號（參照P104）

A 出現「雙頂型態」
➡賣出訊號（參照P100）

A 出現「三角收斂型態」的下邊突破➡賣出訊號（參照P104）

A 出現「三重底型態」
➡買進訊號（參照P102）

第3章　運用當沖交易取勝的圖表型態

3種即將進入下降趨勢的K線型態

　　第1種是出現在圖表前半段的「三角收斂」。此型態會在下降趨勢中出現，當股價跌破三角形的下邊時，代表下降趨勢將持續下去。第2種是出現走勢圖中段的「雙頂」。若從股價反彈的角度來看，這是一個賣出時機。第3種是再次出現的「三角收斂型態」。與前次的三角收斂不同，此時的買壓與賣壓處於均衡狀態，但一旦股價跌破三角形的下邊時，跌勢就會加劇。最後是圖表末端的「三重底」，當股價向上突破頸線後，代表股價即將向上拉抬。

專欄

買賣股票時的手續費成本

善用「定額手續費」的交易服務

　　一般而言，在買賣股票時每次交易均需負擔手續費。以日本的SBI證券（現貨交易基本方案）為例，約定金額在5萬圓以下的手續費為55圓、10萬圓以下為99圓、20萬圓以下則為115圓……以此類推（含稅，資料取自2023年1月）。然而，若交易過於頻繁，例如操作當沖或超短線交易時，有可能會出現手續費高於獲利的情況。

　　像這種情況，以日本為例，可選擇依照1個交易日的約定款項來計算手續費的方案。例如SBI證券的現貨交易基本方案，若1天的約定款項為100萬圓以下的話，手續費則為0圓；200萬圓以下，則為1,238圓（含稅）。

　　類似的方案可向各證券公司洽詢細節，不過仍須留意在做「（日本）國內現貨交易」及「國內信用交易」時，可能因為交易類型不同而有不同的手續費計算方式及額度。

各大證券公司的定額手續費方案（以日本為例）

1天的合計約定款項	SBI證券行動方案	樂天證券每日定額方案	松井證券BOX RATE手續費
50萬圓以下	0圓	0圓	0圓
100萬圓以下	0圓	0圓	1,100圓
200萬圓以下	1,238圓	2,200圓	2,200圓
300萬圓以下	1,691圓	3,300圓	3,300圓
…	…	…	…

※所有方案均含稅。資料取自2023年1月，意指於日本國內進行股票現貨交易時的手續費。

第4章

波段交易的基礎知識

運用波段交易取勝的圖表型態

操作波段交易時，每筆交易大約會在數天～數週內結算。為了謹慎地選擇進場時機，因此有更多機會利用相關的技術指標和K線型態。

Keywords

- 基礎篇
- 布林通道
- GMMA顧比均線
- 一目均衡表
- 斐波那契回撤
- SAR拋物線指標
- ENV包絡線
- 移動平均線
- HV歷史波動率
- DMI動向指標
- PSY心理線
- 複數指標
- 酒田五法
- 天花板・地板

基礎篇

波段交易的基礎知識①
基本操作策略

若說當沖是一種持續累積小額獲利的交易手法，那麼波段交易就屬於在同一筆交易中投入更多的時間成本，進而尋求更大收益的方法。

波段交易應聚焦在順勢操作

雖說做波段交易，亦可利用信用交易中的賣空（參照P34）來持有賣空的部位。但隨著持有時間越長，會累積更多的借券費用或借券日息[※]等利息支出。因此，應等熟練波段交易的操作後再來思考賣空的策略。

波段交易者雖然不用每天緊盯行情的細微變化，**但相對必須在一筆交易中賺取較大的收益，故基本的策略應採順勢操作**，也就是依循當下趨勢進行買賣。要注意的是，由於停損的範圍較大，單次損失也會較大，因此風險管理非常重要。

使用較長的時間軸觀察K線

做波段交易時，應以1小時線、4小時線、日線或週線來觀察K線的變化。首先，**可用日線或週線來確認整體走勢，再以更短的均線來尋找進場點**。由於波段交易需要觀察較長的時間軸，進場的機會也比做當沖時少，因此需要更精準的分析和過人的耐心，才能在最適合進場的時機投入交易。

用語解說
※ 借券費用・借券日息　　借券費用為投資人向券商借出股票時需支付的費用；在股票的信用交易中，一旦融券不足時，賣方為籌措股票而支付的股票日息。

操作波段交易的基本策略

【本田技研工業（7267）】

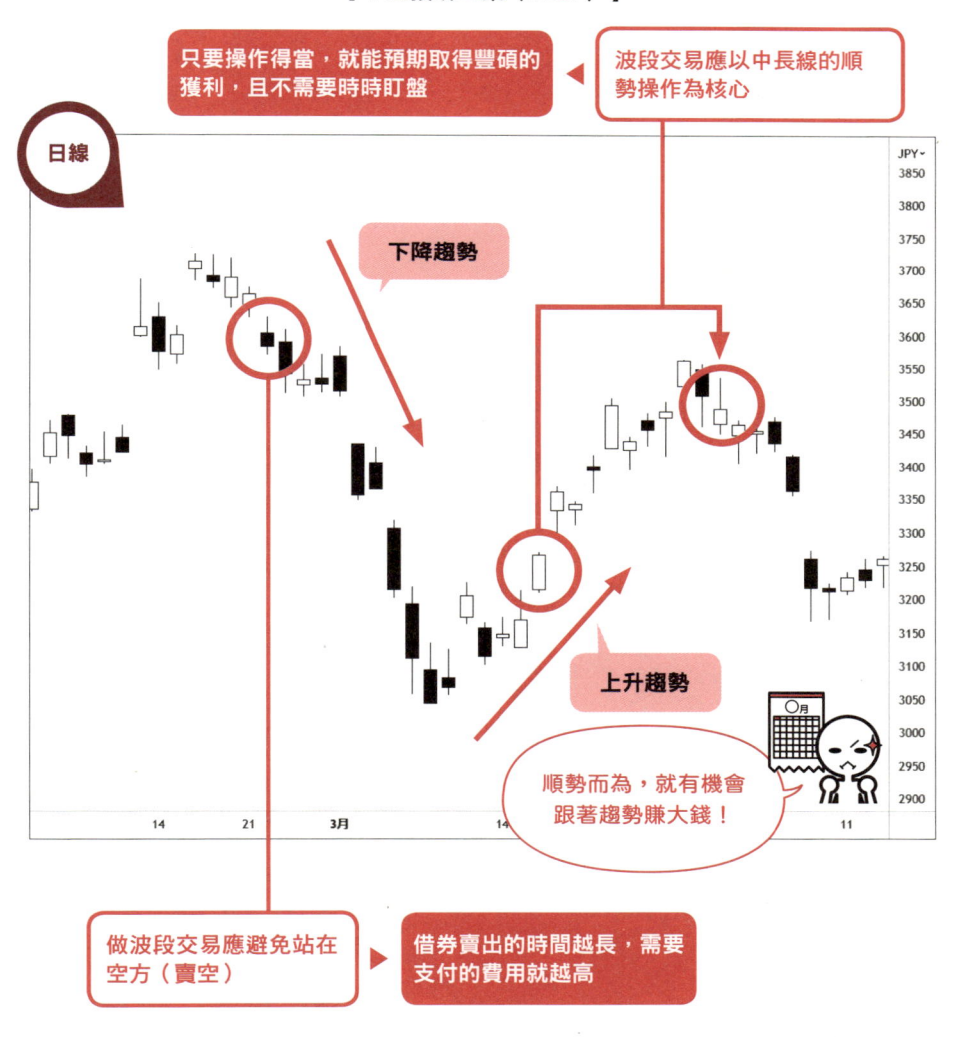

> 只要操作得當，就能預期取得豐碩的獲利，且不需要時時盯盤

> 波段交易應以中長線的順勢操作為核心

日線

下降趨勢

上升趨勢

順勢而為，就有機會跟著趨勢賺大錢！

做波段交易應避免站在空方（賣空）

借券賣出的時間越長，需要支付的費用就越高

第4章 運用波段交易取勝的圖表型態

股市贏家的建議

相較於當沖交易，做波段不用頻繁地確認股價走勢，因此一旦逆勢操作失敗，損失很容易擴大。

基礎篇

波段交易的基礎知識②
避免在連假期間持股

操作中長線投資時，即使股價短期內走跌，幾年後也可能連本帶利地賺回來。但操作波段交易時，則要盡可能避開下降趨勢，讓獲利更有效率。

降低隔夜風險的對策

前文曾說過，由於波段交易的持股時間較長，因此必須留意「隔夜風險」（參照P18）。操作當沖，投資人可迴避公司發布財報、突發新聞等股價波動的風險。但波段交易者必然得面對這個風險。

其中，**特別要注意跨六日的週末時段**。由於股市休市的關係，此時若市場爆出利多或利空消息，買賣力道就會大量集中在下一個交易日，很容易造成跳空缺口（參照P204）或急遽的趨勢變化等狀況。為了迴避這類風險，應盡量避免在週末持股。

連假過後股市容易發生變盤

從上述的觀點來看，當碰上如日本的黃金週或新年連假等連續假期時，**股市休市的天數會拉得更長，長期持股的風險也會為之增加**。因此在操作須至少持股數週的波段交易時，應盡量避免在長假期間抱股，最好是在放假前先行出清部位。

實戰！　正如同公司發布財報時經常造成股價大幅波動，由於難以預測假期過後的行情，除了有確實穩健的根據之外，應盡量在放假前出清部位。

圖表型態 36　在連假開始前整理持股部位

【索尼集團（6758）】

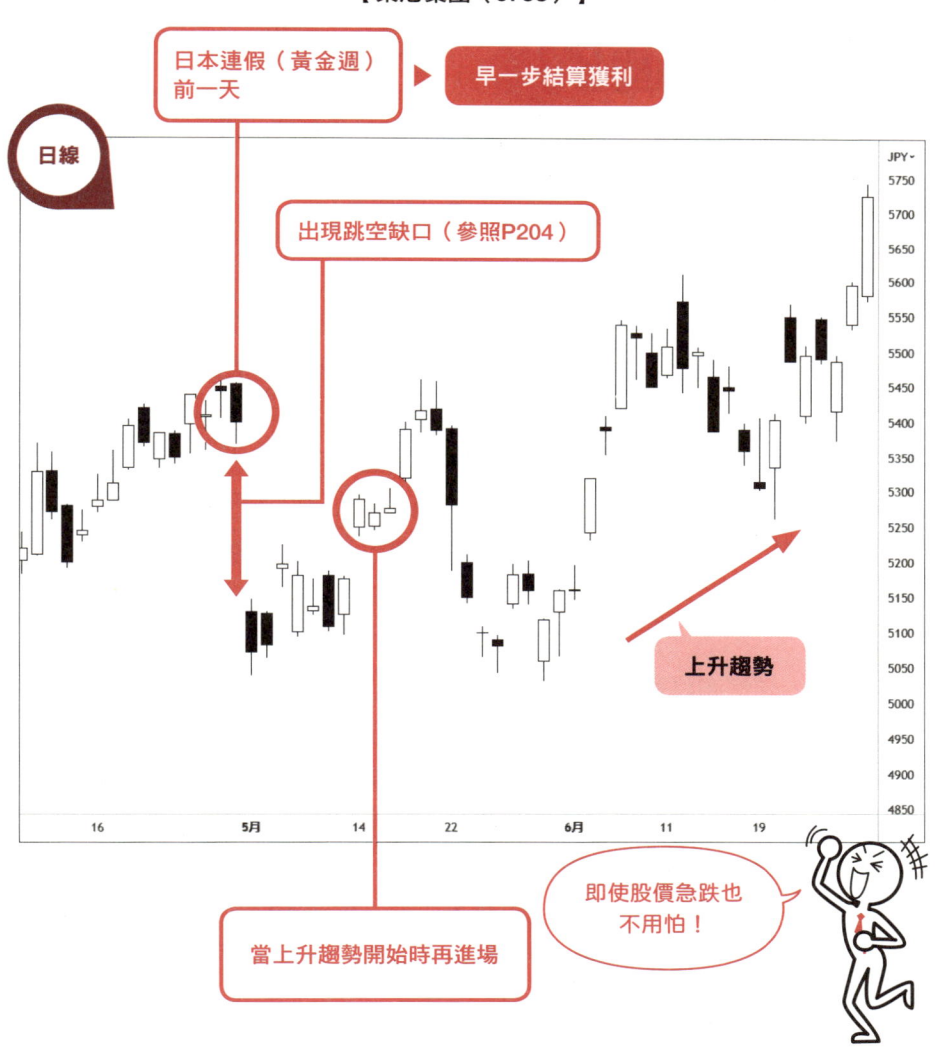

- 日本連假（黃金週）前一天 ▶ 早一步結算獲利
- 日線
- 出現跳空缺口（參照P204）
- 上升趨勢
- 當上升趨勢開始時再進場
- 即使股價急跌也不用怕！

第 4 章　運用波段交易取勝的圖表型態

股市贏家的建議

早一步在連假開始前賣出持股，就算放假時出現利空消息也不用擔心受怕，且能冷靜地思考下一筆交易。

布林通道　　　趨勢判斷

布林通道①
觀察通道的收縮與擴大

「布林通道」是以圖線表示股價波動可能範圍的指標。當布林通道出現擴大現象時，代表此時就是適合進場的時機。

判斷股價變動範圍的指標

在波段交易中，「布林通道」是一種常用的技術指標。布林通道是由「中心線」（移動平均線）和顯示「統計上股價波動幅度」的「±σ（sigma）」圖線組成。

一般而言，±1σ至±3σ的圖線會重疊顯示，如右頁上圖所示。統計上，股價在+1σ到−1σ之間的機率為68.3%；在+2σ到−2σ之間的機率為95.4%；在+3σ到−3σ之間的機率為99.7%。

從3條圖線的間隔來判讀行情

藉由觀察布林通道圖線的「收縮」和「擴大」，能判斷趨勢的力量變化。右頁下圖顯示的是4小時均線加上±3σ的布林通道走勢。圖表一開始，可見到盤整行情持續發展，股價波動幅度較小，布林通道呈現「收縮」狀態。**由於波段交易鎖定的是較大的價差，因此在波動率[※]較低、無法預期有大幅漲跌的行情中，可先避免進場。**

等到布林通道從收縮轉為「擴大」（上漲或下跌的初步動向），即股價開始進入明確趨勢時再行進場，就是一種策略。此時建議搭配MACD一起使用。

用語解說

※ 波動率　　意指股價變動的幅度比率。當股價變動頻繁且幅度大時，稱為「高波動率」，反之則為「低波動率」。

「布林通道」的結構分析

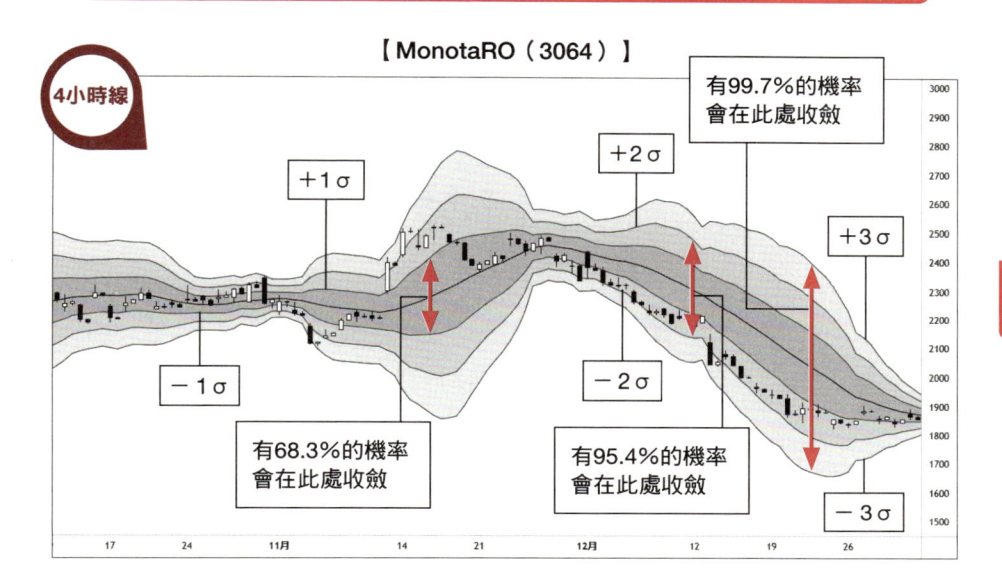

【MonotaRO（3064）】

4小時線

+1σ
+2σ
+3σ
−1σ
−2σ
−3σ

有68.3%的機率會在此處收斂
有95.4%的機率會在此處收斂
有99.7%的機率會在此處收斂

圖表型態 37　判斷股價漲跌幅度的「布林通道」

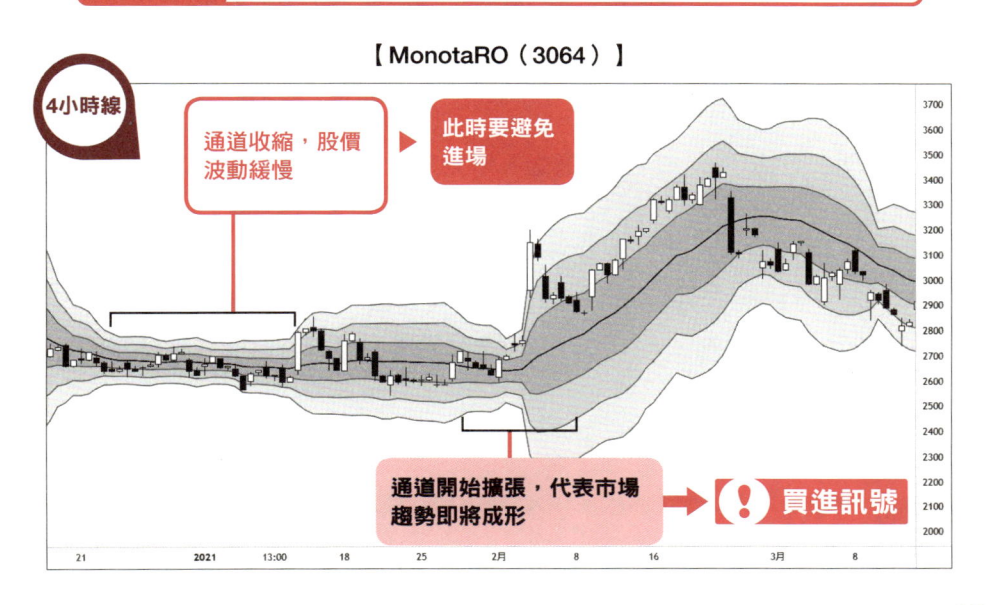

【MonotaRO（3064）】

4小時線

通道收縮，股價波動緩慢 ▶ 此時要避免進場

通道開始擴張，代表市場趨勢即將成形 → ⚠ 買進訊號

第 4 章　運用波段交易取勝的圖表型態

129

布林通道　順勢操作　趨勢判斷

布林通道②
趨勢通道的買進訊號

觀察「布林通道」時，股價收束在±1σ範圍內的可能性為68.3%。當持續超過＋1時，可推測推動股價向上發展的力道強大，此為買進訊號。

「趨勢通道」代表穩定的股價趨勢

在波段交易中使用「布林通道」進行分析時，必須牢記的概念之一，就是「趨勢通道」。**這是指股價沿著布林通道的＋1σ到＋2σ（上漲時）或－1σ到－2σ（下跌時）變動的情況**，通常發生在股價處於穩定且強勢的趨勢中。

運用「趨勢通道」進行交易，相對容易規則化，可以簡單地制定「當趨勢通道展開時買進」和「當趨勢通道瓦解時賣出」的策略。雖然日線上的趨勢通道並不常見，但一旦出現，趨勢通常會穩定延續下去。即使是在較高的價位進場，只要確認趨勢通道的存在，後續依然能帶來獲利。

建立明確的規則，避免該賣出時猶豫不決

即使設定了「一旦趨勢通道瓦解就賣出」的規則，如右圖中的K線A所示，在趨勢通道短暫瓦解的當下，很容易讓投資人心生猶豫。因此，交易前可先制定更詳細的規則，例如**「即使趨勢通道暫時瓦解，下一根K線若超過＋1σ則繼續持有」或「直到股價跌破中心線之前，皆按兵不動」**，如此一來，在面對市場波動時就能從容以對。

有備無患！ 當＋1～＋2σ的趨勢通道出現時，即為買進訊號；若跌破＋1σ且趨勢通道瓦解時，則為賣出訊號。

圖表型態38 判斷股價穩定向上的「趨勢通道」

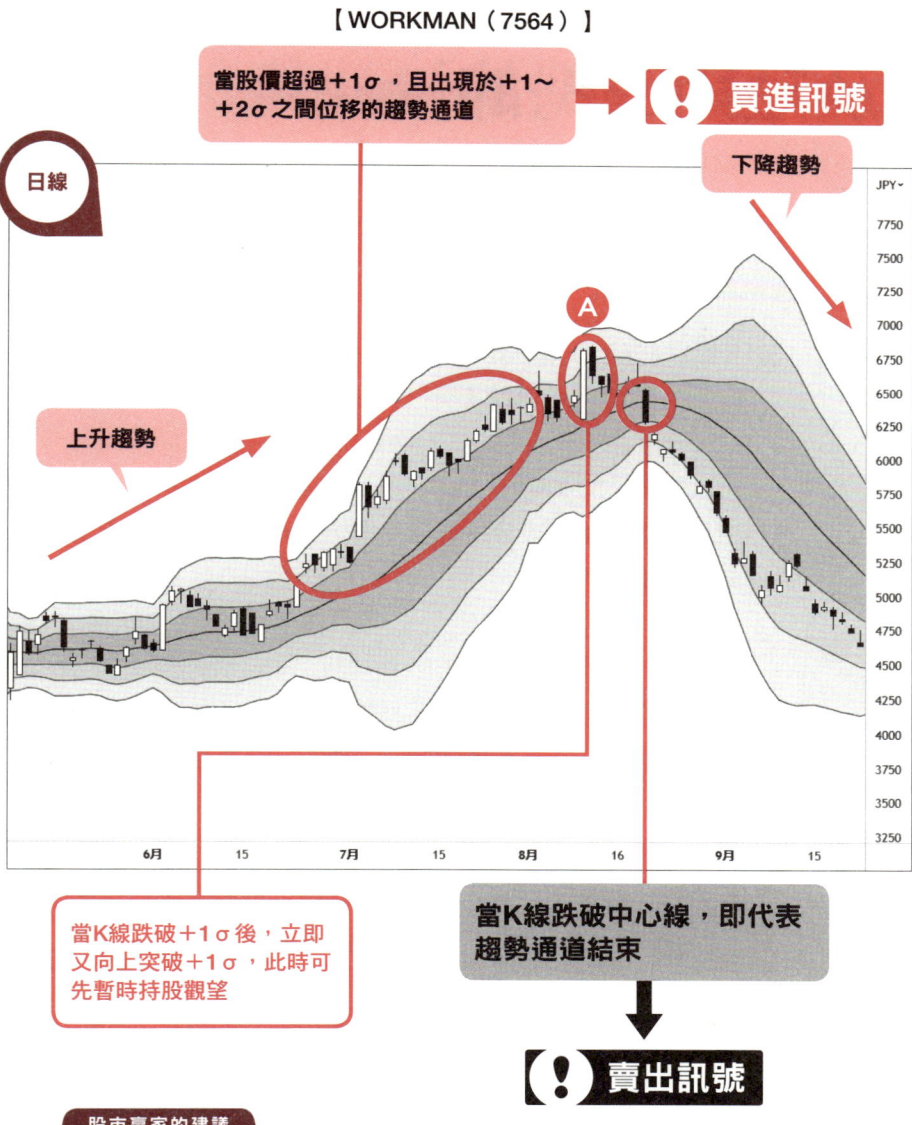

【WORKMAN（7564）】

當股價超過+1σ，且出現於+1～+2σ之間位移的趨勢通道 → **買進訊號**

下降趨勢

日線

A

上升趨勢

當K線跌破+1σ後，立即又向上突破+1σ，此時可先暫時持股觀望

當K線跌破中心線，即代表趨勢通道結束

→ **賣出訊號**

股市贏家的建議

在穩定的上升趨勢中，只要順勢而為的操作波段交易很容易賺到錢。

第4章 運用波段交易取勝的圖表型態

GMMA 顧比均線

長線視點　順勢操作　趨勢判斷

可精準判斷長期及短期趨勢的顧比均線

顧比均線（GMMA）可同時顯示12條參數值各異的EMA均線，是一個可研判長期及短期股價走勢的指標。

從多條EMA均線判讀股價動向

以12條EMA均線組成的GMMA均線，是操作波段交易時很容易運用的指標之一。根據參數值的不同，可區分為「短期群組」（3、5、8、10、12、15）和「長期群組」（30、35、40、45、50、60）。前者顯示了短線投機者的動向，後者則透露長線投資人的動向。換句話說，**可藉由「長期群組」來分析趨勢走向，「短期群組」則能用以研判假突破或短暫下跌的跡象。**

在趨勢未結束前鎖定進場時機

在右圖前半的走勢中，可以看到「長期群組」向上突破「短期群組」並形成上升趨勢。此時首先要確認的，就是K線及GMMA均線的排列狀態。若是由下方開始，依照「長期群組＞短期群組＞K線」的順序排列，即可視為是上升趨勢。

到了右圖中段，股價下跌且K線觸碰到「長期群組」，但並未改變GMMA的排列順序，故可判斷行情僅是暫時性的下跌，可抓準反彈時機買進。而在圖表的後半段，可發現「短期群組」和「長期群組」的位置出現交換，亦能據此研判趨勢即將反轉。

PLUS α　長期群組與短期群組之間的間隔越大，代表趨勢的力道越強勁；而兩者的間隔越狹窄，則代表趨勢的發展力道越薄弱。

圖表型態 39　判斷趨勢方向及進場時機的「GMMA均線」

【ANA HD（9202）】

短期群組的位置高於長期群組，由下往上依序是長期群組、短期群組、K線 ▶ 代表上升趨勢成形

日線

短期群組

長期群組

雖然出現暫時性的下跌，但GMMA的排序並未改變，代表上升趨勢將會持續延伸

（!）買進訊號

短期群組擠入長期群組之中，可據此研判趨勢即將出現反轉

（!）賣出訊號

第4章　運用波段交易取勝的圖表型態

133

一目均衡表　順勢操作　趨勢判斷

一目均衡表①
基本結構

一目均衡表是誕生於日本的技術指標，它能依據5種要素來進行相對複雜的分析。首先要關注的是：基準線、轉折線及雲區。

第一步，先確認基準線與轉折線的交叉

透過「一目均衡表」，可有效研判相對較長的趨勢變化。**這個指標的主角在於它的「時間軸」，投資人必須思考股價是否受到時間的影響。**與其他技術指標相比，一目均衡表的結構更加複雜多元。

一目均衡表是由「基準線」、「轉折線」、「先行帶A」、「先行帶B」、「延遲線」等5大要素構成（參照右圖），必須觀察其各自的位置與K線之間的關聯性來進行分析。

首先須確認的是「基準線與轉折線的交叉處」。這兩條圖線的計算方式雖不同，但其動向大致與移動平均線相同。轉折線可視為是「短期線」，基準線則可視為是「長期線」，並使用與均線同樣的方式來進行分析即可（參照P76）。基本上，**當轉折線向上突破基準線時，代表「買進訊號」；向下跌破基準線時，則代表「賣出訊號」。**

「先行帶A」與「先行帶B」兩條圖線所構成的空間，稱為「雲區」，擁有「壓力帶」和「支撐帶」的功能。在上升趨勢中，若股價下方出現厚實的雲區，就容易成為支撐帶；在下降趨勢中，若股價上方出現厚實的雲區，則容易形成壓力帶。此外，當K線突破雲區時，支撐帶與壓力帶的位置便會對調。當雲區發生扭轉且形成交叉時，即可視為是趨勢可能反轉的重要訊號。

PLUS α　當K線向上或向下穿過雲區時，稱之為「穿雲」。若是向上突破，可視為是拉抬趨勢的力道將開始加速的訊號。

圖表型態 40　能一次看懂趨勢變化的「一目均衡表」

【日產汽車（7201）】

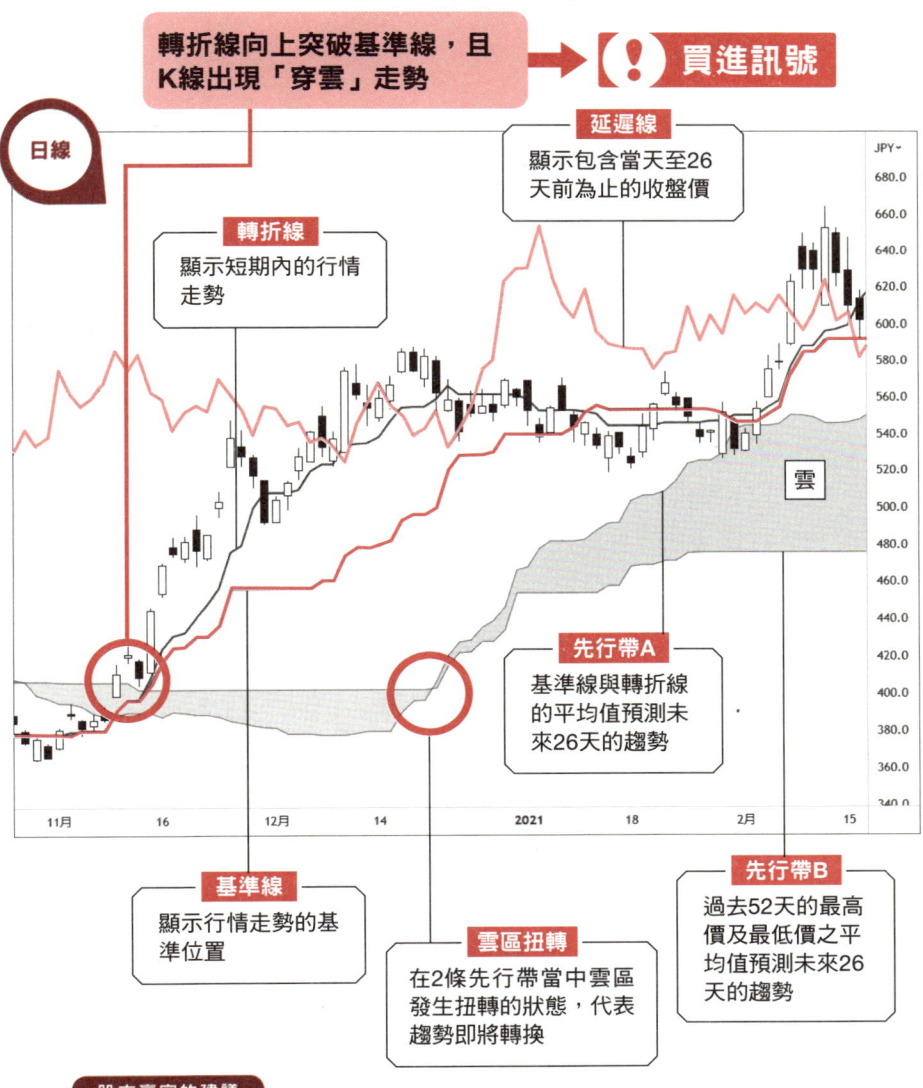

轉折線向上突破基準線，且K線出現「穿雲」走勢 → ⚠ **買進訊號**

日線

延遲線
顯示包含當天至26天前為止的收盤價

轉折線
顯示短期內的行情走勢

雲

先行帶A
基準線與轉折線的平均值預測未來26天的趨勢

基準線
顯示行情走勢的基準位置

雲區扭轉
在2條先行帶當中雲區發生扭轉的狀態，代表趨勢即將轉換

先行帶B
過去52天的最高價及最低價之平均值預測未來26天的趨勢

股市贏家的建議
「一目均衡表」是一個包含多種要素的指標，投資人可先鎖定符合自己需求的觀察重點，再進一步觀察其他要素。

第4章　運用波段交易取勝的圖表型態

一目均衡表　順勢操作　趨勢判斷

一目均衡表②
三役好轉

所謂的「三役好轉」，是指滿足3個條件時，行情就會止跌回升的訊號，因其在「一目均衡表」中屬於格外容易辨識的買進訊號而廣受好評。

滿足3個條件即會出現上升趨勢

在使用「一目均衡表」做行情分析時，最需關注的，就是所謂的「三役好轉、三役逆轉」。顧名思義，這是指當趨勢轉換時，一目均衡表若滿足以下3個條件即可判斷為買進訊號，**分別是：①延遲線向上超越K線；②轉折線向上突破基準線；③K線向上穿透雲區。**

正如同右圖的型態。持續至10月左右的下降趨勢開始趨緩，在一段盤整行情後，延遲線向上超越K線，之後轉折線也向上突破基準線，最後股價向上穿透雲區後即出現「三役好轉」。後續股價的整體走勢持續翻紅。

一目均衡表中最易辨識及運用的訊號

「三役好轉」是轉換為上升趨勢的訊號，相反的，**當「三役逆轉」出現時，就代表即將轉換為下降趨勢。**

在分析一目均衡表時，還可搭配「波浪理論」或時間分析等方法，越是深入鑽研，越能感受到這個指標的深奧之處。但基本上，只要能運用「三役好轉」及「三役逆轉」這兩種易於辨識的訊號，就足以鎖定大盤行情中的獲利機會。

PLUS α　「三役逆轉」的3個條件為：①延遲線向下越過K線；②轉折線向下突破基準線；③K線向下穿透雲區。

圖表型態 41 一目均衡表中的「三役好轉」

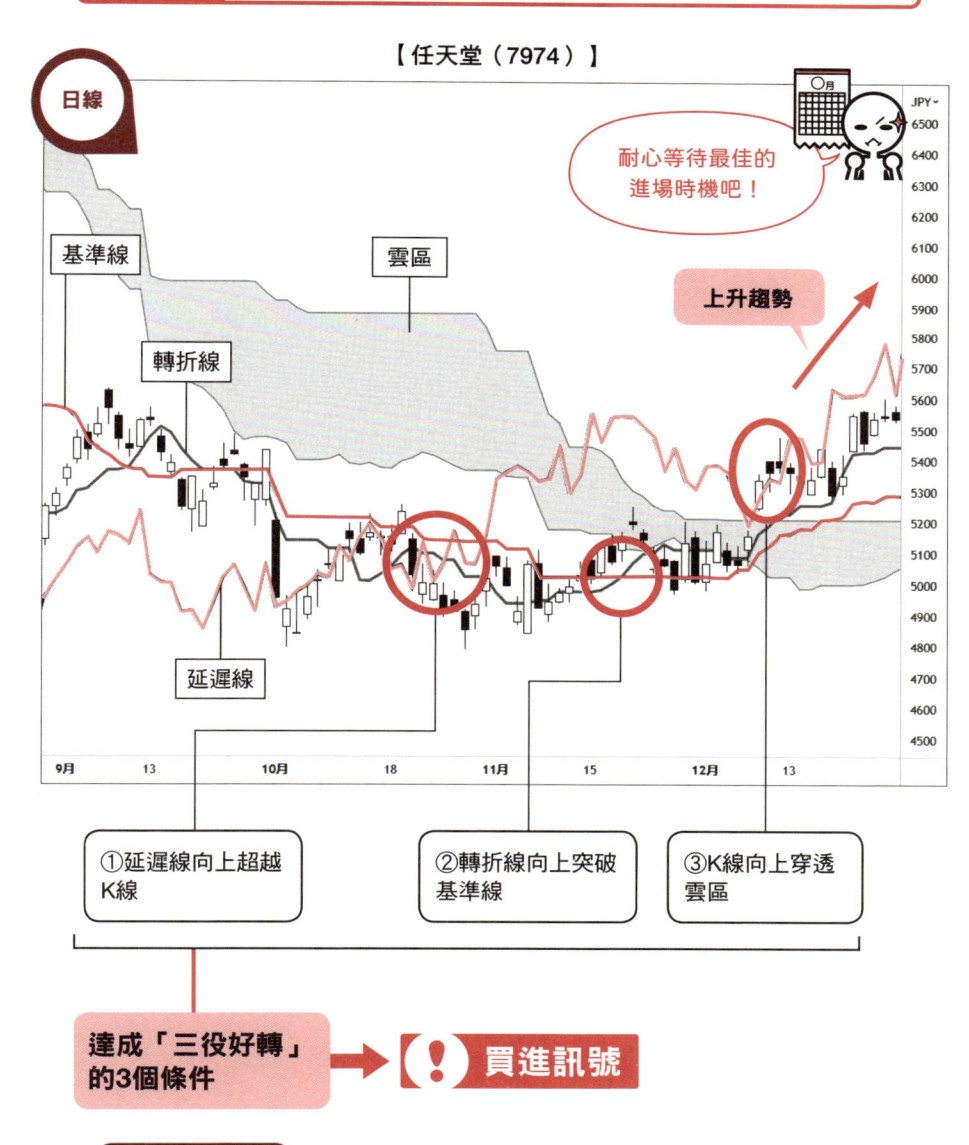

【任天堂（7974）】

日線

- 基準線
- 雲區
- 轉折線
- 延遲線
- 上升趨勢

耐心等待最佳的進場時機吧！

第4章 運用波段交易取勝的圖表型態

①延遲線向上超越K線

②轉折線向上突破基準線

③K線向上穿透雲區

達成「三役好轉」的3個條件 → **買進訊號**

股市贏家的建議

要滿足「三役好轉」的3個條件可能需要等待數個月之久。此時應保持耐心，確認型態真正出現後再進場買進。

一目均衡表 ｜ 順勢操作 ｜ 趨勢判斷

一目均衡表③
延遲線的用法

在使用「一目均衡表」時，能夠僅顯示「延遲線」來作為買進賣出的判斷依據。但根據走勢圖工具的功能差異，也可能有無法適用的情況。

僅顯示「延遲線」來分析行情

將一目均衡表的要素個別呈現於走勢圖上進行分析也是十分有效。在此介紹單獨使用「延遲線」進行分析的方法。

延遲線是當天收盤價連結之前26天的線加以串連後呈現在走勢圖上的線條。當以日線來表示時，**延遲線是「將當天及前26天的收盤價連續繪製成的線」**。延遲線本身非常單純，通過顯示它，具有「使投資人與投機者的狀態可視化」的優點。

從「延遲線與K線的相對位置」確認買賣盤強弱

以右圖為例，當「延遲線」於K線上方時，即可說現在的K線包含了26天前開始買進的人均處獲利的狀態。一目均衡表的基礎是時間概念，但此狀態表示的是一個月前買進的人都處於獲利的狀態，即可判斷市場目前處於「買方占優勢」。此外，由於當初發明一目均衡表時，週六仍有開市，一個月中可進行交易的天數約為26天，也因此才有延遲線設定在26天前的說法。

相反的，當延遲線於K線下方時，即可判斷一個月前買進的人目前處於虧損的狀態，亦即「賣方占優勢」。

有備無患！ 「延遲線」向上超越K線時，即為買進訊號；「延遲線」向下超越K線時，則為賣出訊號。

圖表型態 42　一目均衡表中判斷買賣盤強弱的「延遲線」

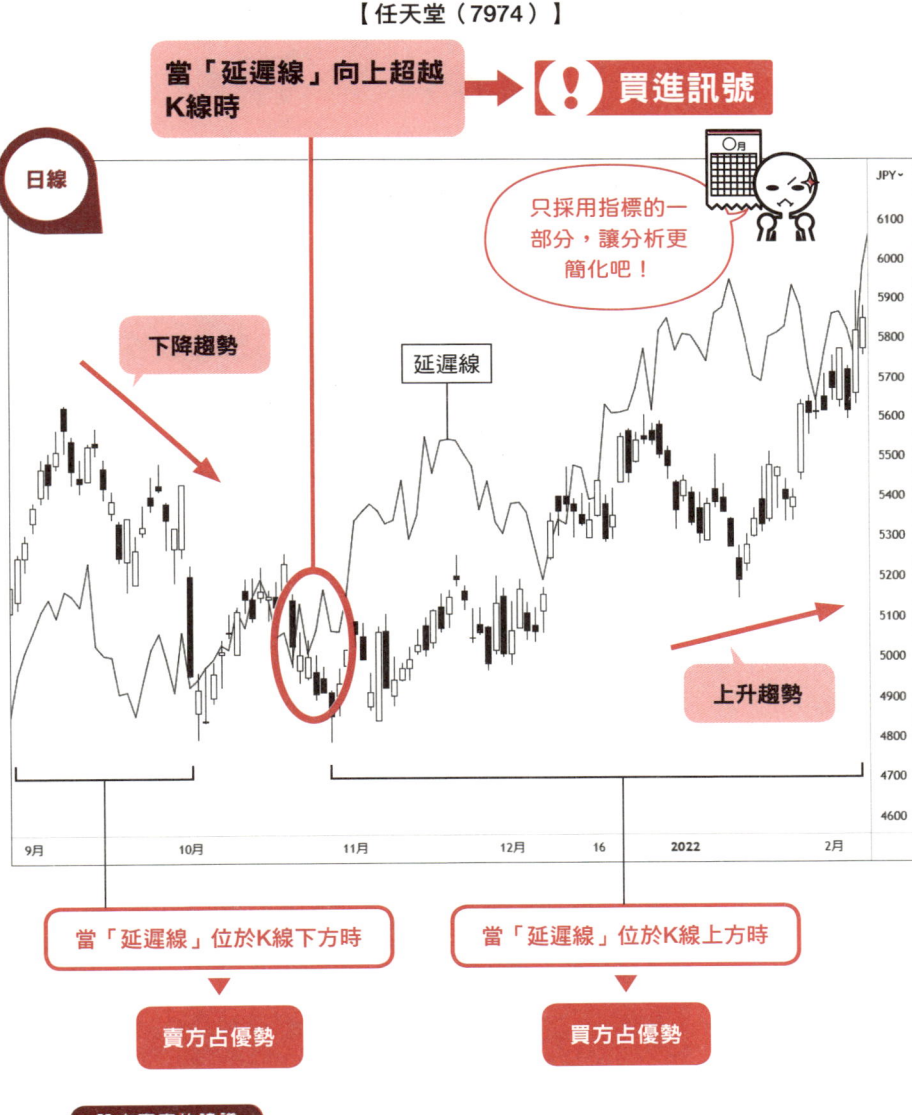

【任天堂（7974）】

當「延遲線」向上超越 K 線時 → **買進訊號**

只採用指標的一部分，讓分析更簡化吧！

日線

下降趨勢

延遲線

上升趨勢

當「延遲線」位於K線下方時 → 賣方占優勢

當「延遲線」位於K線上方時 → 買方占優勢

股市贏家的建議

將延遲線和K線做比較，即等同於和前26根K線的股價做比較，藉此可推測出市場參與者的心理面。

第 4 章　運用波段交易取勝的圖表型態

斐波那契回撤　順勢操作　逆勢操作

以「數列比例」分析股價的 斐波那契回撤

「斐波那契回撤」是以13世紀所發明的斐波那契比率為基礎，所衍生出的市場指標。這個指標可以用來分析股價短暫回撤及反彈後的變化。

判定回撤與反彈幅度的FR

除了技術指標外，亦有像是「斐波那契回撤」這類依據特定比例來預測股價走勢的方法。這個指標包含許多種類，在此介紹其中最知名的「斐波那契回撤線」（FR）與「斐波那契擴展線」（FE）。

「斐波那契回撤線」是用來**分析「上升趨勢中的回撤」及「下降趨勢中的反彈」將會達到多少幅度的工具**，一般而言，多會採用「38.2%、50.0%、61.8%、78.6%」的比率。

其分析方法很簡單，首先將趨勢起點的低點設為A，高點設為B，然後在這兩點之間拉出FR，如此一來，走勢圖上就會自動顯示出前述的比率，根據這些比率就能分析回撤或反彈的位置。

判定在回撤或反彈後，股價會走到那裡的FE

至於「斐波那契擴展線」適用於預測股價在回撤或反彈後，再次順著趨勢前進時可能會到達的位置。常用的比率為「61.8%、100%、127.2%、161.8%」。一般來說，**當股價達到100%、127.2%、161.8%這幾個階段，就是適合出場的點位。**

有備無患！ K線容易在FR的線上形成回撤或反彈。之後，當股價達到FE的100%、127.2%、161.8%等各個階段時，就應考慮出場。

圖表型態 43　斐波那契回撤線（FR）

【Sansan（4443）】

日線

FR線亦可發揮「支撐線」及「壓力線」的功能

B（近期高點）

A（近期低點）

在38.2%線上出現回撤

買進訊號

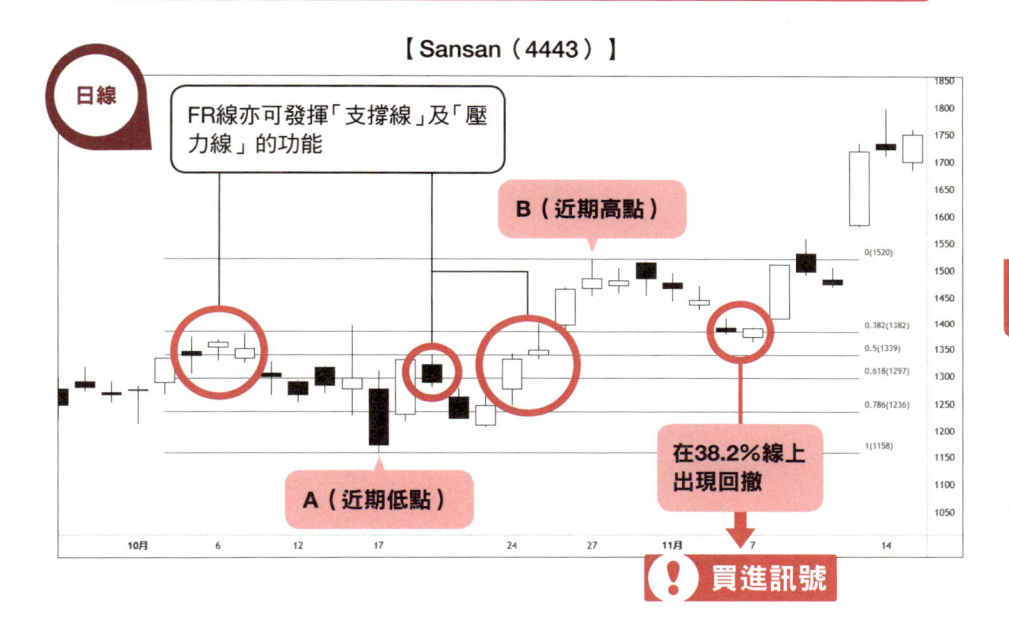

第4章　運用波段交易取勝的圖表型態

圖表型態 44　斐波那契擴展線（FE）

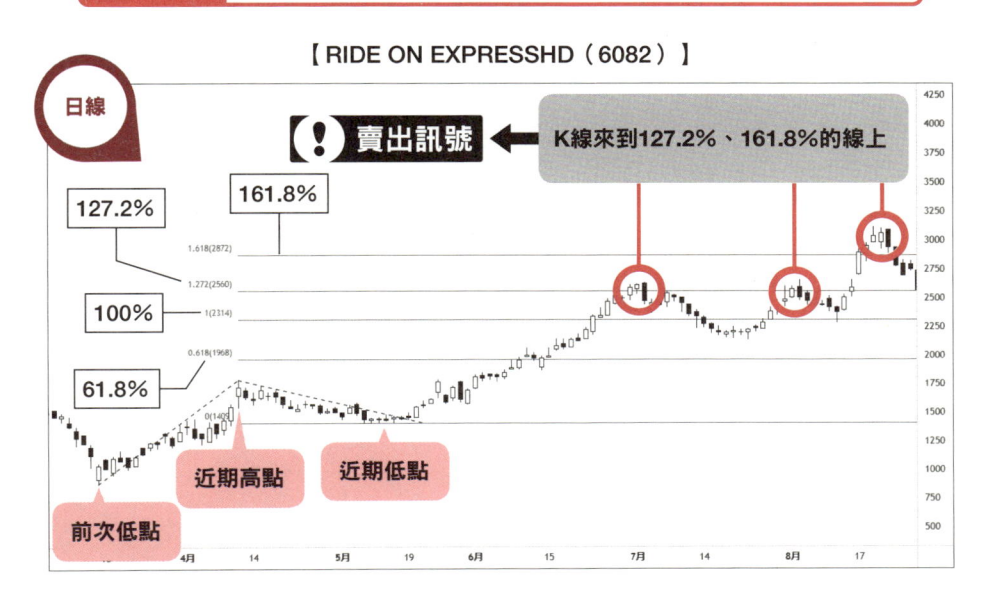

【RIDE ON EXPRESSHD（6082）】

日線

賣出訊號

K線來到127.2%、161.8%的線上

127.2%

161.8%

100%

61.8%

前次低點

近期高點

近期低點

SAR 拋物線指標

順勢操作　趨勢判斷

能研判趨勢轉換時機的
SAR拋物線指標

正如「拋物線」的意思，這個技術指標的型態很單純，它能形成與移動平均線等不同的圖線來分析趨勢走向。

K線若位於拋物線指標上方＝上升趨勢

「拋物線指標」是用來判斷趨勢轉換的指標，它會連結稱為SAR的指標，由於形狀如同拋物線一般，故直接命名為「拋物線指標」。當K線位於拋物線指標上方時，可判斷為上升趨勢；若K線位於拋物線指標下方時，則為下降趨勢。

簡而言之，**當拋物線指標出現在K線下方時，即為買進訊號；如在K線上方現蹤則為賣出訊號**。如右圖所示，當拋物線指標的上下位置互換，並依循趨勢轉換的訊號買賣，即可流暢地進行順勢操作。

可判斷出明確的趨勢轉換時機

拋物線指標的優點在於「可清楚明確地顯示出趨勢的地板及天花板」。當K線位置持續高於（或低於）拋物線指標時，即表示應繼續持有倉位。也就是說，**手中持股並不會受到上下震盪的行情影響**，且後續若出現明顯趨勢且股價順勢發展時，即有機會大幅獲利。

另一方面，拋物線指標的缺點在於若碰到盤整行情，會頻繁地出現趨勢轉換的訊號，導致投資人難以鎖定運用它的方向。

PLUS α　拋物線指標亦稱為SAR指標（Stop and Reverse）。Stop為結算盈虧之意，Reverse則為買賣趨勢反轉之意。

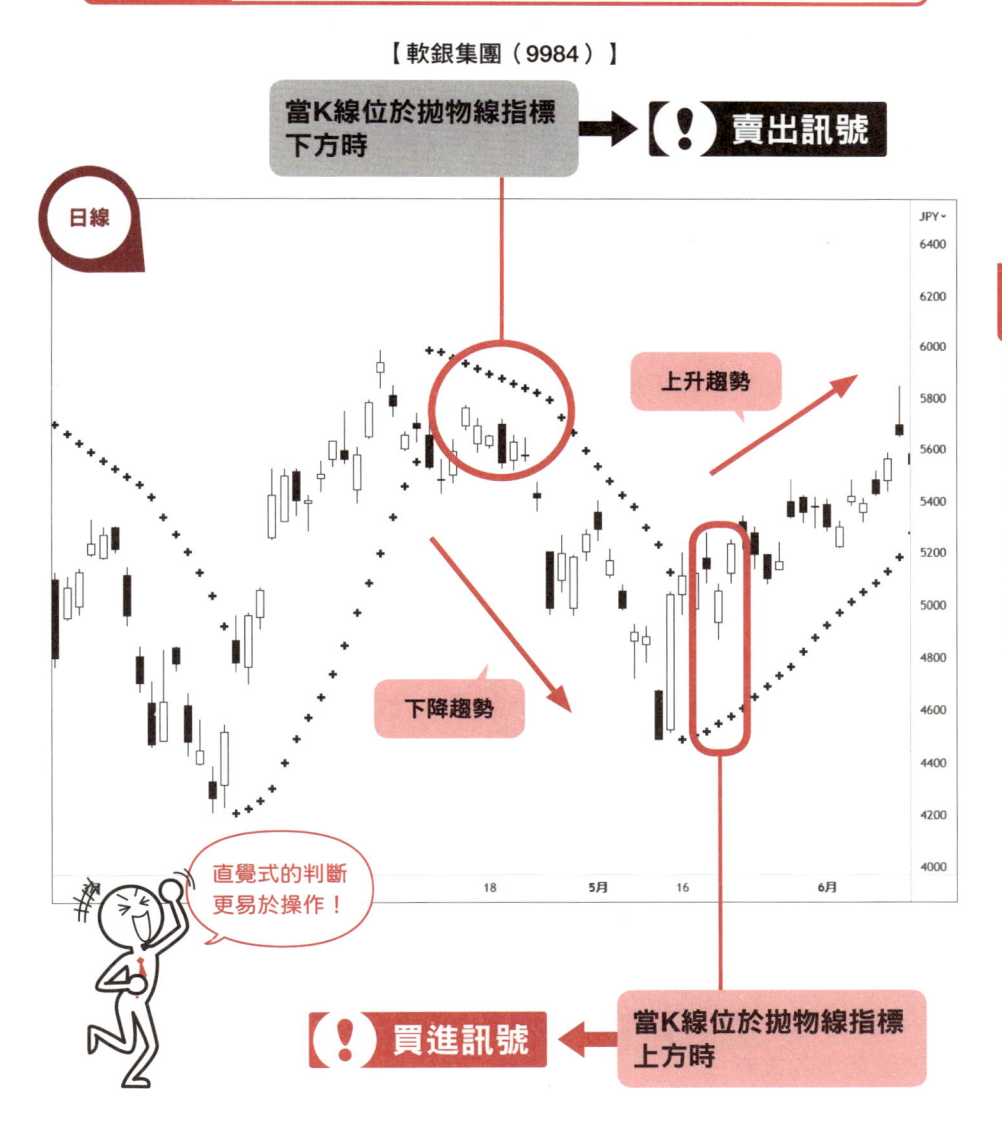

圖表型態 45 判斷趨勢轉換時機的「拋物線指標」

【軟銀集團（9984）】

當K線位於拋物線指標下方時 → **賣出訊號**

日線

上升趨勢

下降趨勢

直覺式的判斷更易於操作！

買進訊號 ← 當K線位於拋物線指標上方時

股市贏家的建議

由於拋物線指標可簡單地辨識出趨勢轉換時機，且不易受到股價上下震盪的影響，故十分適合用於波段交易。

第4章 運用波段交易取勝的圖表型態

ENV包絡線

趨勢判斷

以「股價」與「均線」背離程度鎖定買賣點的包絡線

「包絡線」（ENV）在日本又稱為「移動平均乖離率帶」，是一個整合移動平均線與移動平均乖離率的技術指標。

判斷市場超賣或超買的狀況

包絡線是將移動平均線加以整合後的指標。首先，將原本的均線作為「中心線」，再從中心線延伸任意數值使其乖離後所形成的區間帶，即是所謂的「包絡線」。

右頁上圖是以20日SMA作為中心線，乖離率設定為5％和10％的包絡線各有2條。包絡線與布林通道（參照P128）的外型相似，基本用法也差不多，**當K線來到上下的區間帶時，即可判斷出現超賣或超買**。右頁上圖的走勢從前段到中段間，K線觸碰到±10％的包絡線後，開始朝向中心線回歸。此時，投資人會判斷K線從均線上過度乖離，將可能因為超買進或超賣而導致反轉。

股價向上突破包絡線區間帶可以視為動能加強的跡象

使用「布林通道」分析時，會發生即使超過±3σ也不見走勢衰退，甚至出現「超買狀態下的買壓更加強烈（超賣狀態下的賣壓同樣也會更強）」這樣的現象。而使用「包絡線」分析時亦是如此。投資人可利用這種特性，**採取「當股價向上突破包絡線的區間帶上限」時順勢進場的策略**。

PLUS α　當股價受到超買（或超賣）影響時，往往會朝向移動平均線收斂回歸。而包絡線即是利用此習性來鎖定買賣時機點的指標。

圖表型態 46　逆勢操作時的「包絡線」分析

【軟銀集團（9984）】

日線

K線向上突破+10%的包絡線 → 賣出訊號

+10%

−10%

買進訊號 ← K線向下跌破−10%的包絡線

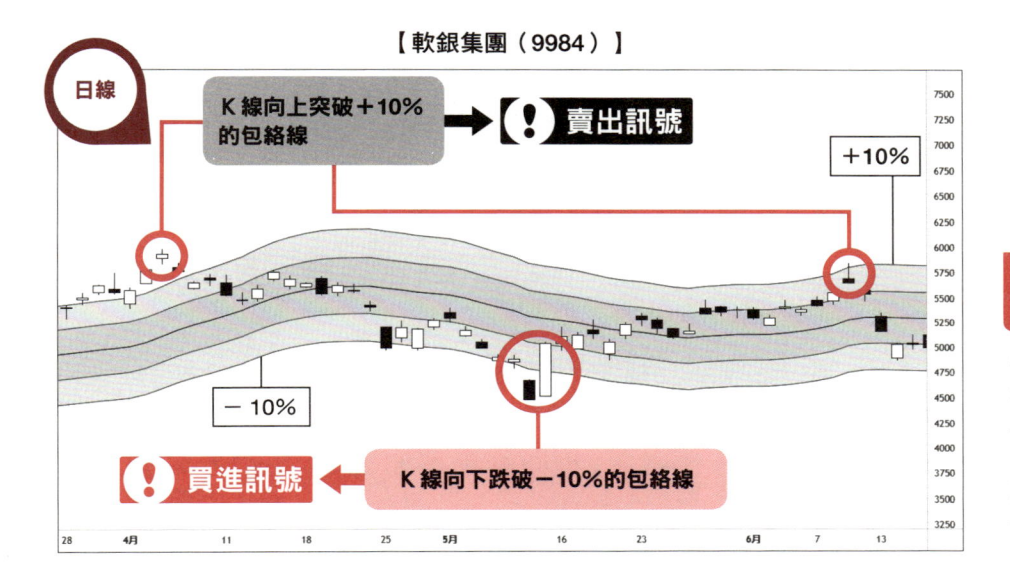

圖表型態 47　順勢操作時的「包絡線」分析

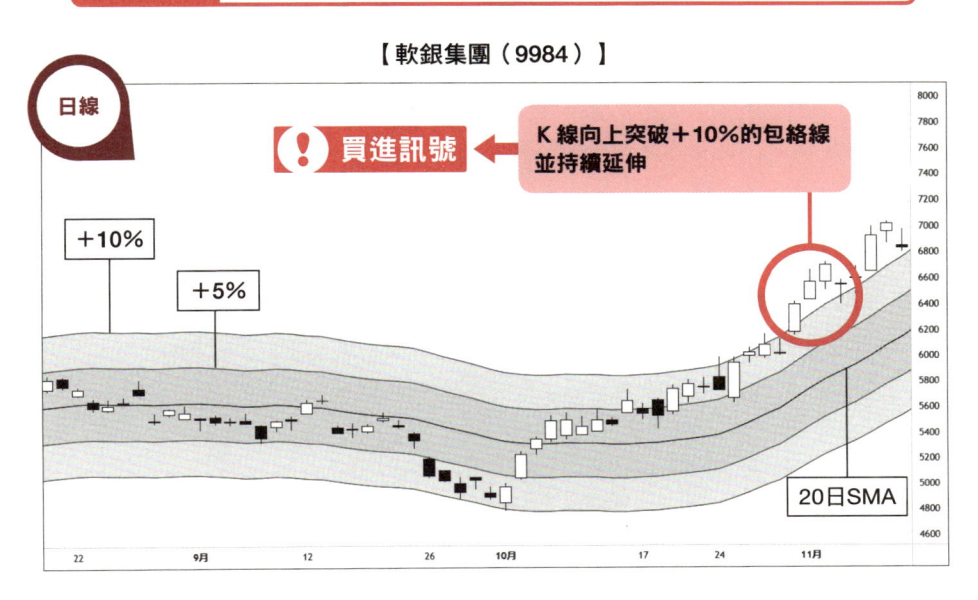

【軟銀集團（9984）】

日線

買進訊號 ← K線向上突破+10%的包絡線並持續延伸

+10%

+5%

20日SMA

第4章　運用波段交易取勝的圖表型態

145

移動平均線 　　趨勢判斷

讓代表不同時間軸的均線顯示在同一張圖表上

在使用移動平均線的技術指標當中，有一種方法是將不同時間軸的均線顯示在同一張走勢圖上，投資人可以一眼從不同角度取得各種資訊。

調整均線參數值後再顯示於圖表上

這個技巧是當運用數條均線判讀走勢時，可藉由變更參數值來重現其他時間軸上的移動平均線。

舉例來說，想要在1小時線走勢圖上表示「1小時線的20SMA」、「4小時線的20SMA」、「週線的20SMA」時，4小時線的20SMA則為1小時線20SMA乘以4倍後的數值。也就是說，**1小時線的80SMA即相當於4小時線的20SMA**。同樣的道理，週線20SMA的持股，即為1小時線SMA的25倍（5小時×5日），1小時線的500SMA，即相當於週線的20週SMA。

用不同時間段的視點確認趨勢走向

在實際運用上，各位可以參考右圖的範例並思考活用技巧。

右圖從中段開始，當4小時線20SMA與1小時線20SMA向上突破週線的20週SMA之後，即出現了明顯的大型趨勢。從這裡開始，**可判斷包括「週線」、「4小時線」、「1小時線」均出現了以20SMA作為軸線的趨勢轉換**。當出現「週線狀態的趨勢轉換」及「小時單位均線的趨勢轉換」重疊的走勢時，即可尋找易於波動的時機點。

實戰！ 在評估明確的進場時機點時，若能善加運用本節的技術，即可透過長期及短期兩種視點來找出最佳的進場時機點。

| 圖表型態 48 | 以不同的時間軸來顯示均線 |

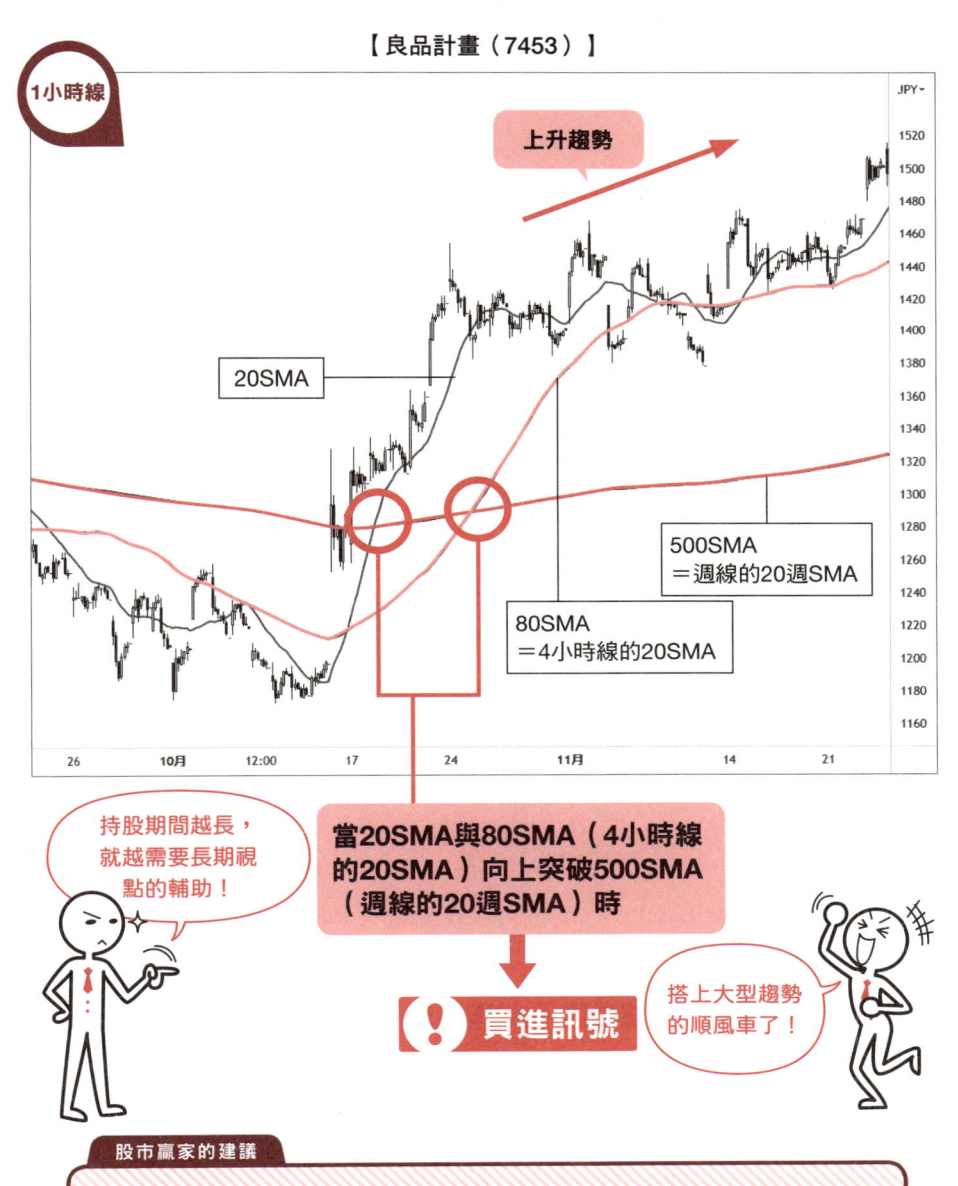

【良品計畫（7453）】

1小時線

上升趨勢

20SMA

500SMA
＝週線的20週SMA

80SMA
＝4小時線的20SMA

持股期間越長，就越需要長期視點的輔助！

當20SMA與80SMA（4小時線的20SMA）向上突破500SMA（週線的20週SMA）時

⚠ **買進訊號**

搭上大型趨勢的順風車了！

股市贏家的建議

只需調整參數值，即可導入長期性的視點來進行觀測，如此一來就能更容易判讀包括假突破等狀況。

第4章 運用波段交易取勝的圖表型態

HV 歷史波動率 　　長線視點　　順勢操作

可推估波動率變化的
HV歷史波動率

歷史波動率（Historical Volatility，以下簡稱HV）是藉由過去的價格變動來推估、顯示金融商品波動率變化的指標，在判斷趨勢轉換時必能派上用場。

觀察HV變化掌握進出場的時機

　　HV可顯示自過去的價格變動幅度所推算出的股價或金融商品的波動率變化情形。所謂的「波動率」，指的是股價或金融商品的價格變動幅度，數值越大，代表價格變動越劇烈，而數值越小，則表示價格變動越穩定。

　　在判讀行情多空是否即將反轉時，HV是十分管用的指標。在右頁上圖的走勢前半，可看到HV呈現低檔游移的狀態。特別是當HV的數值在20以下時，代表股價處於盤整行情中、難以判斷發展方向的狀態。當進入中段以後，HV一口氣上升，股價也大幅向上拉抬。可特別留意HV在40以上的區間游移時，股價也會維持上漲狀態；當HV下降時，股價則會再一次進入盤整行情。

搭配股價高低點及均線一起使用

　　在盤整行情中，只要能夠確認HV指標上升，即可判斷股價將會順著漲勢（或跌勢）發展。此時只要**順勢操作，或是等待股價暫時回撤時再逢低買進，便是使用HV指標的策略。**此外，如右頁下圖所示，若搭配股價的高點（或低點）的突破及均線一起使用，還可以再提高分析的精確度。

實戰！ 在尋找高波動率的股票時，HV指標格外有效，這個技巧亦可用於操作當沖及超短線交易。

圖表型態 49　用以解讀波動率變化的「HV歷史波動率」

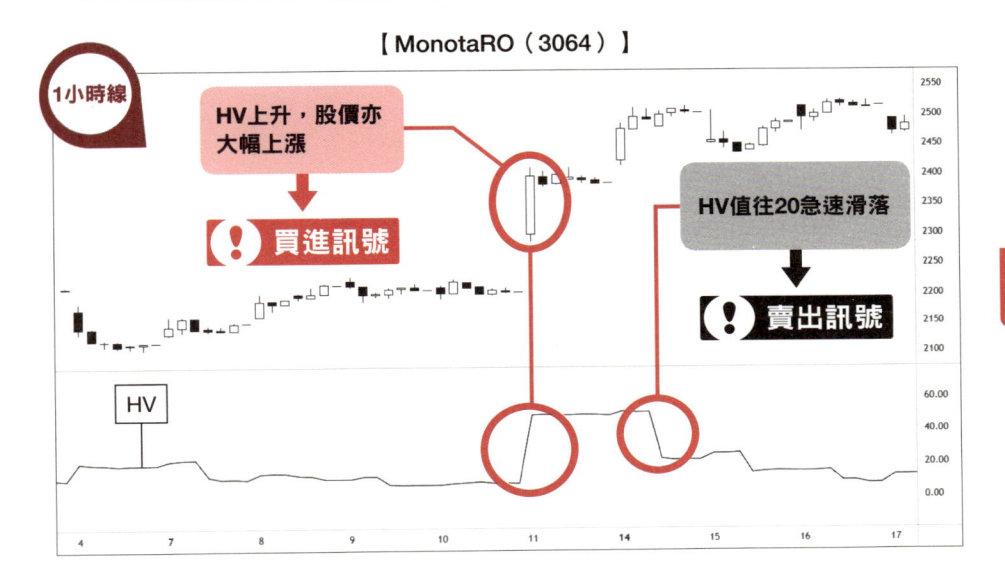

【MonotaRO（3064）】

1小時線

HV上升，股價亦大幅上漲
→ 買進訊號

HV值往20急速滑落
→ 賣出訊號

HV

第4章　運用波段交易取勝的圖表型態

圖表型態 50　HV搭配SMA能觀察到更多買進機會

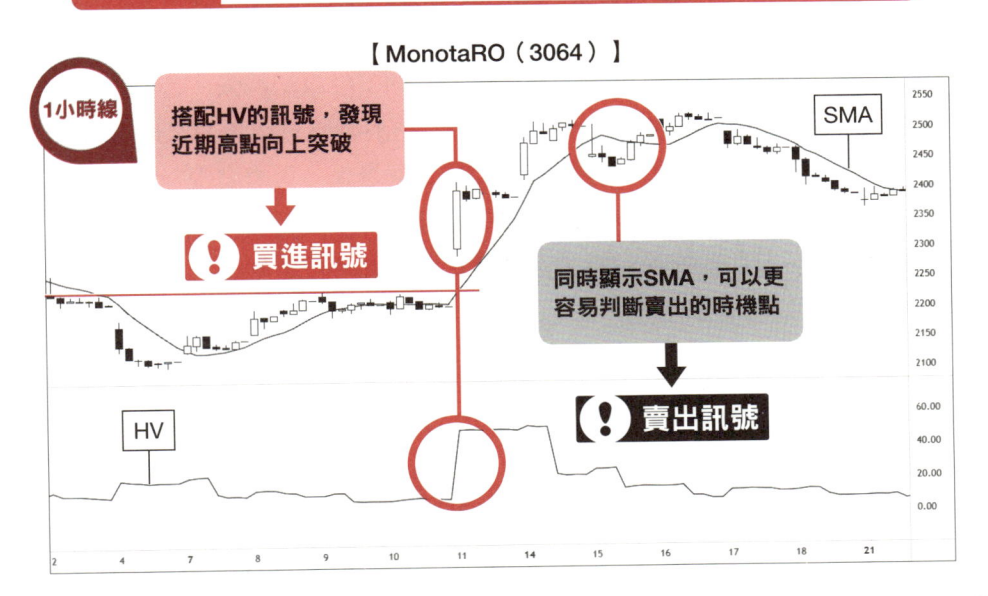

【MonotaRO（3064）】

1小時線

搭配HV的訊號，發現近期高點向上突破
→ 買進訊號

SMA

同時顯示SMA，可以更容易判斷賣出的時機點
→ 賣出訊號

HV

DMI 動向指標　　順勢操作　震盪指標

用3根線判斷趨勢強弱的 DMI動向指標

「DMI動向指標」是用來分析股價及金融商品趨勢的技術指標，投資人可藉由這個指標輕鬆判斷趨勢的強弱及發展力道。

指標名稱	解說
＋DI	表示買進力道強弱的線。＋DI越高，代表買進力道越強。
－DI	表示賣出力道強弱的線。－DI越高，代表賣出力道越強。
ADX	表示趨勢發展強弱的線。ADX越高，代表趨勢越強。

注意DI線交叉與ADX線上升

　　DMI是由「＋DI」、「－DI」、「ADX」3根線構成的技術指標，主要用於分析趨勢變化。實際應用於走勢圖時，**第一步應先找出「－DI與＋DI的交叉處」**。如上表所示，當＋DI越高，表示股價的上升趨勢越顯著；當－DI越高，則表示股價的下降趨勢越強。

　　舉例來說，當－DI向上發展、＋DI朝下發展且出現交叉時，即代表「買壓趨弱，賣壓漸強」的走勢。也就是說，可將之視為轉換成下降趨勢的反轉點。此外，**當DI線發生交叉後，若ADX線出現上升態勢，即可分析為趨勢轉換後的行情走強，此時可思考是否要加碼買進**。

有備無患！ 當＋DI向上突破－DI時，即為買進訊號；當DI交叉後，ADX線上升時，即可判斷趨勢正在走強，可考慮加碼買進。

圖表型態 51　判斷趨勢轉換及發展力道的「DMI指標」

【良品計畫（7453）】

當＋DI向上突破－DI時 → **買進訊號**

日線

上升趨勢

下降趨勢

＋DI

－DI

ADX

ADX線處於上升狀態 ▼ 代表趨勢逐漸走強

當＋DI向下突破－DI時 → **賣出訊號**

透過單一指標即可掌握趨勢的初步動向與走勢！

第4章　運用波段交易取勝的圖表型態

PSY心理線　　逆勢操作　震盪指標

反映市場投資人心理的 PSY心理線

「PSY心理線」屬於震盪類的技術指標之一，透過圖像化的方式，這個指標能具體呈現市場投資人的心理變化。

把最近12天股價上漲的天數加以數值化

如同它的名字Psychological（心理層面），是可呈現市場投資人心理的指標。其計算公式為：先從近期N日（多設定為12天）中找出收盤價「高於前日」的天數，再計算12天內正成長的比例值。

數值25%以下即可買進

從計算出來的數值，可以得到「市場連日超買，差不多該下跌了吧」、「已經過度超賣，感覺隨時都會止跌反彈」等這類投資人心理變化的資訊。使用「PSY心理線」分析時，**若發現過去12天內上漲天數達50%以上，且趨勢持續時，即可判斷認為目前市場處於「超買狀態」的投資人正在增加**；反之，若上漲天數的比例始終在50%以下游移，代表多數人認定此時市場處於「超賣狀態」。當投資人意識到這樣的變化時，行情就容易形成天花板或地板，故可將這個指標運用在逆勢操作中。

在策略上，當PSY心理線在25%以下，即可視為「買進」訊號；超過75%以上則為「賣出」訊號。舉例來說，假設上升至25%的時間在3號，估算下降日將為9號，在多數投資人判斷股市將進入超賣的狀態下，即可適時地逆勢操作買進股票。

實戰！ 在分析個股時，通常不會使用「PSY心理線」，這個指標多會用於掌握大盤的動向，也就是用以確認行情走向為主。

圖表型態 52 解讀市場投資人心理面的「PSY心理線」

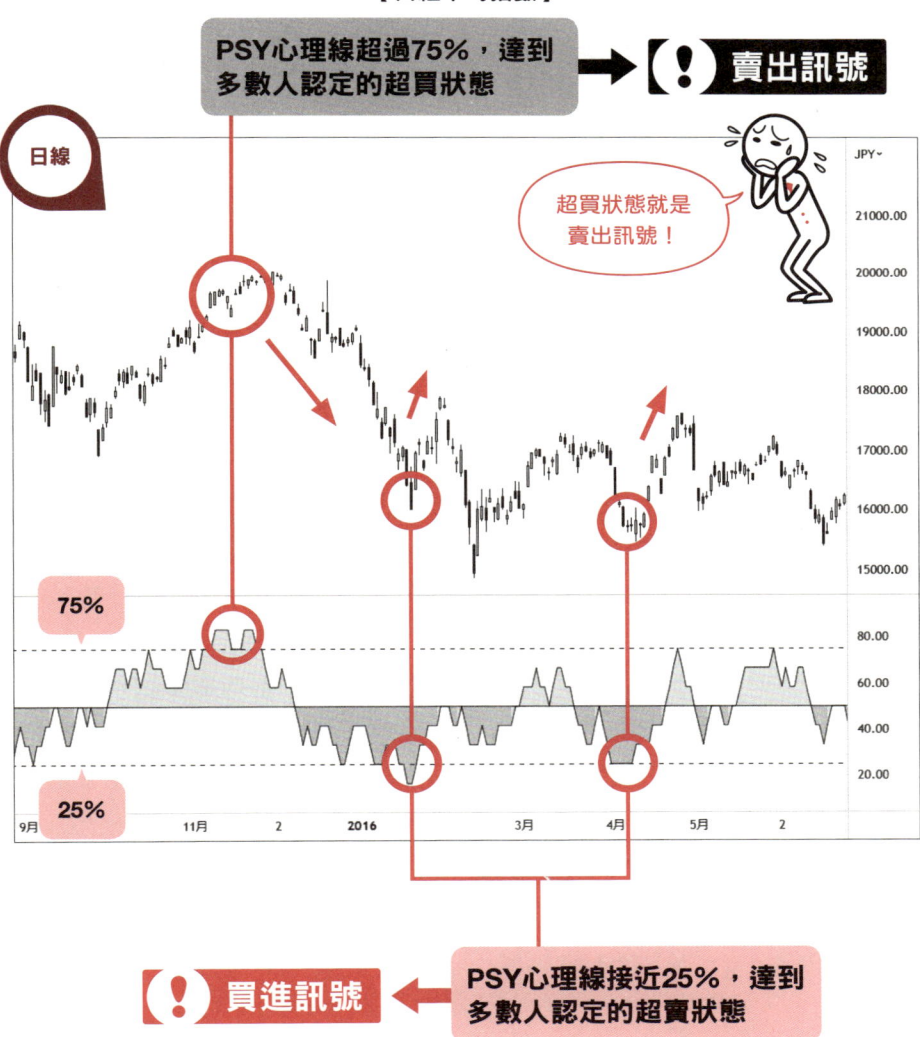

【日經平均指數】

PSY心理線超過75%，達到多數人認定的超買狀態 → **賣出訊號**

日線

超買狀態就是賣出訊號！

75%

25%

PSY心理線接近25%，達到多數人認定的超賣狀態

買進訊號

第4章 運用波段交易取勝的圖表型態

股市贏家的建議

可將「PSY心理線」視為逆勢操作策略。當PSY心理線來到25%時買進，75%時則賣出，即為基本操作方式。

153

複數指標　　順勢操作　　趨勢判斷　　震盪指標

綜合運用布林通道與RSI相對強弱指標

藉由綜合運用多個技術指標，不僅可發揮各個指標的優勢，還能使投資人從進場到出場的交易過程更加順暢精準。

使用趨勢型指標買進、震盪型指標賣出

若能巧妙搭配特性各異的技術指標，即可互補不足，發揮各個指標的效用。最好的例子，就是將趨勢型指標與震盪型指標搭配運用。

右頁上圖是在日線圖上顯示±1～3σ的「布林通道」（參照P128）和「RSI相對強弱指標」（參照P86）的狀態。在圖表中段，**K線已突破布林通道的3σ，顯示買盤非常強勁**。假設投資人在此時買進，後續的判斷可能會是「繼續持有，期待更大的漲幅」或「盡快賣出，獲利已經滿足」。然而，僅使用適合分析趨勢的布林通道，難以做出最佳決策。

此時若能結合RSI指標，即可發現股價急漲後K線雖停留在高點區間，但RSI已經下穿70％。這代表**投資人傾向認為市場處於「超買」狀態，並預期股價需要一段時間才能回升**，因此更容易做出賣出的決策。

右頁下圖是同一檔股票在其他時間段的走勢圖。當出現穩定發展的趨勢時，RSI通常不會跌破70％，而是多半會持平位移，故亦可作為是否繼續持有股票的判斷依據。

有備無患！ 雖然僅使用「布林通道」亦可判斷是否該出場，但若能搭配震盪型指標的話，將可更精準地找出適合獲利了結的時機點。

圖表型態 53　「布林通道」與「RSI指標」的綜合分析

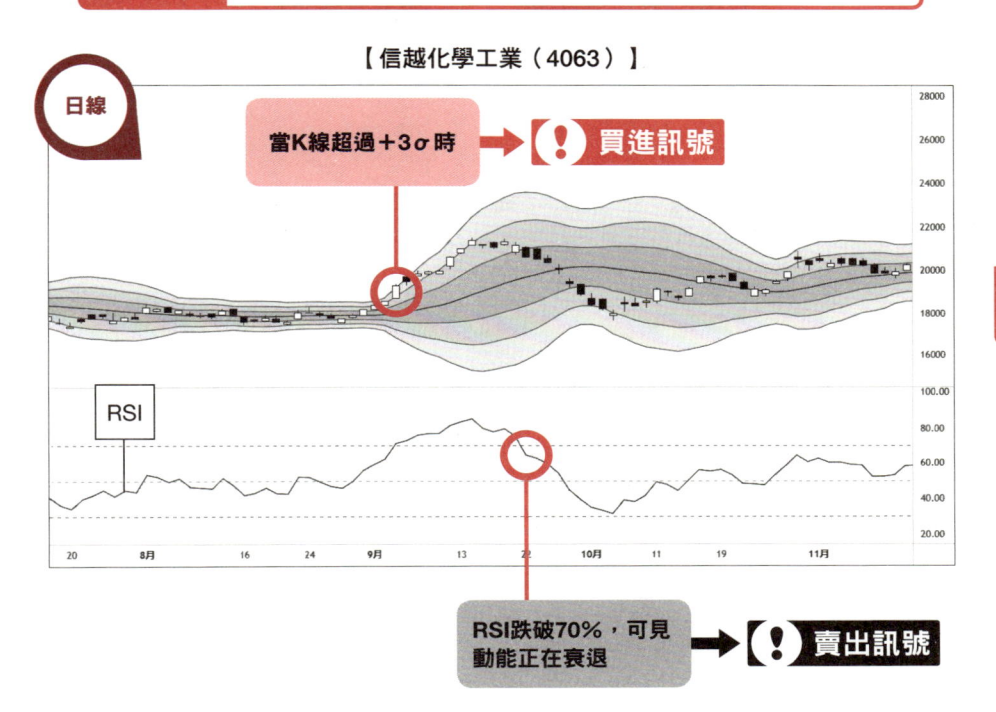

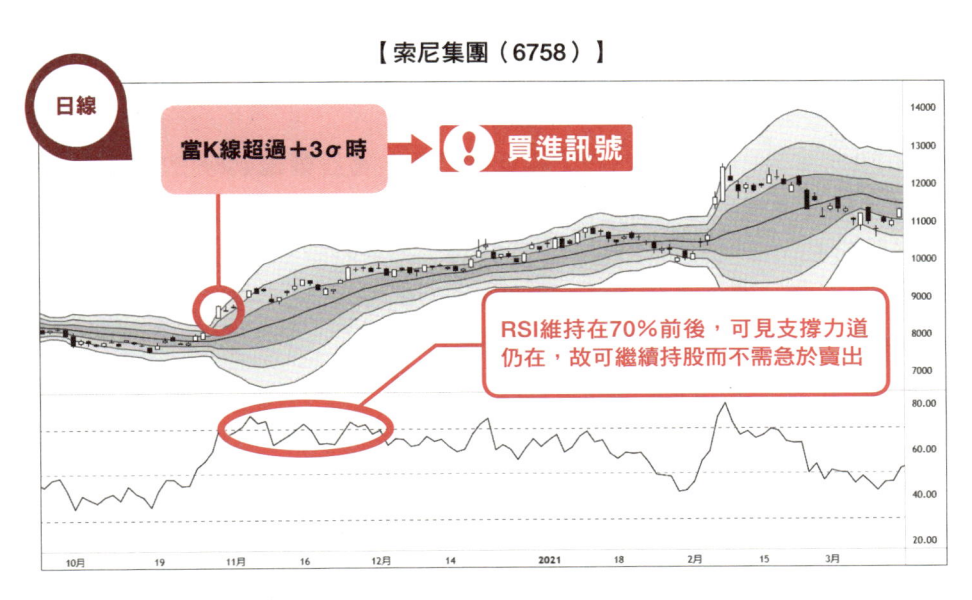

【信越化學工業（4063）】

日線

當K線超過＋3σ時 → **買進訊號**

RSI

RSI跌破70％，可見動能正在衰退 → **賣出訊號**

【索尼集團（6758）】

日線

當K線超過＋3σ時 → **買進訊號**

RSI維持在70％前後，可見支撐力道仍在，故可繼續持股而不需急於賣出

第4章　運用波段交易取勝的圖表型態

| 複數指標 | 順勢操作 | 趨勢判斷 |

綜合運用斐波那契回撤與DMA指標

DMA（置換移動平均線）是由SMA均線進化而來的指標。若把DMA指標與斐波那契回撤結合使用，可以更容易捕捉到上升趨勢中的回撤（進場）機會。

鎖定主要趨勢中暫時回撤的機會

在波段交易中經常使用的一種策略，是利用DMA指標※（Displaced Moving Average），也就是將SMA均線從原本的位置向過去或未來移動。這是美國知名投資人喬·帝納波利（Joe DiNapoli）擅長的手法。在此將介紹一種名為「單一穿透」的DMA策略。

首先，在圖表上顯示3×3的DMA。**當趨勢出現時，開始尋找連續8根以上的K線連續朝同一方向前進且未跌破DMA的狀態（即「推動狀態」）**。推動狀態指的是「出現大型趨勢的狀態」，投資人可鎖定該趨勢中暫時回撤的機會進行順勢操作。

搭配「斐波那契回撤線」找出進場點

如右圖所示，在出現「推動狀態」後，把「斐波那契回撤線」（FR，參見P140）畫在高點和低點之間。**當股價達到FR的38.2%時，即是進場的好機會**。此外，將近期的高點、低點及進場點連成「斐波那契擴展線」（FE，參見P140）。當股價上漲至FE的61.8%或100%時，即是獲利了結的時機。相反的，當股價下跌時，則可在FR的61.8%等線上評估是否該進行停損。

用語解說

※DMA 指標　　將SMA均線，從原本位置向過去或未來時間軸移動後所得的指標。以日線呈現3×3的DMA，即代表「從3日SMA開始先行3根K線」。

圖表型態 54　使用DMA與FR指標判斷理想的進場點

【日產汽車（7201）】

日線

推動狀態
8根以上的K線連續朝同一方向前進的狀態。注意此時的重點是K線不可跌破3×3DMA

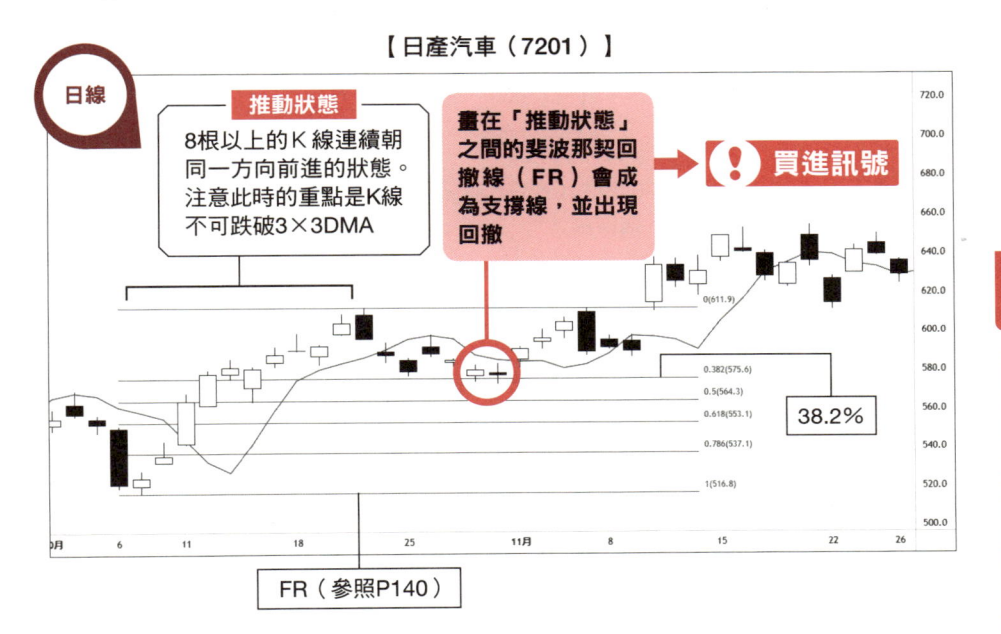

畫在「推動狀態」之間的斐波那契回撤線（FR）會成為支撐線，並出現回撤 → **買進訊號**

0(611.9)
0.382(575.6)
0.5(564.3)　38.2%
0.618(553.1)
0.786(537.1)
1(516.8)

FR（參照P140）

圖表型態 55　使用DMA與FE指標判斷理想的出場點

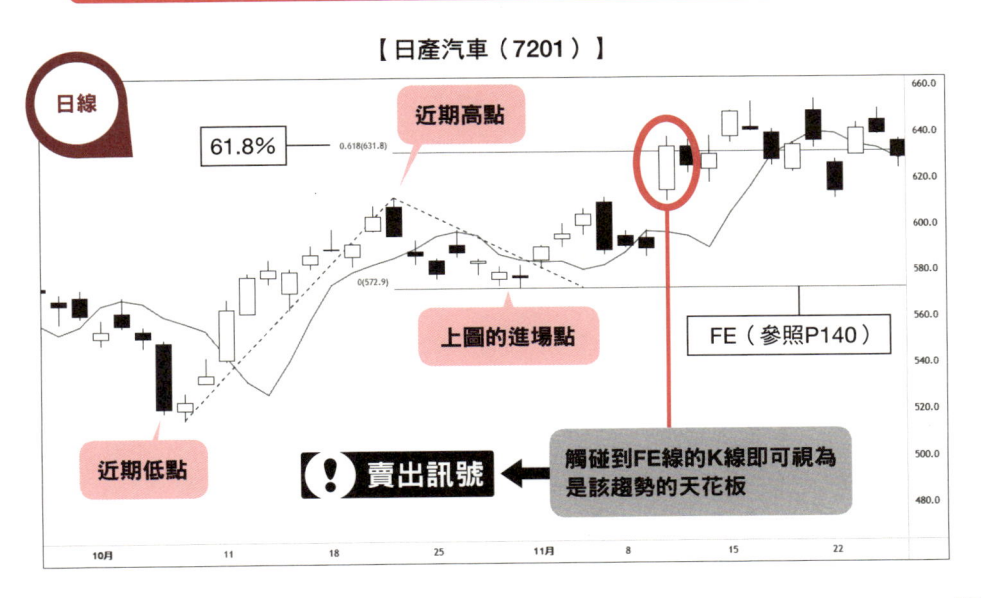

【日產汽車（7201）】

日線

近期高點
61.8%　0.618(631.8)

0(572.9)

上圖的進場點

FE（參照P140）

近期低點

賣出訊號 ← 觸碰到FE線的K線即可視為是該趨勢的天花板

第4章　運用波段交易取勝的圖表型態

酒田五法　　　短線視點　　順勢操作

酒田五法①
三山

「酒田五法」是源自日本的5種代表性K線型態的總稱。其中「三山」經常被作為判斷行情天花板的訊號使用。

擁有200年歷史的K線型態

「酒田五法」是江戶時代的本間宗久為了估算米價行情所思索出來的分析方法，雖然至今已過了200年，這個方法依舊廣受好評。酒田五法是以「三山」、「三川」、「三空」、「三兵」、「三法」五種型態構成，以下將依序解說。

「三山」正如其名，**其K線型態是以「3座小山」為特徵，是出現在行情天花板或股價探底時的反轉訊號**。第3章所述的「三重頂」及「三重底」（參照P102）也屬於「三山」的類型之一。它的基本判讀法如右圖所示，3座山頂及底部的數值幾乎一致，即為「三重頂」及「三重底」的型態。

能發出比「雙重底」更明確的訊號

與前述的「三重頂」及「三重底」的作法雷同，當出現三重頂型態時可拉出連結最近兩處低點的頸線，若向下跌破頸線，即為**趨勢轉換**的訊號。三重頂雖然與雙頂及雙底（參照P100）相似，**但三重頂更能明確判讀出高低點反彈的力道，故可將之視為是更強力的轉換訊號**來使用。

PLUS α　　3座山頭位於同樣位置的「三山」，在日本以外的國家多稱為「三重頂」。其中，第2座山會特別高，亦稱之為「頭肩頂」型態。

圖表型態 56 在行情天花板區出現的「三山」

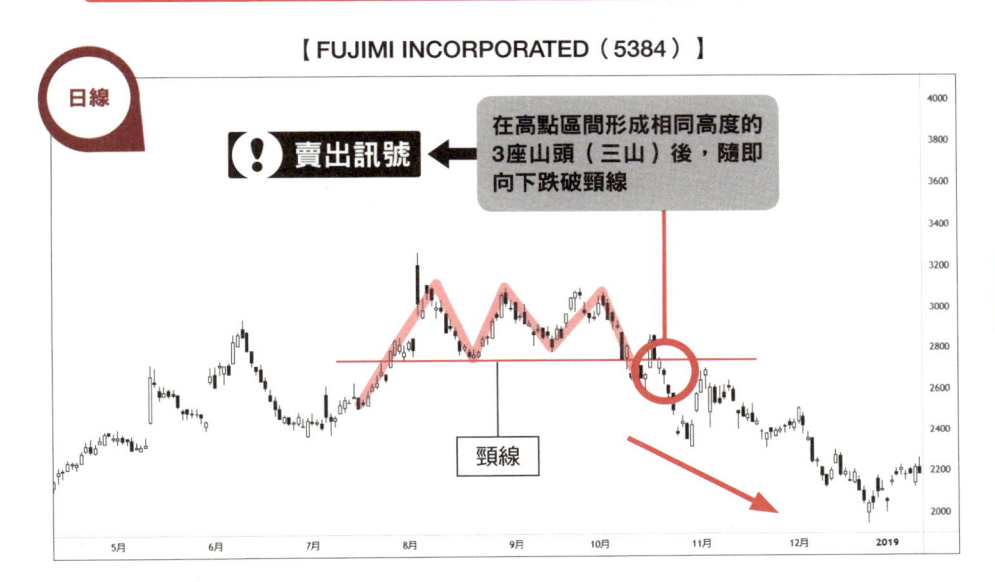

【FUJIMI INCORPORATED（5384）】

日線

賣出訊號 ← 在高點區間形成相同高度的3座山頭（三山）後，隨即向下跌破頸線

頸線

圖表型態 57 在股價低點區出現的「三山」

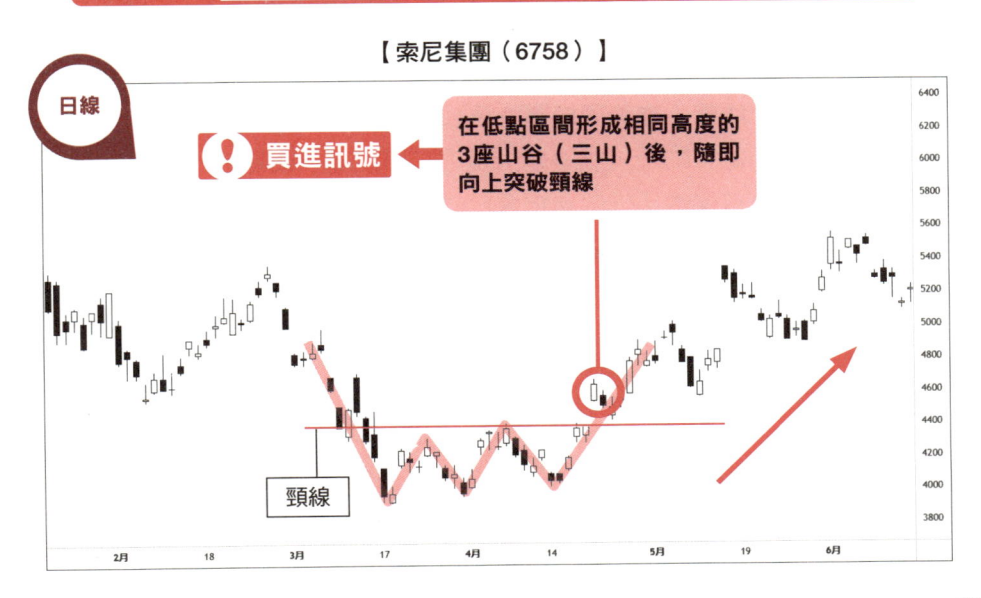

【索尼集團（6758）】

日線

買進訊號 ← 在低點區間形成相同高度的3座山谷（三山）後，隨即向上突破頸線

頸線

第4章 運用波段交易取勝的圖表型態

酒田五法　　順勢操作

酒田五法②
三川

這是由3根K線所組成的型態，其中又可分為「三川夜星」與「三川晨星」兩種類型，分別可作為賣出及買進訊號來使用。

代表股價已達天花板的「三川夜星」

在酒田五法中，「三川」是由3根K線所構成的型態。其中，又以「三川夜星」與「三川晨星」最具代表性。

「三川夜星」是指K線以「陽線」、「十字線」（或稱十字星）及「陰線」的順序出現的型態，可視為是行情走勢的天花板。**當此型態出現時，可判斷上升趨勢即將轉換為下降趨勢**，因此，對已在低點買進持股的人來說，當這個型態出現時，即是出場的訊號。

代表股價已達地板的「三川晨星」

相反的，「三川晨星」則是透露行情走勢即將探底的型態。當K線以「陰線」、「十字線」、「陽線」的組合出現時，**代表下降趨勢將轉換為上升趨勢，亦等同於買進訊號**。

然而必須留意的是，無論是出現「三川夜星」或「三川晨星」，均不能百分之百保證「行情必定會反轉」，投資人必須抱此認知，善加運用這個歷史悠久的K線型態。

PLUS α　要滿足上述訊號成立的條件，必須包括3根K線之間出現跳空缺口（即彼此的開盤價不重疊且留有空隙）。

圖表型態 58　三川夜星

【三菱地所（8802）】

在高點區間內依陽線、十字線、陰線的順序出現，且十字線的兩側出現跳空

→ 賣出訊號

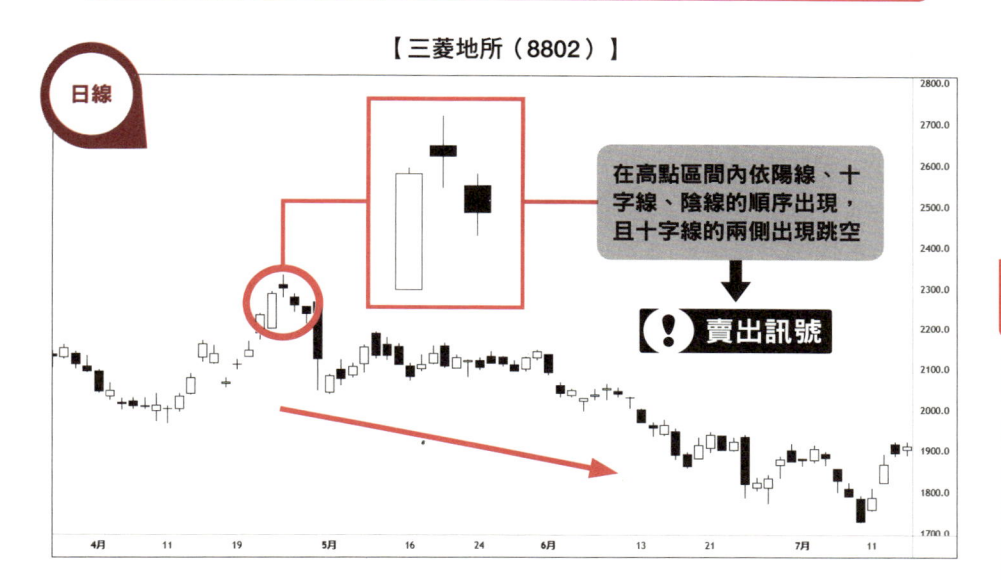

第4章　運用波段交易取勝的圖表型態

圖表型態 59　三川晨星

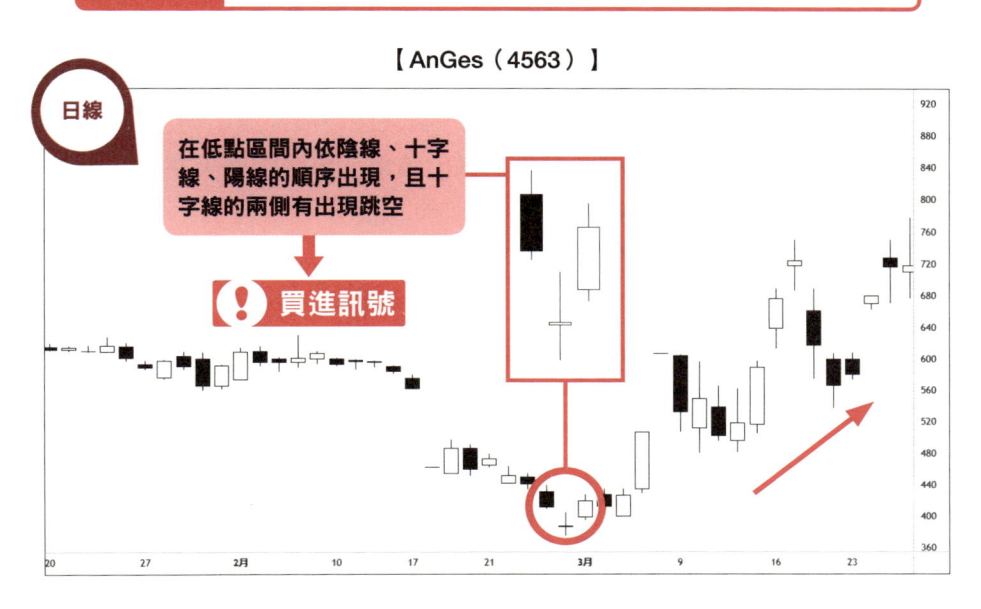

【AnGes（4563）】

在低點區間內依陰線、十字線、陽線的順序出現，且十字線的兩側有出現跳空

→ 買進訊號

酒田五法　　　逆勢操作

酒田五法③
三空

「三空」是當行情走勢力道強勁時，很容易出現的訊號。由於牽引力道相當強大，投資人往往會反向思考趨勢轉換的可能性。

連續出現3次跳空的型態

酒田五法中的「三空」，是指當K線發生3次向上或向下跳空※的型態。**向上發展的狀況稱為「上跳三空」，暗示股價即將到達天花板，此為「賣出訊號」**；而當走勢向下且連續出現3個跳空缺口時則稱為「下跳三空」，即暗示股價即將跌至地板，此為「買進訊號」。

市場過熱時容易出現三空

由於受到股票交易時間的限制，每當市場一開盤且交易量隨之上升時，跳空缺口就會頻繁地跟著出現。當跳空出現在趨勢發展的方向時，即可判斷買壓或賣壓也會集中出現在該方向。也就是說，當跳空出現在上升方向時，基本上就代表買壓占優勢；反之，若出現在下降方向，則可判斷賣壓相對強勢。但是，**當跳空缺口連續出現3次時，投資人就容易產生「買壓（賣壓）過度集中，股價距離天花板（地板）不遠了」這樣的意識**。

「三空」容易在股價波動過熱的大行情中出現。舉例來說，在長線投資（買進）時若已持有大筆未實現獲利時，一旦行情出現「上跳三空」的狀態，即可考慮賣出部分持股來獲利了結。

用語解說

※ 跳空　意指當股價一口氣上漲或下跌時，在相鄰的K線之間所出現的空隙，詳情請參閱P204。

圖表型態 60 上跳三空

【Raysum（8890）】

日線

朝上方連續3次出現跳空時，即完成「上跳三空」型態

⚠ 賣出訊號

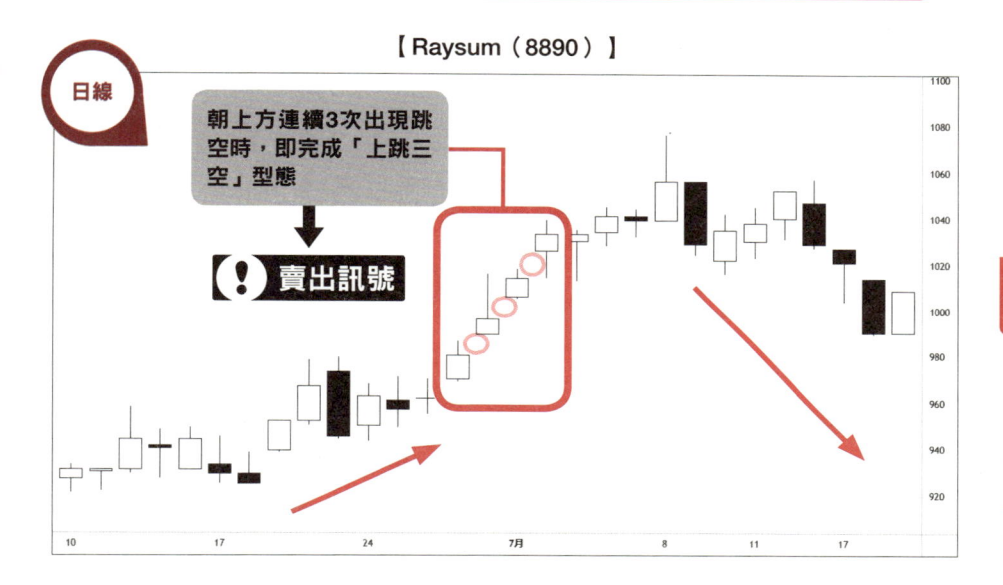

圖表型態 61 下跳三空

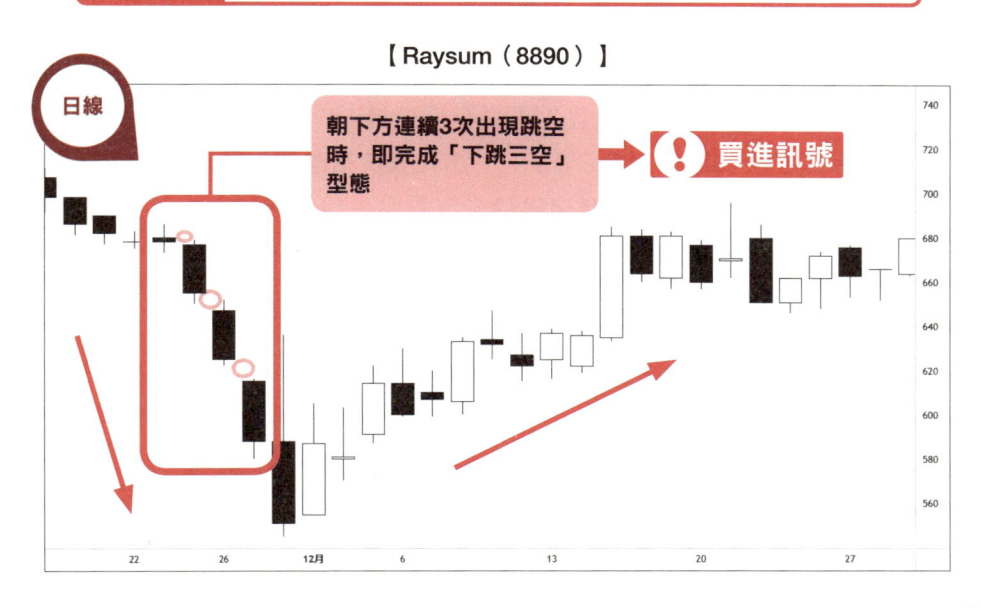

【Raysum（8890）】

日線

朝下方連續3次出現跳空時，即完成「下跳三空」型態

⚠ 買進訊號

第4章 運用波段交易取勝的圖表型態

酒田五法　　　長線視點　　順勢操作

酒田五法④
三兵

酒田五法中的「三兵」與「三川」一樣，都是結合3根K線來預測行情走勢的分析手法。其基本型態是連續出現3根陽線或陰線。

顯示漲勢強勁的盤勢

酒田五法中的「三兵」，亦是從3根K線的組合來預測行情走勢，大致分為出現在上升趨勢中的「紅三兵」，以及出現在下降趨勢中的「黑三兵」。「紅三兵」是連續出現3根陽線，且每根高點均高於前一根的高點，**這代表行情走強，特別是在底部區域出現時，可視為是買進訊號**。其中亦存在幾個衍生型態，例如在第2、第3根K線出現上影線，且上升幅度趨緩時稱為「紅三兵縮限型態」；當第2根K線為大陽線（長紅K線），且第3根K線為小陽線或十字線（參照P190）時，則可視為盤勢將暫時重整的「紅三兵停滯型態」。

顯示跌勢強勁的盤勢

當連續出現3根陰線，且每根低點均低於前一根的低點時，即稱為「黑三兵」（或「三隻烏鴉」），**這代表行情走弱，特別是在股價高檔區出現時，可視為是賣出訊號**。在「黑三兵」型態中，另有3根陰線在收盤前下探至最低點，呈現出盤勢低迷的「和尚三兵」，以及第1根K線的收盤價與第2根的開盤價，及第2根的收盤價與第3根的開盤均相同時，顯示為暗示強烈下降趨勢的「同時三兵」。

> **實戰！**　「紅三兵」雖可視為是買進訊號，但在高點區間中第3根K線跟隨著上影線時，則可判讀其為上升趨勢開始減弱的訊號。

圖表型態 62 代表上升的紅三兵・代表下降的黑三兵

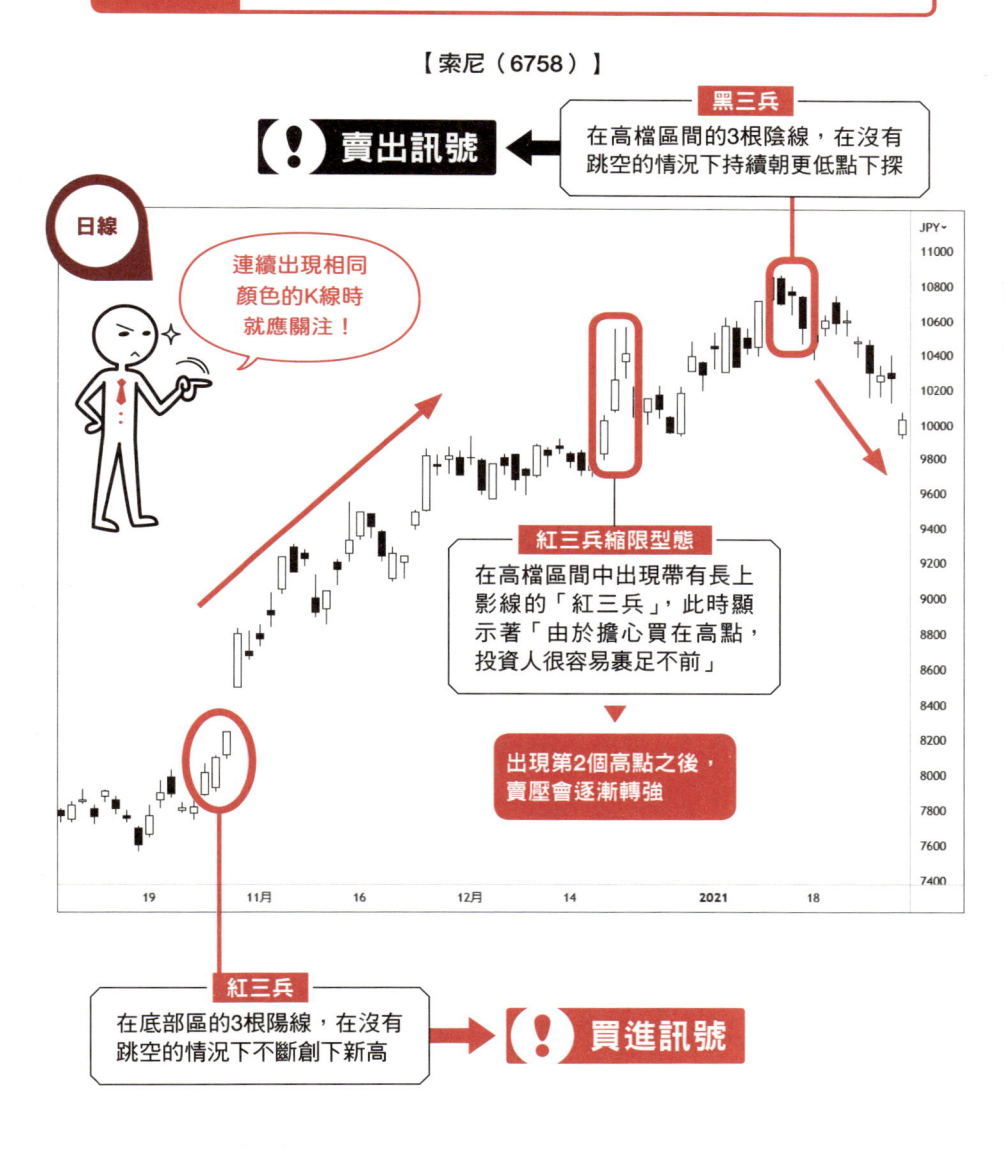

【索尼（6758）】

黑三兵
在高檔區間的3根陰線，在沒有跳空的情況下持續朝更低點下探

賣出訊號

日線

連續出現相同顏色的K線時就應關注！

紅三兵縮限型態
在高檔區間中出現帶有長上影線的「紅三兵」，此時顯示著「由於擔心買在高點，投資人很容易裹足不前」

出現第2個高點之後，賣壓會逐漸轉強

紅三兵
在底部區的3根陽線，在沒有跳空的情況下不斷創下新高

買進訊號

第 4 章　運用波段交易取勝的圖表型態

股市贏家的建議

即使是相同的紅三兵，出現在底部時代表的是股價將穩健上升，若出現在高檔區時則代表上升趨勢即將減弱。

酒田五法

長線視點　順勢操作

酒田五法⑤
三法

「三法」是評估盤勢進入重整之後，是否會再一次出現顯著上升或下降趨勢的訊號，主要運用於順勢操作中。

精準判斷趨勢是否會持續發展的訊號

酒田五法中的「三法」，是用來判斷盤勢在重整之後，上升或下降趨勢是否能持續發展的K線型態。主要分為在上升趨勢中的「上升三法」，以及在下降趨勢中的「下降三法」。

上升三法的基本組合為「大陽線（參照P188）、盤整、大陽線」；而下降三法則為「大陰線、盤整、大陰線」。

無論運用上升三法或下降三法來觀盤，股價走勢均會一度進入盤整狀態，之後再藉由突破上限或下限來判斷趨勢是否會持續走強。

大陽線及大陰線將是決定走向的關鍵

在「上升三法」中，首先在上升趨勢中會出現大陽線。當K線中未見高點更新時，再將大陽線的高點作為起點，畫出水平線。此時經過一段盤整行情後，**若大陽線向上突破從高點畫出的水平線，即可視為上升趨勢將持續的訊號。**

下降三法則可反向看待。在下降趨勢中出現大陰線後，若進入盤整的停滯狀態，則可從前一次的低點畫出水平線，若大陰線向下跌破該水平線，則可視為下降趨勢將持續的訊號。

實戰！　在趨勢發展的過程中若出現盤整行情，只要善加運用「三法」，即可辨識出那究竟是單純的盤整，抑或是趨勢反轉的前兆。

圖表型態 63　判斷趨勢是否會持續發展的「上升三法」

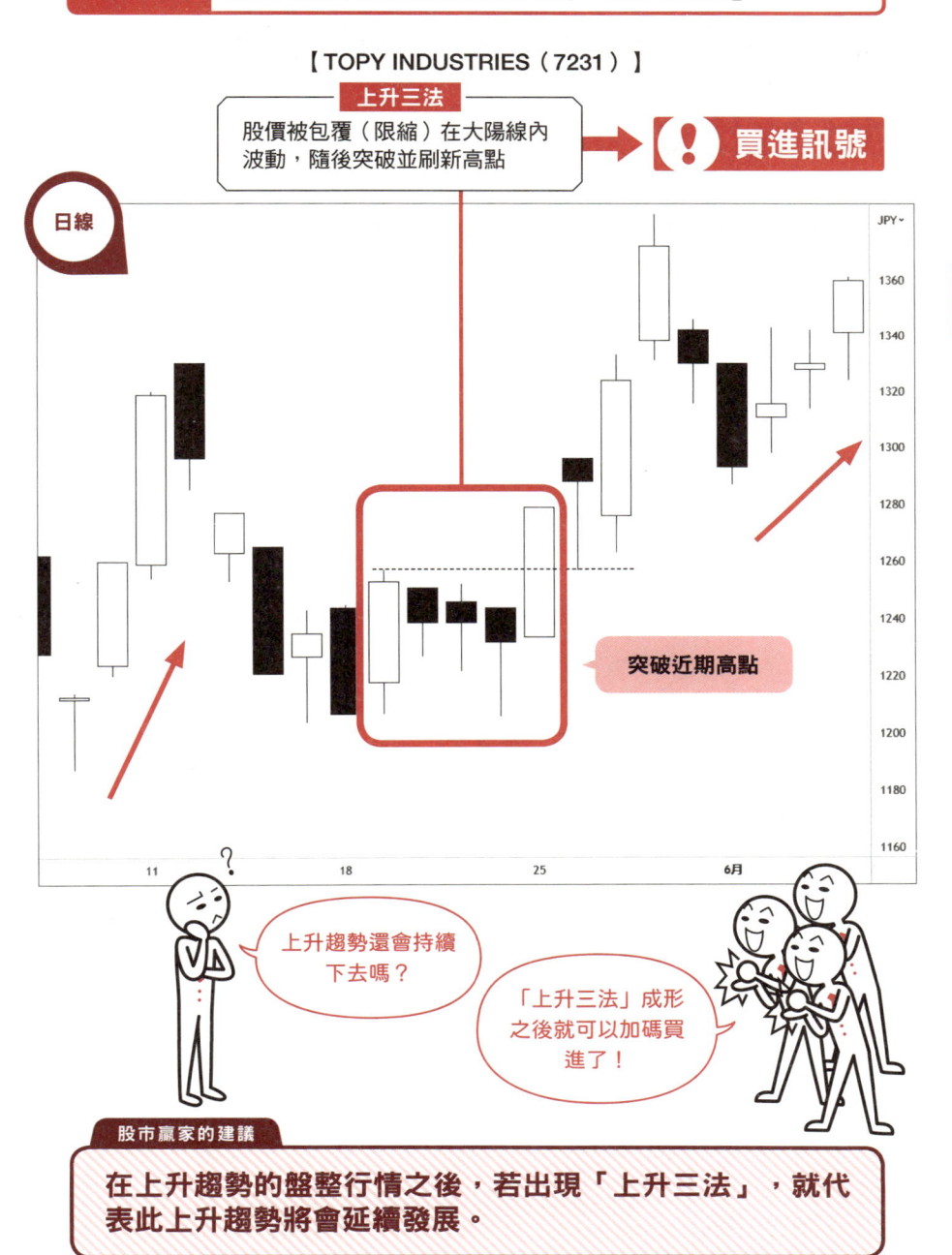

【TOPY INDUSTRIES（7231）】

上升三法
股價被包覆（限縮）在大陽線內波動，隨後突破並刷新高點

➡ **!　買進訊號**

日線

突破近期高點

第4章　運用波段交易取勝的圖表型態

上升趨勢還會持續下去嗎？

「上升三法」成形之後就可以加碼買進了！

股市贏家的建議

在上升趨勢的盤整行情之後，若出現「上升三法」，就代表此上升趨勢將會延續發展。

天花板・地板　　順勢操作

股價創高後出現跳空缺口形成的島狀反轉

「島狀反轉」多為行情已達天花板時會出現的K線型態，平時雖然相當罕見，但這是一個投資人不能錯過的強力反轉訊號。

在行情天花板現蹤的反轉訊號

「島狀反轉」往往出現在上升行情的天花板中，**是暗示強力反轉的K線型態**。股價跳空急速上漲，並在高檔區間盤整，然後再填補缺口並急跌回快速上漲前的價格區間。由於從出現跳空缺口到缺口回補的過程中，其形狀看起來像是一座小島，故稱為「島狀反轉」。

此外，在行情持續下跌時，若出現與島狀反轉相反的型態，則稱為「島狀觸底」，可視之為下降趨勢地板出現的訊號。

確認填補缺口後的下跌狀況來因應假突破

在酒田五法中，「三川晨星」與「三川夜星」的形狀與「島狀反轉」相似，然而在「三川」中，缺口跳空與回補之間的K線只有1根。相對的，島狀反轉或島狀觸底則會在缺口跳空與回補之間，出現盤整，因此會有多根K線。

無論是島狀反轉或島狀觸底，雖然均屬於強力的趨勢反轉訊號，但也可能出現假突破。為了避免假突破的誤判風險，投資人應將重點放在**「發生缺口回補後的大陰線（大陽線）[※]是否持續發展」**之上。

用語解說
※ **大陰線・大陽線**　意指相較其他K線來說，特別長的長黑K線及長紅K線。大陰線代表賣壓強烈，大陽線則代表買壓旺盛。詳細說明請參照P188。

圖表型態 64　代表趨勢轉換強力訊號的「島狀反轉」

【FANUC CORPORATION（6954）】

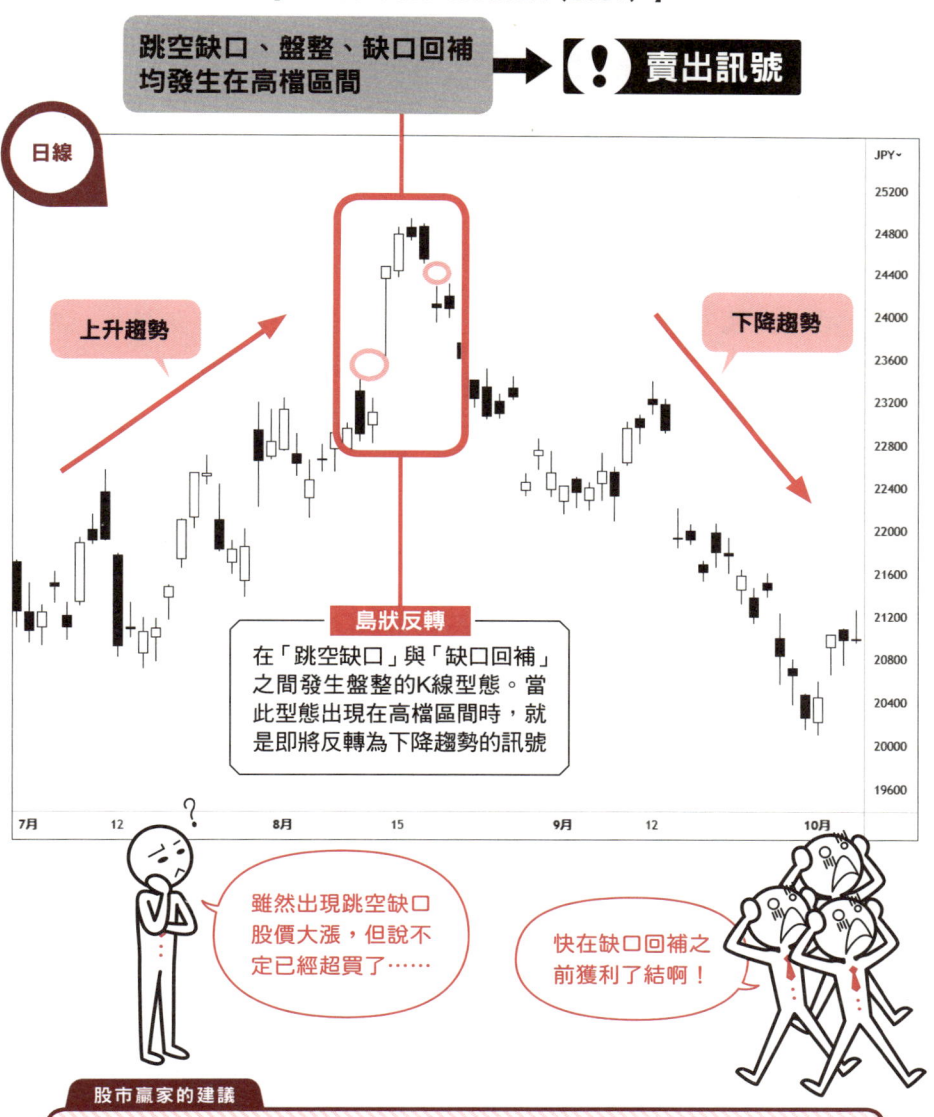

跳空缺口、盤整、缺口回補均發生在高檔區間　→　**賣出訊號**

日線

上升趨勢

下降趨勢

島狀反轉
在「跳空缺口」與「缺口回補」之間發生盤整的K線型態。當此型態出現在高檔區間時，就是即將反轉為下降趨勢的訊號

第4章　運用波段交易取勝的圖表型態

雖然出現跳空缺口股價大漲，但說不定已經超買了……

快在缺口回補之前獲利了結啊！

股市贏家的建議

此型態正如同「上跳三空」（參照P162），突如其來的大漲容易讓人判斷市場超買，故導致賣壓大增。

天花板・地板　　順勢操作

預告行情即將反轉的
菱形頂型態

「菱形頂」又稱為鑽石型態，顧名思義，這是一種如鑽石形般的菱形走勢圖，可將之視為是一個行情已達天花板的訊號。

在高檔區間的K線出現擴散與收斂

　　雖然這個型態並不常見，但只要在高檔區間出現「菱形頂」，就有很高的機率發生趨勢轉換。對研判天花板位置的投資人而言，這是十分好用的型態。

　　其特徵是由菱形頂的前半部分，以倒三角形呈現「擴散」，後半部分則以三角收斂的形狀呈現「收斂」的兩段式型態所構成。在前半的擴散部分中，當發現高點更新時，接著即會反覆漲跌，使股價趨於均衡。前半部分的高點及低點在出現盤整後，菱形頂會開始瓦解，而至今所累積的力道則會釋放，導致形狀反轉。

　　一般而言，**若要判斷菱形頂出現突破後的股價下跌幅度，可以菱形頂高低點的價格區間作為判斷基準。**

與「三重頂」及「三重底」合併應用

　　「三重頂」是和「菱形頂」類似的型態（參照P102），差異在於三重頂可以拉出頸線。由於兩者均是判斷趨勢反轉的型態，故不需過於區分比較，**但若無法形成「三重底」時，即可預判形成「菱形頂」的可能性將會提高。**

有備無患！　「菱形頂」大多出現於高檔區間，但若是在底部出現這個型態時，亦可將之視為是即將轉換為上升趨勢的訊號。

圖表型態 65　判斷行情即將出現反轉的「菱形頂」

【ANA HD（9202）】

菱形頂型態
中心部分的價格區間波動較大，兩端則相對縮限，呈現出如菱形般的K線型態

日線

高點

低點

若股價在多空拉扯後向下跌破時，賣壓會持續增大！

在下降趨勢中，股價向下跌破「菱形頂」型態

→ **賣出訊號**

可預測股價將會下跌

股價下跌幅度的判斷基準為「菱形頂」高點至低點的股價區間

第4章　運用波段交易取勝的圖表型態

天花板・地板　　長線視點　　順勢操作

掌握股價上揚時機的
杯柄型態

「杯柄型態」為顯示股價上漲的K線型態，在日本以外的國家十分受到重視。由於形狀近似於附有握把的咖啡杯，故得其名。

由「杯身」與「握柄」組成

「杯柄型態」會形成相對較長的區間，**一旦出現這個型態，即暗示可能會出現強勁的上升趨勢**。而此型態的特徵，就是擁有如同咖啡杯握柄般的形狀。

使用日線以上的移動平均線來觀察

「杯柄型態」會出現在股價上漲後。當利多消息發布，股票受到關注，價格開始拉抬，當股價來到高點時，即相當於杯子的左端部分。接著當股價回檔時，獲利了結或失望性賣壓等因素會讓杯底低點逐漸成形。若一開始的利多消息為真，此時便有可能會吸引更多人進場推高股價，繼而形成杯子的右端部分。當行情來到最後的「握柄」部分時，此時在杯子左端高點處買進的人，多會在股價回到買進價時賣出，即「解套賣壓」[※]。當賣壓消化得差不多時，股價會向上突破握柄左端的高點，買壓會因此再次集中而形成上升趨勢。

「杯柄型態」適合相對較長的時間軸，應選擇日線以上來觀察為佳。此外，它的衍生型態包括盤整行情拉長、使杯底部分呈現如盤子般的「碟狀帶柄型態」（Saucer with Handle）。

用語解說
※ 解套賣壓　　意指原本買進後因股價下跌而套牢的投資人，持續等待股價回升到當初買進的價位才出脫持股。

圖表型態 66　判斷股價將向上爬升的「杯柄型態」

【Makita（6586）】

杯柄型態
在杯身左側高點買進的投資人，在股價漲回原點後多半會出脫解套，因而出現暫時性的賣壓並形成握柄部分

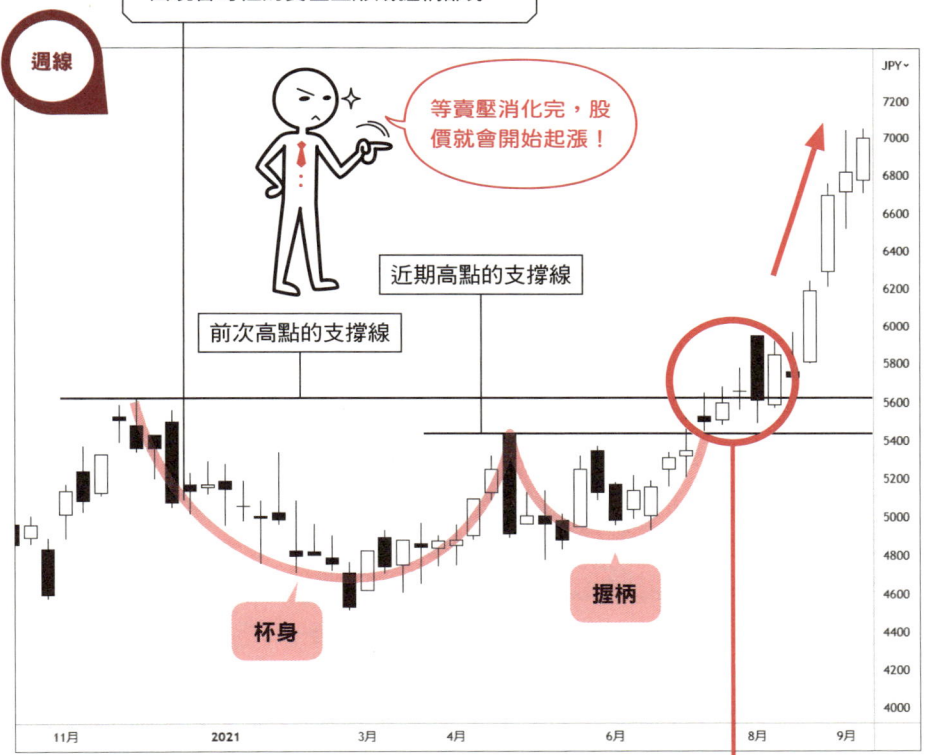

週線

等賣壓消化完，股價就會開始起漲！

近期高點的支撐線
前次高點的支撐線

杯身
握柄

買進訊號 ← 當股價反彈至下跌前的價位，且出現暫時性跌勢後再次上漲並突破高點時

股市贏家的建議
即使股價觸底，也要避免急於在此時投入資金，應耐心等待握柄部分形成後再進場。

第 4 章　運用波段交易取勝的圖表型態

天花板・地板　　長線視點　　逆勢操作

瞄準盤整時趨勢轉換的
海龜交易法

「海龜交易法」是一種利用假突破進行逆勢操作的策略。即使在盤勢重整時股價跌破低點，亦可在重整過程中反彈時選擇買進。

利用盤整區間的假突破來捕捉低點

　　「海龜交易法」是一種鎖定行情朝趨勢方向突破失敗時的逆勢交易法。這是傳奇交易組織「海龜」（TURTLES）擅長的交易策略。海龜交易員原本使用「突破20日高點（低點）時順勢交易」的策略，但在盤整行情中，這個策略經常會出現假突破。因此，他們發展出逆向操作的策略。

　　以買進為例，**首先找出最近20天的最低價，當股價跌破這個最低價時，即是進場的時機**。如果這根創新低的K線與前一次低點相隔超過4根K線，則可以在前一次低點稍高的位置設置限價買單。交易完成後，將停損單設置在進場K線的稍低位置，然後等待股價上漲（如右頁上圖）。雖然這個策略的開發者並未詳細說明如何處理未實現的獲利，但一般情況下，可以透過提高停損價位來進行追蹤停損※。

延遲1根K線的時間進場以提高精準度

　　此外，如果使用「海龜交易法」時仍擔心假突破，可以採用名為「海龜交易法plus-one」的策略，也就是把進場時間延遲1根K線。與一般的海龜交易法相比，這個策略雖然可能會錯過一開始的波動，但卻能提高進場的精準度。

用語解說
※ 追蹤停損（停利）　　意指配合股價高點的波動，以即時的方式自動調整停損單的功能。如為停利的情況，則當股價上漲時會自動調高賣出的時機點。

圖表型態 67　瞄準盤整時出現假突破的「海龜交易法」

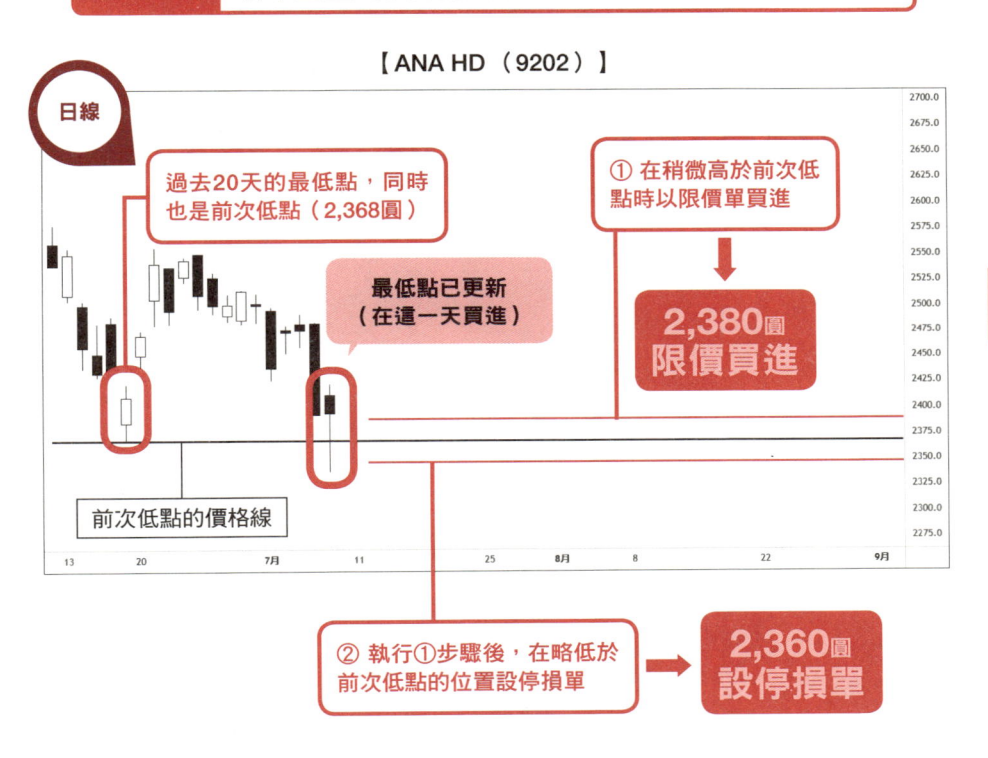

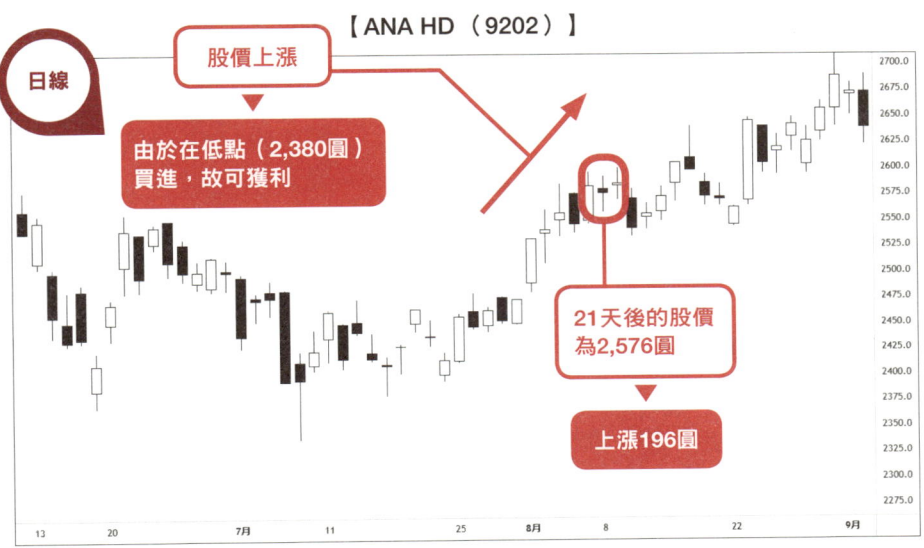

【ANA HD（9202）】

日線

過去20天的最低點，同時也是前次低點（2,368圓）

最低點已更新（在這一天買進）

① 在稍微高於前次低點時以限價單買進

2,380圓 限價買進

前次低點的價格線

② 執行①步驟後，在略低於前次低點的位置設停損單

2,360圓 設停損單

【ANA HD（9202）】

日線

股價上漲

由於在低點（2,380圓）買進，故可獲利

21天後的股價為2,576圓

上漲196圓

第4章　運用波段交易取勝的圖表型態

練習

問題❶──「一目均衡表」的觀察重點

Q 反轉為上升趨勢的關鍵點位在哪裡？①

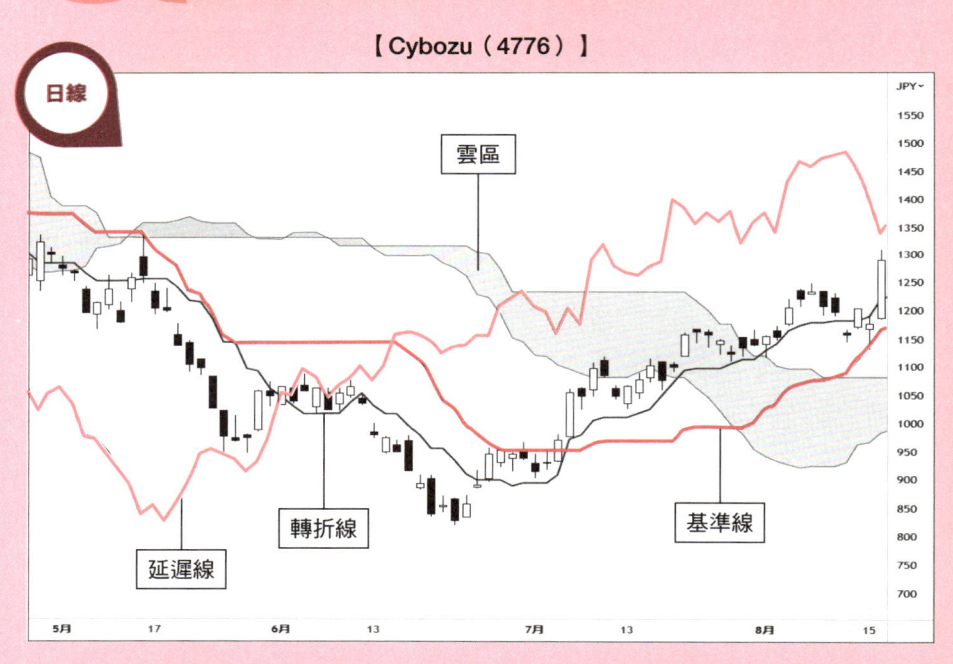

【Cybozu（4776）】

日線

雲區
轉折線
基準線
延遲線

尋找「三役好轉」提示的進場時機點

　　運用源自日本的技術指標「一目均衡表」（參照P134）來複習買進訊號吧！上圖為Cybozu（4776）的日線圖，在此盤勢後出現了長期性的上升趨勢。

　　圖表上可見到一目均衡表。當這個指標中最應關注的買進訊號「三役好轉」出現後，即表示上升趨勢開始成形。請問「三役好轉」所提示的買進訊號落在哪裡呢？

練習

問題❷──K線型態的觀察重點

Q 反轉為上升趨勢的關鍵點位在哪裡？②

【MonotaRO（3064）】

週線

「杯身」與「握柄」應該要呈現什麼形狀呢？

第4章 運用波段交易取勝的圖表型態

找出「杯柄型態」的杯身與握柄

接著，讓我們來複習相對適合運用在長線交易的「杯柄型態」（參照P172）。上圖為MonotaRO（3064）的週線圖，圖表中段至末段的區間出現了強烈的上升趨勢，直到股價上漲2倍為止，買壓都持續不斷。「杯柄型態」屬於透露上升趨勢的K線型態，此型態就位於上圖中。請從圖表中找出「杯身」與「握柄」的部分，並尋找適合進場的時機點。

練習

解答❶——「一目均衡表」的觀察重點

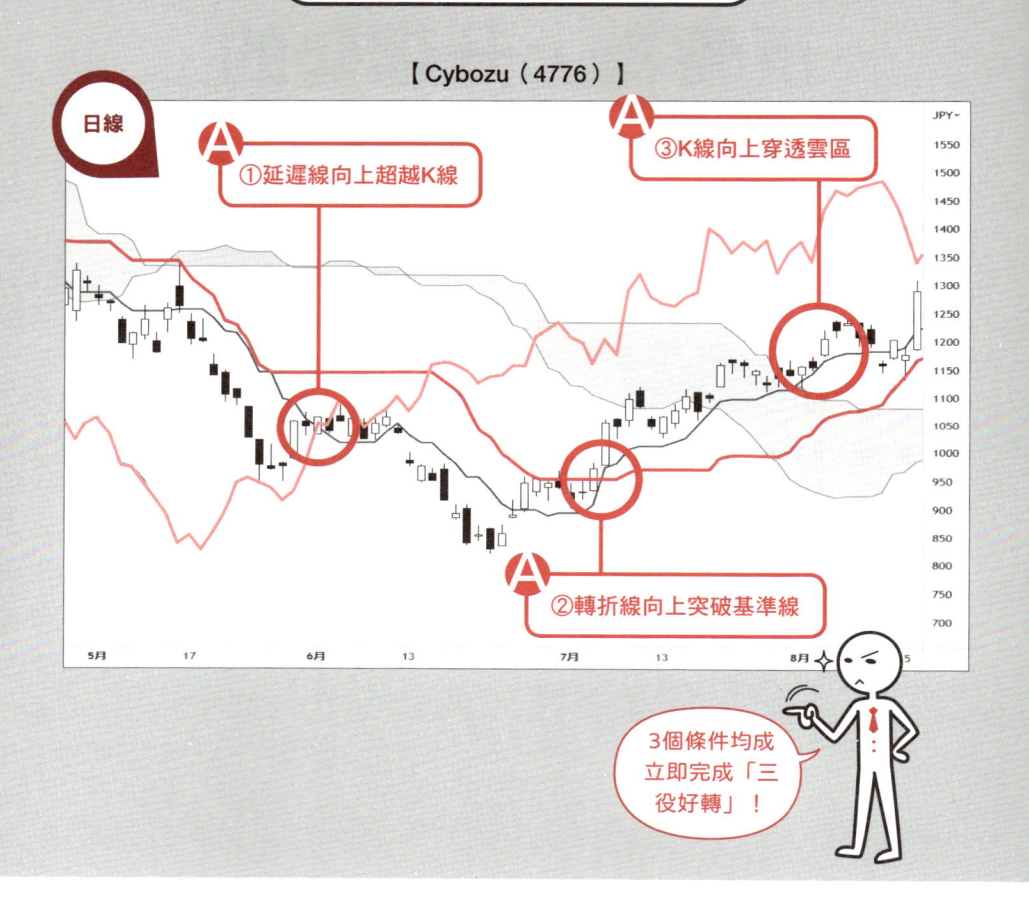

【Cybozu（4776）】

日線

①延遲線向上超越K線

③K線向上穿透雲區

②轉折線向上突破基準線

3個條件均成立即完成「三役好轉」！

只要確認行情穿過雲區即完成此型態

　　完成「三役好轉」的必要條件為：「延遲線向上超越K線」、「轉折線向上突破基準線」、「K線向上穿透雲區」。在上方的圖表中，依照①延遲線向上超越K線，接著②轉折線向上突破基準線，最後③K線向上穿透雲區的順序，依序出現這3大訊號，完成三役好轉的型態。也就是說，當投資人以「三役好轉」作為進場基準時，③正是必須加以確認的關鍵點。

練習

解答❷——K線型態的觀察重點

【MonotaRO（3064）】

週線

支撐線

進場點

杯身

握柄

這就是即將形成上升趨勢的訊號！

從股價高點處拉出支撐線

　　公布正確答案。原本在走勢圖前半至中段間持續上升的趨勢開始出現反轉，盤整的過程中再次以緩慢的弧形走勢上升的部分即為「杯身」。至此為止的股價漲幅使得在前半段買進、套牢的投資人急於解套賣出，盤勢因此再度重整上升後，即完成「握柄」。最後，當由杯身的高點畫出的水平線遭到突破時，即完成「杯柄型態」，且股價也會在此型態出現後開始上漲。

> 專欄
>
> 技術分析與市場「聖杯」

沒有百分之百保證獲利的分析方法

在技術分析中,無論是多麼精挑細選的分析方法,都不可能存在能百分之百保證獲利的「聖杯」。所謂的技術分析,說穿了只是基於過去的價格走勢,來預判目前及未來可能的股價動向。舉例來說,能以10秒多的速度跑完100公尺的選手,即可基於這項數據來推測他下次出賽的可能成績,但具體的秒數,仍須等他實際上場比賽時才能知道。同樣,100％獲利的方法其實就與擁有「能夠預測未來的能力」一樣,是一種不切實際的幻想。

成功的交易者大多都知道這個道理,因此絕不會將「百戰百勝」作為目標。勝率較高的投資人,他們獲利的機會頂多是8成,也就是說,再厲害的交易者也一定會有虧損的時候。

以當沖為例來評估交易勝率

即使是最強的交易者也必定有先敗的情況

第1次	第2次	第3次	第4次	…	第9次	第10次	結果
獲利	獲利	虧損	獲利	…	虧損	獲利	8勝2敗

獲利5～8次

即使虧損2次,就整體結果而言仍有獲利

成功的重視的並不是勝率,而是在反覆操盤的過程中運用勝率高的分析方法讓利益最大化。只要掌握這樣的思考模式,因應市場變化,找到適合自己的操盤風格和交易策略將更有意義,而不是花時間去尋找聖杯。

第5章

超短線交易的基礎知識
運用超短線交易取勝的圖表型態

「超短線交易」是指在數秒～數分鐘內進行的交易。本章將逐一介紹透過K線的動向來研判買賣訊號、行情趨勢走向的掌握方式，以及簡易技術指標等一目了然的判斷祕訣。

Keywords
- 跳動點
- K線種類
- K線型態
- K線組合

Keywords
- 壓力線・支撐線
- 多空趨勢
- VWAP

> 跳動點

超短線交易的基礎知識①
跳動點的基本要素

「跳動點」（tick）是一個能精確掌握行情走勢及方向性的工具，若搭配技術分析使用的話，將能進一步提高精準度。

與股價走勢圖連動的決策資訊

　　「超短線交易」意指在極短的時間段內反覆進行交易，進行這種交易時，「下單資訊」是預測股價走勢相當有效的工具。P28曾說明「10檔報價」即屬於下單資訊的一種，此外，還有能顯示行情軌跡的「跳動點」。

　　「跳動點」是將每一筆成交的交易，依時序排列而成的數值表。依交易工具不同其配色雖有所差異，但每筆交易還是會以不同的顏色做出區隔。例如「股價上漲時買進的數量」、「股價下跌時賣出的數量」、「股價維持不變」等。此外，每筆交易可提供「交易時間」、「成交量」、「成交價格」等3項資訊。

掌握主力大戶的籌碼流向

　　跳動點的最大特點，在於它可掌握「**主力大戶[※]的動向**」。雖然觀察成交量（參照P110）能大致分析出買賣的股數，但是當1分鐘內的成交量為1萬股時，你無法判斷這1萬股是「散戶買賣100股100次」還是「大戶一次買賣1萬股」。但由於「跳動點」能顯示所有交易的時間序列資訊，因此能深入地掌握「大戶動向」。

用語解說
※ 主力大戶　　泛指保險公司或銀行等機構投資者。與散戶相比，主力的資金雄厚，對股價有一定的影響力，因此其資金流向動見觀瞻。

運用「跳動點」所能取得的資訊一覽

【良品計畫（7453）】

每一筆交易均會顯示「交易時間」、「成交量」、「成交價格」

時刻	出來高	約定值
11:28:19	200	1,385
11:28:19	500	1,385
11:28:19	200	1,385
11:28:19	100	1,385
11:28:19	500	1,385
11:28:19	900	1,384
11:28:19	600	1,384
11:28:19	1,000	1,385
11:28:19	300	1,385
11:28:19	100	1,384
11:28:19	400	1,384
11:28:19	14,600	1,385
11:28:19	2,600	1,384
11:28:18	100	1,384
11:27:01	100	1,384
11:27:01	200	1,384
11:26:55	200	1,384

出處：樂天證券

- 最上方會顯示該檔股票最新的交易資訊
- 交易價格未變動（APP以黃色顯示）
- 成交在委買價（APP以紅色顯示）
- 成交在委賣價（APP以綠色顯示）
- 較舊的資訊則會依序顯示在下方

※圖表顏色依使用的分析工具不同而異

透過即時分析掌握每一筆交易動向！

發現其中有一筆超過1萬股的交易
▼
可與小筆交易累積而成的成交量做出區隔

第5章 運用超短線交易取勝的圖表型態

跳動點

超短線交易的基礎知識②
運用跳動點尋找強勢股

主力大戶的資金流向往往會影響整體股市的走向。因此，若能從「跳動點」找出主力大戶的動向且順勢跟進，就更容易提高獲利機會。

掌握買盤及賣盤的力道強弱

在做超短線交易時，除了使用技術指標進行分析外，仔細觀察「買盤及賣盤的強弱」也是極為重要的過程。舉例來說，當投資人取得某檔股票即將上漲且可信度極高的消息時，便會**依賣方所掛之委賣單價格現價交易**[※]，這就是所謂的「強力買進」（在P183所述的跳動點是以綠色標示）。另一方面，就算沒有特殊消息，若某檔股票仍具中長期看漲的可能性時，投資人亦可能依目前的股價之下掛限價單，此為沒有立即需求的「弱勢買進」。

跟隨主力大戶的動向進行交易

超短線交易者必須特別關注上述的「強力買進」，因為**主力動向往往是改變股價趨勢的導火線**，而「跳動點」正是確認主力動向的關鍵工具。

以簡單的基準來看，若某檔小型股出現單筆1,000萬圓以上的買單時，即可視為基本的買進訊號。雖然大戶的交易未必能百分之百決定股價走向，但比起散戶下的單確實更具參考價值。因此，運用「跳動點」早一步掌握大戶的動向，是操作超短線交易時不可或缺的手法。

用語解說

※ 現價交易　　為了即時買賣股票，直接以報價上所顯示的價格進行交易。無論是限價單或市價單均可使用此交易手法。

「強力買進」與「弱勢買進」的差異

弱勢買進

賣出數量	價格	買進數量
	成行	
565,500	OVER	
8,800	1,409	
10,700	1,408	
11,300	1,407	
26,300	1,406	
42,000	1,405	
24,300	1,404	
19,400	1,403	
22,800	1,402	
36,200	1,401	
6,500	1,400	
	1,399	10,600
	1,398	18,200
	1,397	23,600

> 這檔股票未來有上漲的潛力,我要逢低布局!

> 由於沒有立即買進的必要,故等待股價在相對低點時再進場

強力買進 ◀ 做超短線交易的重點!

賣出數量	價格	買進數量
	成行	
565,500	OVER	
8,800	1,409	
10,700	1,408	
11,300	1,407	
26,300	1,406	
42,000	1,405	
24,300	1,404	
19,400	1,403	
22,800	**1,402**	
36,200	**1,401**	
6,500	**1,400**	
	1,399	10,600
	1,398	18,200
	1,397	23,600

> ○○消息發布,股價一飛衝天,現在就是進場絕佳時機!

> 以高於賣方的期望價格現價買進

特別是出現大筆交易時(小型股以單筆1,000萬圓為基準)即為買進訊號

例 在強力買盤中,透過跳動點發現一筆「成交量1萬股,成交價1,401圓」的交易

1萬股 × 1,401圓 = 1,401萬圓 (此交易的成交金額)

第5章 運用超短線交易取勝的圖表型態

跳動點

超短線交易的基礎知識③
運用跳動點的交易實例

為了進一步掌握運用「跳動點」進行交易的技巧，本節將以「大筆交易所形成的進場時機」為例進行解說。

在「湧入大量買單」的時機點買進股票

這裡，我們要運用前述的「跳動點」，搭配實例說明該如何找出股價動向的「隱藏面」。右頁上圖是1月24日Bank of Innovation（4393）的1分線圖。前半部分（12點前後）持續呈現買勢，至13點30分時股價達到高點並開始反轉。

若觀察此時段的跳動點，可以發現從12點41分的7,150圓／2,100股的跳動點開始，短時間內出現了數筆大單（此例指的是2,000股以上）。**短線投機者會逐一確認主力的動向，當股價開始拉抬時，將會有更多投機者趁勢進場。**由於市場參與者持續增加，該公司的股價僅約1小時就上漲約400圓。在這段期間內，若能持續操作超短線交易，便能順勢獲利。

大筆交易亦可作為出場時的判斷依據

由於大筆交易成了推動股價上漲的關鍵，因此高點也同樣會受到其動向影響。從跳動點來看，**13點33分時出現了一筆以7,480圓賣出的大單，共2,400股，短線投機者便會以這筆賣單作為依據，判斷此時應賣出離場。**換句話說，此時就是出脫持股的時機。

| 有備無患！ | 運用跳動點發現大筆買單時，即為買進訊號，相反的，若發現大筆賣單時，則要視之為賣出訊號。 |

圖表型態 68 運用「跳動點」判讀大筆交易作為買賣基準

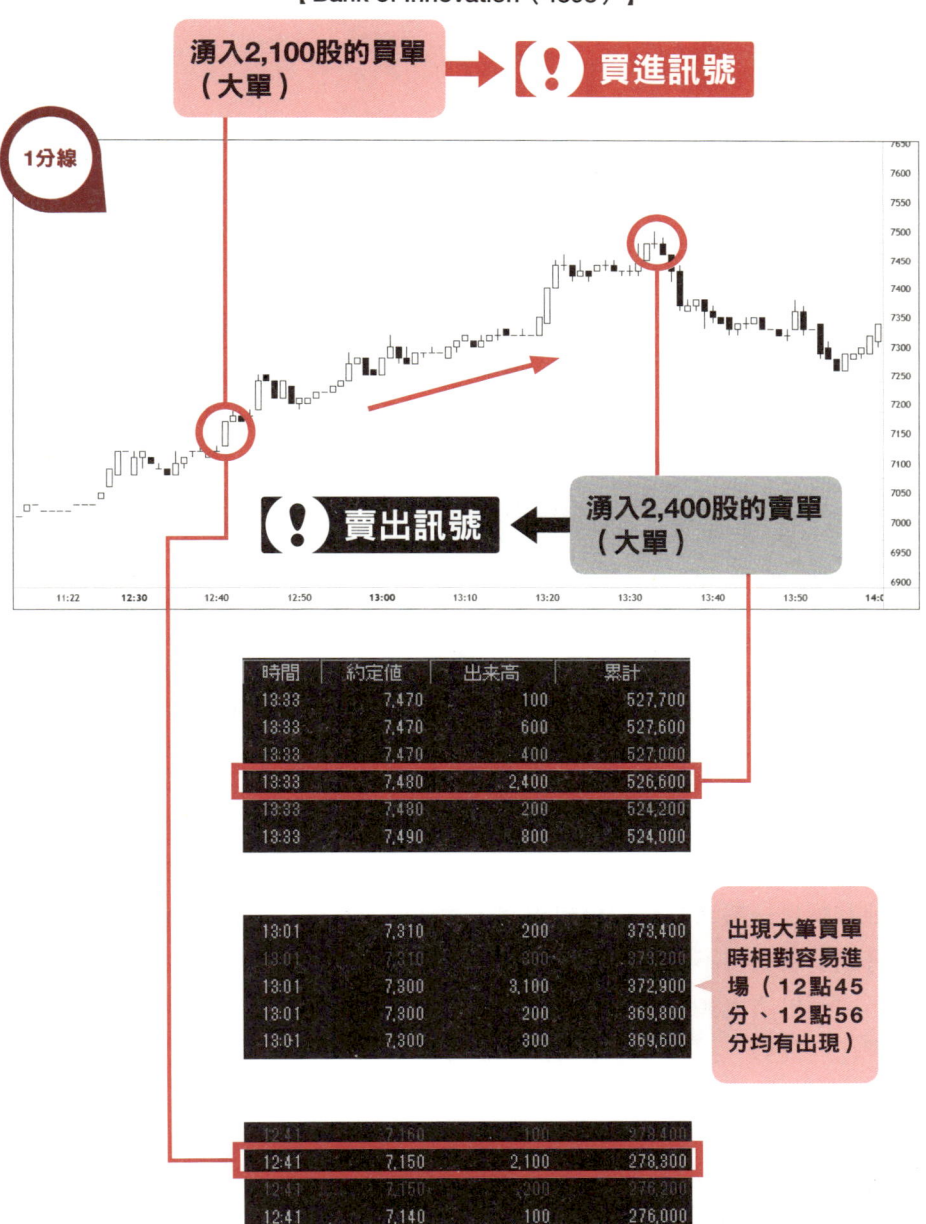

【Bank of Innovation（4393）】

1分線

湧入2,100股的買單（大單） → ⚠ 買進訊號

⚠ 賣出訊號 ← 湧入2,400股的賣單（大單）

時間	約定值	出來高	累計
13:33	7,470	100	527,700
13:33	7,470	600	527,600
13:33	7,470	400	527,000
13:33	7,480	2,400	526,600
13:33	7,480	200	524,200
13:33	7,490	800	524,000

13:01	7,310	200	373,400
13:01	7,310	500	373,200
13:01	7,300	3,100	372,900
13:01	7,300	200	369,800
13:01	7,300	300	369,600

出現大筆買單時相對容易進場（12點45分、12點56分均有出現）

12:41	7,160	100	278,400
12:41	7,150	2,100	278,300
12:41	7,150	200	276,200
12:41	7,140	100	276,000

第5章 運用超短線交易取勝的圖表型態

K線種類

K線的檢視方式①
大陽線・大陰線

實體較長的陽線及陰線，能分別呈現強勢的買壓及賣壓，若K線本身沒有出現上影線或下影線的話，亦是股價變動力道更強的訊號。

判斷行情強弱的大陽線及大陰線

在做超短線交易時，為了掌握瞬間出現的爆量買賣狀況，有必要掌握幾個簡潔明確的交易訊號。舉例來說，K線當中會有「陽線」（紅K）及「陰線」（黑K），但亦會隨著開盤價與收盤價的距離而有意義上的差異。於實體K線上方出現的長陽線稱為「大陽線」（長紅K）。假設在1小時線中出現大陽線，表示那1小時內的買壓強勢，股價上漲且鮮少下跌，**由此可分析下一根K線買勢持續的可能性相當高**。相反的，「大陰線」（長黑K）表示賣壓旺盛，股價難以上漲，而下一根K線也會延續賣壓強烈的狀態。

沒有上下影線的大陽線及大陰線代表更強的力道

在大陽線及大陰線中，沒有上下影線的類型稱為「光頭陽線」及「光頭陰線」。出現「光頭陽線」時，股價不會低於開盤價，且高點會與收盤價相同，股價變動過程中高點會持續刷新而不會突然下跌。**此狀態比一般大陽線的買勢更強，並顯示著直到下一根K線為止，上升趨勢會維持不變**。

至於「光頭陰線」則表示股價將不會高於開盤價，低點也不會出現任何反彈，代表賣壓單方面占有優勢。

PLUS α　實體較短的K線另有「小陽線」及「小陰線」。當出現較多這類K線時，即可推測股價走勢相對偏弱。

圖表型態 69　顯示強勢買壓的「大陽線」

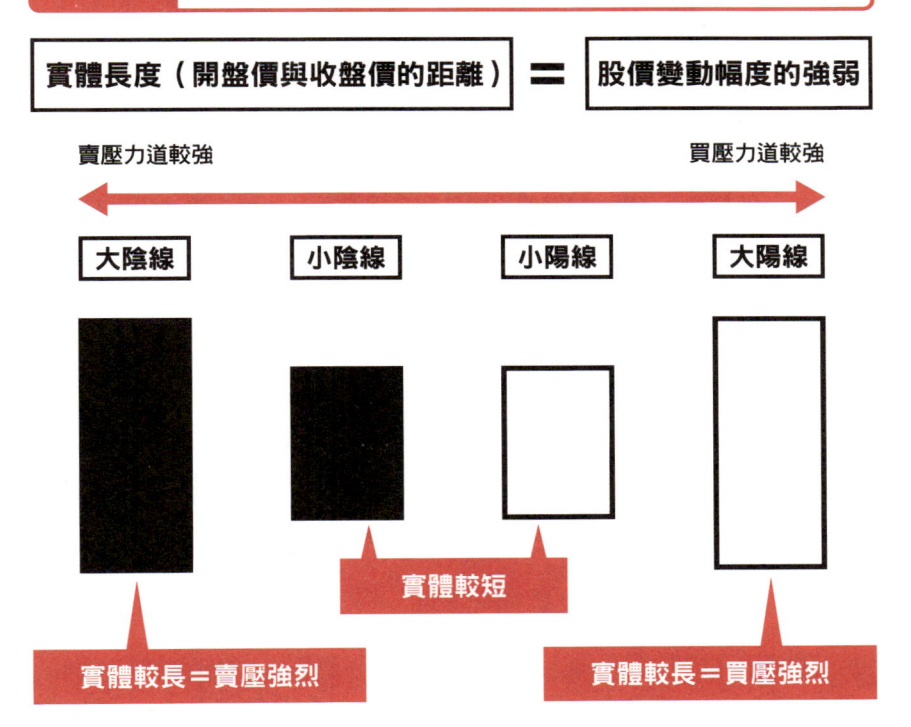

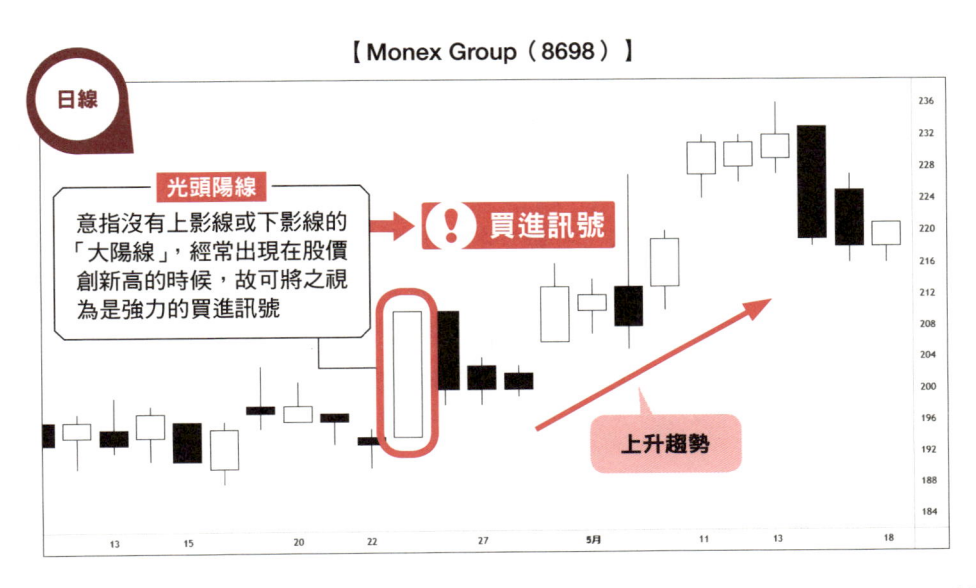

實體長度（開盤價與收盤價的距離） ＝ 股價變動幅度的強弱

← 賣壓力道較強　　　　　　　　　　買壓力道較強 →

大陰線　　**小陰線**　　**小陽線**　　**大陽線**

實體較長＝賣壓強烈　　　實體較短　　　實體較長＝買壓強烈

【Monex Group（8698）】

日線

光頭陽線
意指沒有上影線或下影線的「大陽線」，經常出現在股價創新高的時候，故可將之視為是強力的買進訊號

❗ **買進訊號**

上升趨勢

第5章　運用超短線交易取勝的圖表型態

189

K線型態

K線的檢視方式②
同時線的4種型態

所謂的「同時線」，是指開盤價與收盤價幾乎相同的K線，根據是否有上下影線又分為4種類型。這些圖線的共通特徵，就是難以判讀股價的走向。

沒有實體的K線

P38中曾說明，K線分為「陽線」與「陰線」。然而，事實上還存在著既非陽線也非陰線的K線，也就是「同時線」，**這種K線會在開盤價與收盤價幾乎完全相同時出現**。由於開盤價與收盤價幾乎一致，因此「沒有實體」就是它的特徵。

根據上下影線的差異分為4種型態

隨著出現的位置不同，以及是否有上下影線，同時線會有不同的名稱。舉例來說，完全沒有影線的同時線，稱為「一字線」；上下方均有影線時，稱為「十字線」；只有下方出現影線時，稱為「蜻蜓線」（或「T字線」）；只有上方出現影線時，則為「墓碑線」（或「倒T字線」）[※]。一字線表示股價如止水般平靜無波，十字線則表示股價在位移過程中曾上下變動，最終停在與開盤價幾乎相同的位置。

無論是哪一種同時線，**在特定的時間軸中買壓與賣壓均會相互拉扯抗衡，導致難以判讀股價後續的發展方向**。雖說每一種K線線型，會因其出現在圖表上的位置而有不同的判讀方式，但大致而言，當碰到同時線時，均可視為是「難以判讀的K線型態」。

用語解說

※ 墓碑線 — 因其聳立於水平線上的垂直線如同墓碑一樣，故得此名。另外「蜻蜓線」同樣也是因為形狀酷似蜻蜓而得名。

「同時線」的4種型態

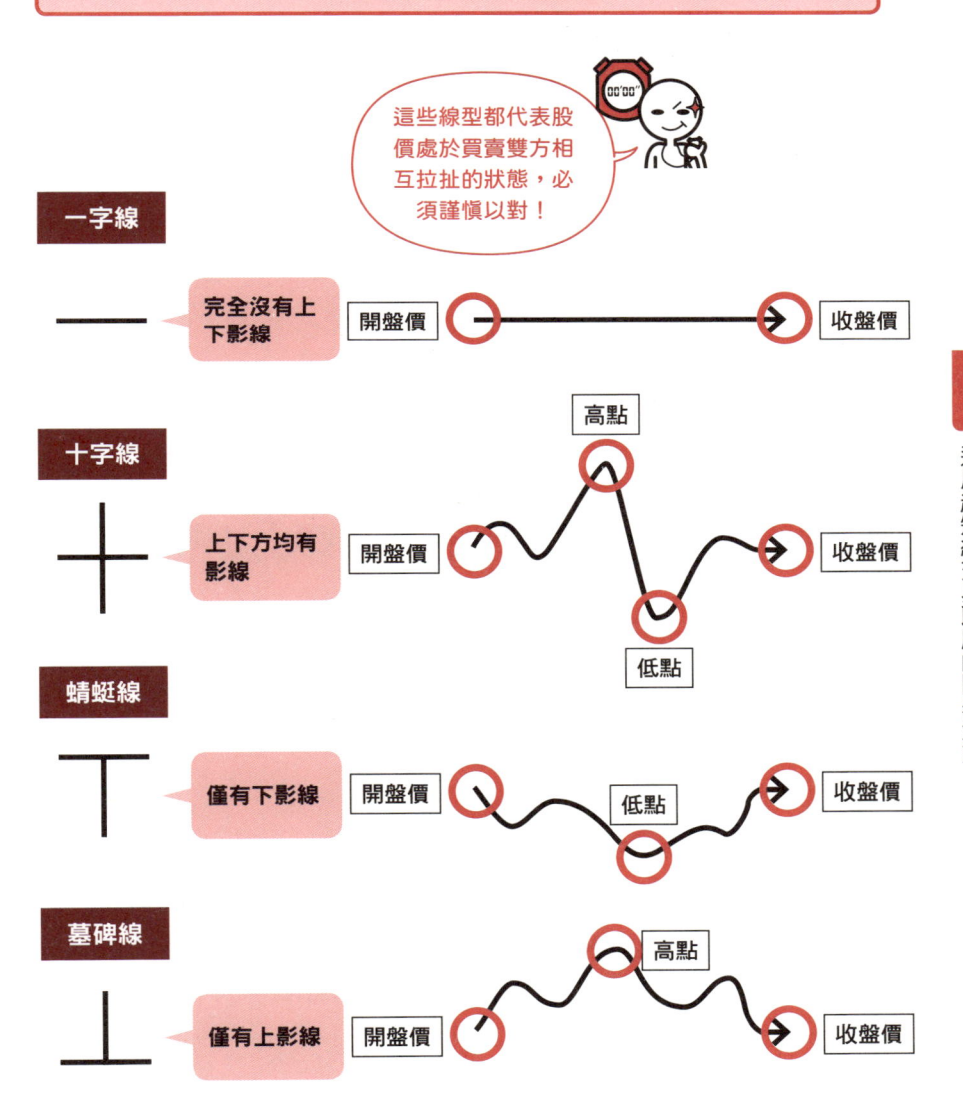

這些線型都代表股價處於買賣雙方相互拉扯的狀態，必須謹慎以對！

一字線

完全沒有上下影線

開盤價 ──────────→ 收盤價

十字線

上下方均有影線

開盤價 高點 低點 收盤價

蜻蜓線

僅有下影線

開盤價 低點 收盤價

墓碑線

僅有上影線

開盤價 高點 收盤價

第5章 運用超短線交易取勝的圖表型態

股市贏家的建議

由於難以判讀「同時線」的股價變動方向性，故應將上下影線出現的位置一併納入分析

K線型態 　長線視點　順勢操作

K線的檢視方式③
底部帶量上漲的大陽線

雖說只看大陽線即可判斷股價處於上升趨勢,但如果是在股價底部出現帶量上漲的大陽線,則可視為是更強烈的上升訊號。

成交量高低代表個股受關注的程度

雖然K線可以直接分析,但若與其他指標搭配將更能發揮效果,而最普遍的就是將K線與成交量一起分析。舉例來說,**在股價探底的底部**[※]**,若出現帶量上漲的大陽線,即可視為是趨勢轉換的訊號**。如P110所說,成交量是一檔股票的交易量,可作為「一檔股票人氣指數的指標」。

當賣方及買方數眾多且均有強烈交易意願時,股票買賣也會因此活絡,使得成交量棒狀圖拉長,吸引更多市場參與者的關注。相對的,當成交量棒狀圖萎靡不振時,往往難以吸引投資者的目光。

上升趨勢的2大訊號:成交量+大陽線

掌握成交量所代表的意義後,當在底部發生成交量急增的情況時,**許多投資人會依據各種消息判斷「接下來的股價應會持續爬升」而使得買壓集中,股價就會帶量上漲**。此時,若伴隨成交量急增且K線轉為大陽線,就是行情轉為上升趨勢的重要訊號。

用語解說
※ 底部　　　　　　　意指在股價探底的價格區間中最低點的區間。

圖表型態 70 在股價底部出現帶量上漲的大陽線

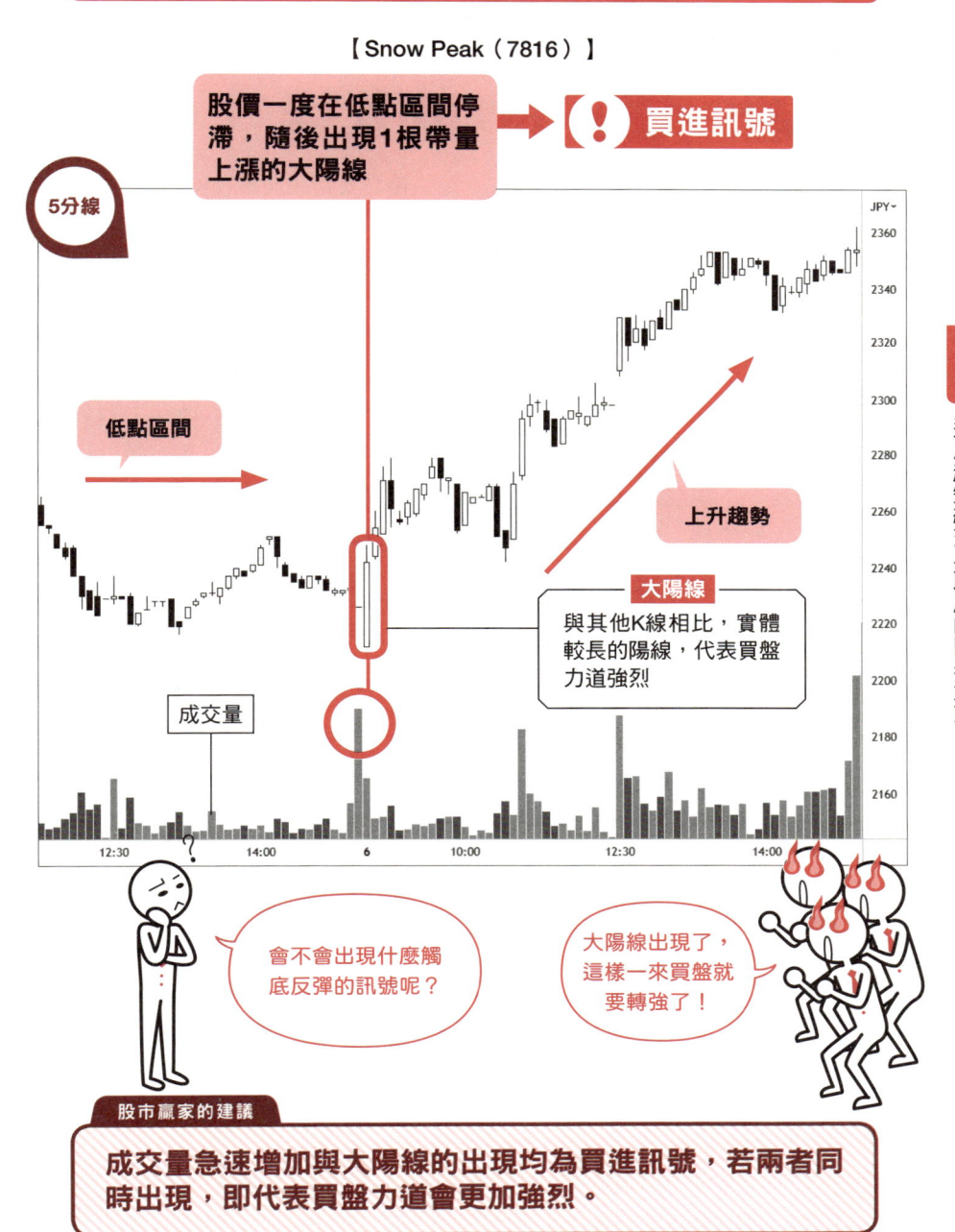

【Snow Peak（7816）】

股價一度在低點區間停滯，隨後出現1根帶量上漲的大陽線 → **⚠ 買進訊號**

5分線

低點區間

上升趨勢

大陽線
與其他K線相比，實體較長的陽線，代表買盤力道強烈

成交量

會不會出現什麼觸底反彈的訊號呢？

大陽線出現了，這樣一來買盤就要轉強了！

股市贏家的建議
成交量急速增加與大陽線的出現均為買進訊號，若兩者同時出現，即代表買盤力道會更加強烈。

第5章 運用超短線交易取勝的圖表型態

K線型態

K線的檢視方式④
帶著上下影線的K線

分析K線時不可忽略「影線」的存在。藉由確認長影線出現在K線的上方或下方，即可判斷出行情走勢的強弱。

影線出現的位置共有4種模式

影線是高點和低點、開盤價和收盤價之間有差距時出現的圖線。若為陽線的狀況，影線於下方延伸即為「下影陽線」；若是向上方發展，則為「上影陽線」。若為陰線的狀況，依其向下或向上的發展，分別稱為「下影陰線」及「上影陰線」，各自代表不同的含意。

「下影陽線」代表一度出現賣盤後買盤再度增強，若在股價探底時出現，則可視為轉換為上升趨勢的訊號。而「上影陽線」代表在高點區間受到賣盤推回，但最終由買盤取得上風，故若在股價探底時出現，亦可視為轉換為上升趨勢的訊號，但股價可能難以再創新高。

解讀上下影線的含意

「下影陰線」最終會由賣盤占上風，但在短暫的強烈買盤抵抗下，會導致行情由天花板轉為下降趨勢；若是處於行情地板時，則會轉為上升趨勢。「上影陰線」則表示買盤曾取得短暫的優勢，但最終仍不敵強烈的賣盤而被逆轉形勢，因此在高點區間，這通常代表行情可能會開始轉為下降趨勢。

此外，當「同時線」出現長上影線或長下影線時，**無論是出現在行情的天花板或地板，均可視為是趨勢轉換的訊號**。

PLUS α 「下影陽線」及「下影陰線」由於沒有上影線，稱為「油傘型態」；而「上影陽線」及「上影陰線」沒有下影線，則稱為「鐵鎚型態」。

圖表型態 71　帶著長影線的K線所代表的意義及種類

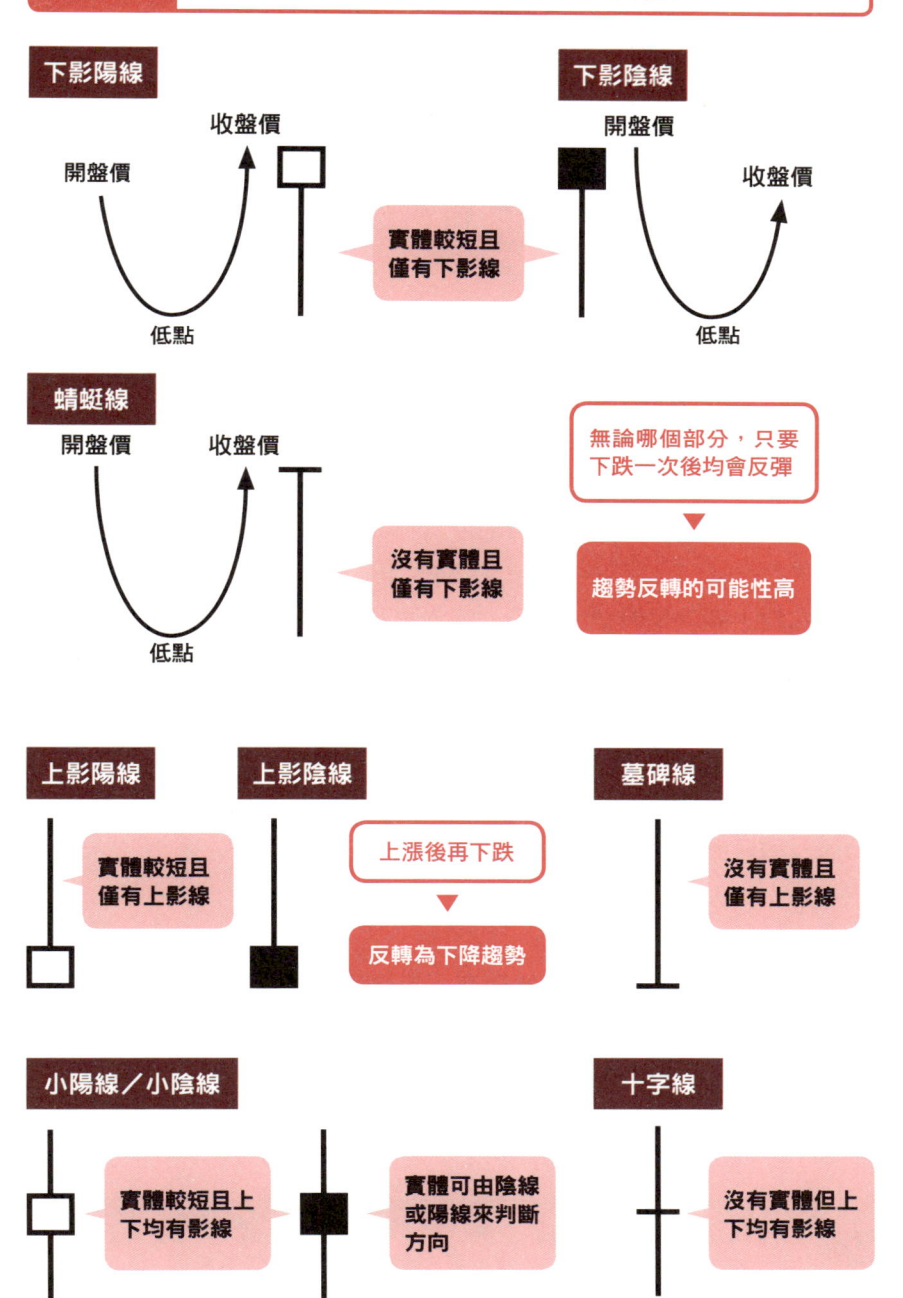

下影陽線
開盤價 → 收盤價
低點

實體較短且僅有下影線

下影陰線
開盤價 → 收盤價
低點

蜻蜓線
開盤價 → 收盤價
低點

沒有實體且僅有下影線

無論哪個部分，只要下跌一次後均會反彈
↓
趨勢反轉的可能性高

上影陽線
實體較短且僅有上影線

上影陰線
上漲後再下跌
↓
反轉為下降趨勢

墓碑線
沒有實體且僅有上影線

小陽線／小陰線
實體較短且上下均有影線

實體可由陰線或陽線來判斷方向

十字線
沒有實體但上下均有影線

第5章　運用超短線交易取勝的圖表型態

195

K線型態

下影陽線・下影陰線
可能是急跌後的反彈訊號

「下影陽線」及「下影陰線」是市場正發出「猶豫賣出」的訊號。特別是在股價急跌時，可視為是買進的訊號。

鎖定股價急跌後的「下影陽線」及「下影陰線」

「下影陽線」與「下影陰線」都可作為買進訊號。**特別是在股價急跌或短期下跌後出現的下影陽線或陰線，特別值得關注**。這種情況下，從賣盤強烈轉為買盤反彈，市場參與者容易察覺到此一反彈現象。若是下影陽線，因其實體部分為陽線，則更可視為是強烈的反轉訊號。

右頁上圖就是典型的例子。圖表中段之前的行情持續震盪盤整，但在16日上午的交易中出現「下影陰線」，之後經過2根K線的盤整後，轉為上升趨勢。這是因為市場開盤後，雖然一開始出現大量賣單，但買盤強力抵抗，使得股價無法下挫，最終呈現反轉態勢。

即使是操作超短線交易，也要**留意K線是否帶有下影線，這樣在行情反轉時更容易抓到進場機會**。

下影線有時也是趨勢反轉向上的訊號

如右頁下圖所示，**當K線帶有下影線且實體部分長如大陽線時要特別注意**。因為下影線部分可能成為假突破，並由於賣空者停損的關係推升股價，故可視為趨勢開始時的初步動向。

有備無患！ 當股價急跌，或股價下跌之後出現「下影陽線」或「下影陰線」，即代表強烈的買進訊號。此外，若K線實體較長時亦可買進。

圖表型態 72　股價下跌後出現帶有下影線的長K線

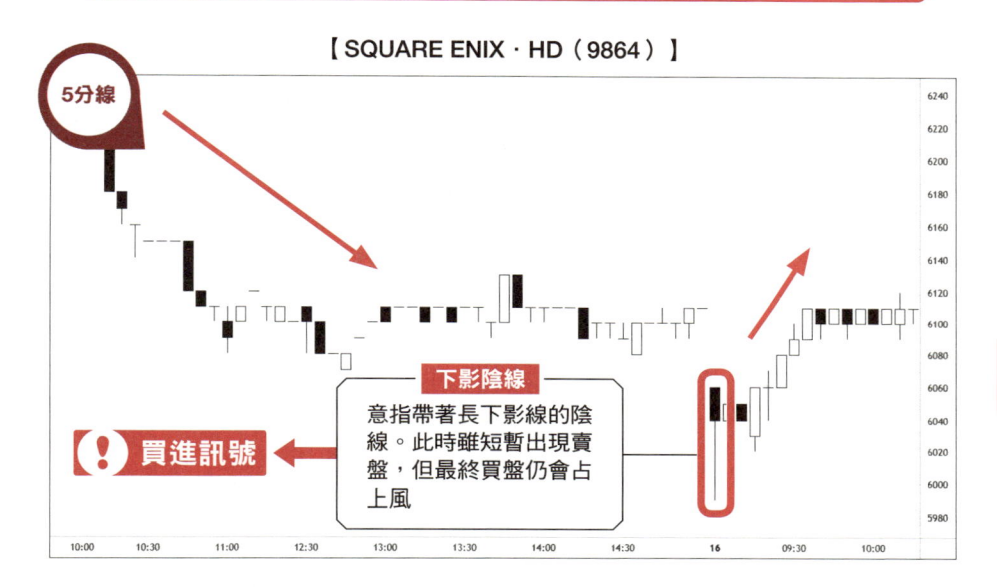

【SQUARE ENIX・HD（9864）】

5分線

下影陰線
意指帶著長下影線的陰線。此時雖短暫出現賣盤，但最終買盤仍會占上風

買進訊號

圖表型態 73　實體較長且帶有長下影線的K線

【Sansan（4443）】

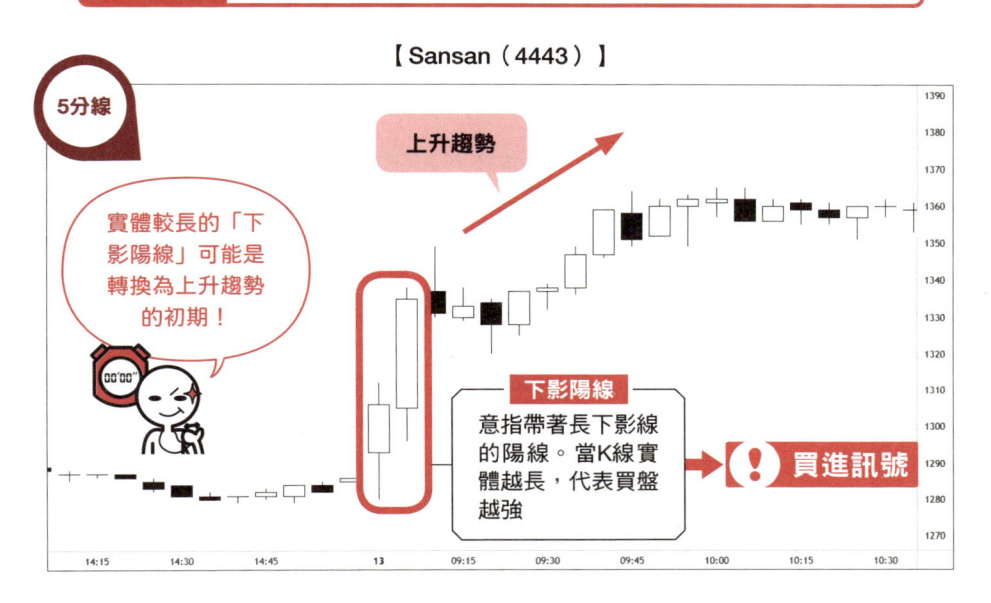

5分線

上升趨勢

實體較長的「下影陽線」可能是轉換為上升趨勢的初期！

下影陽線
意指帶著長下影線的陽線。當K線實體越長，代表買盤越強

買進訊號

第5章　運用超短線交易取勝的圖表型態

197

K線型態　　　逆勢操作

上影陽線・上影陰線
可能是急漲後的下跌訊號

當進場後股價急速上漲，或是行情爬升後想精準預判接下來的反轉變化時，「帶有上影線的K線」就是十分有效的工具。

從急漲轉為急跌的訊號

上影陽線及上影陰線（參照P194）出現在天花板區間時，往往是下降趨勢的預兆，尤其在股價急漲時此一特性更為明顯。當利多消息發布時，買盤會瞬間增強，導致股價急速上升。此時，急漲的K線及後續的K線可能會出現較長的上影線。

這種情況通常發生在短期急漲後，**買盤力量無以為繼或賣盤更強勢時，繼而導致急漲後出現拋售**。因此，當急漲後且出現帶有長上影線的K線時，若投資人已早一步買進，那麼就需要評估是否要在此獲利了結。此外，由於行情反轉的可能性提高，此時亦可視為是賣空的良機。

在上升趨勢的初期也可能出現長上影線

然而，如右頁下圖所示，**即使急漲後出現帶有長上影線的K線，也有可能只是上升趨勢的初期，後續股價仍可能創新高**。因此，若按照「出現帶有上影線的K線時即賣空」的原則來交易，則應嚴設停損，例如將「上影線頂部」設為停損點等，確保在行情不利時能及時停損。

有備無患！　即使出現「上影陽線」或「上影陰線」，也未必一定會發生股價下跌的狀況，因此在賣空時需時刻留意停損點。

圖表型態 74　股價上漲後出現帶有長上影線的K線

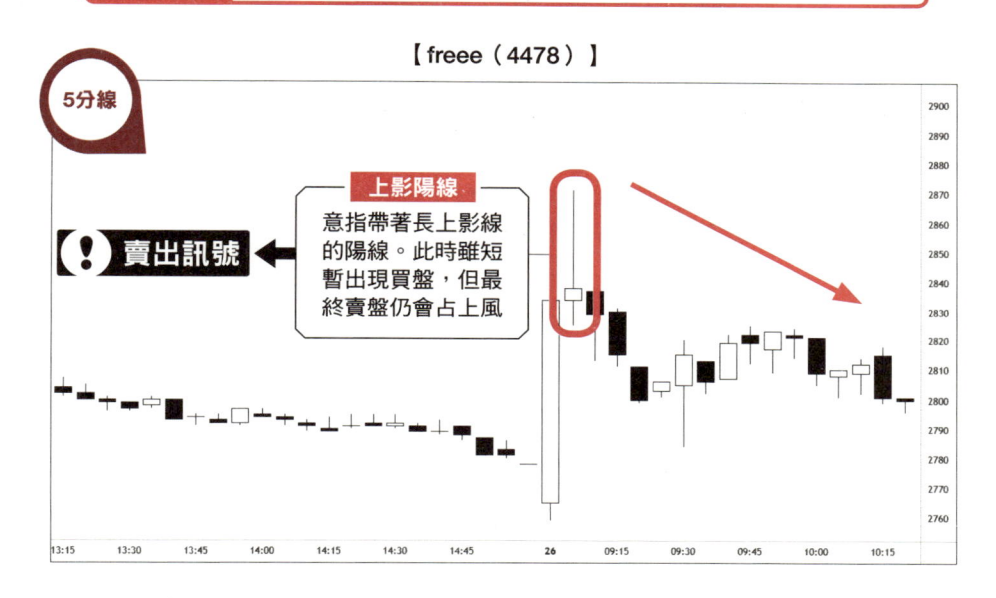

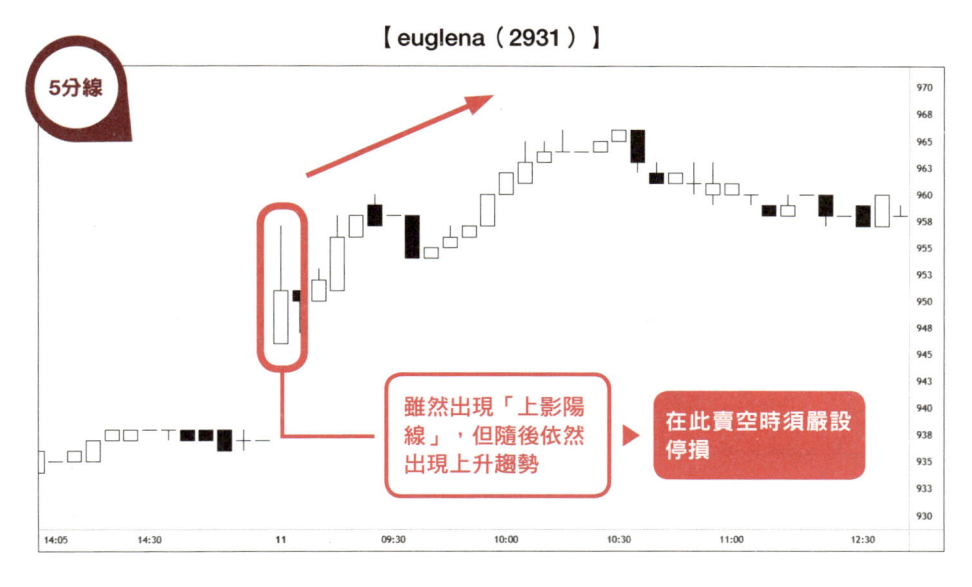

【freee（4478）】

上影陽線
意指帶著長上影線的陽線。此時雖短暫出現買盤，但最終賣盤仍會占上風

賣出訊號

5分線

【euglena（2931）】

5分線

雖然出現「上影陽線」，但隨後依然出現上升趨勢

→ 在此賣空時須嚴設停損

第5章　運用超短線交易取勝的圖表型態

K線組合

環抱線・孕育線
觀察2根K線的組合

雖然僅靠1根K線即可分析行情，但藉由組合2根K線的形狀，進一步分析各種型態，就能更細膩精準的預判行情走勢。

第1根K線被第2根K線包覆的「環抱線」

所謂的「環抱線」（包覆線），是指2根K線中，第2根K線的實體將第1根K線連同上下影線一併包覆在內的組合。其中，有2根K線均為陽線或陰線的型態①②（參照右圖），以及「陽線＋陰線」或「陰線＋陽線」的型態③④。**特別要注意的是③④這兩個型態。**

在下降趨勢的低點區間中，若先出現陰線，隨後出現陽線並形成「環抱線」（型態④），即表示股價將見底。而在上升趨勢的高點區間中，若先出現陽線，隨後出現陰線並形成「環抱線」（型態③），則是股價將見頂的訊號。

第1根K線將第2根K線包覆的「孕育線」

而「孕育線」是指2根K線中，第1根K線的實體將第2根K線連同上下影線一併包覆在內的組合，**亦可提示行情將見頂或見底**。其陰線及陽線的組合也分為4種類型（參照右圖）。

在上升趨勢中，若大陽線中孕育出小陽線（型態①），或大陽線中孕育出小陰線（型態③），即代表股價將見頂；在下降趨勢中，若大陰線中孕育出小陰線（型態②），或大陰線中孕育出小陽線（型態④），則可判斷股價即將見底。

有備無患！ 在上升趨勢中，若出現第1根K線是陽線，第2根K線是陰線的「環抱線」或「孕育線」，即是天花板的訊號。

圖表型態 75　由2根K線組成的「環抱線」及「孕育線」

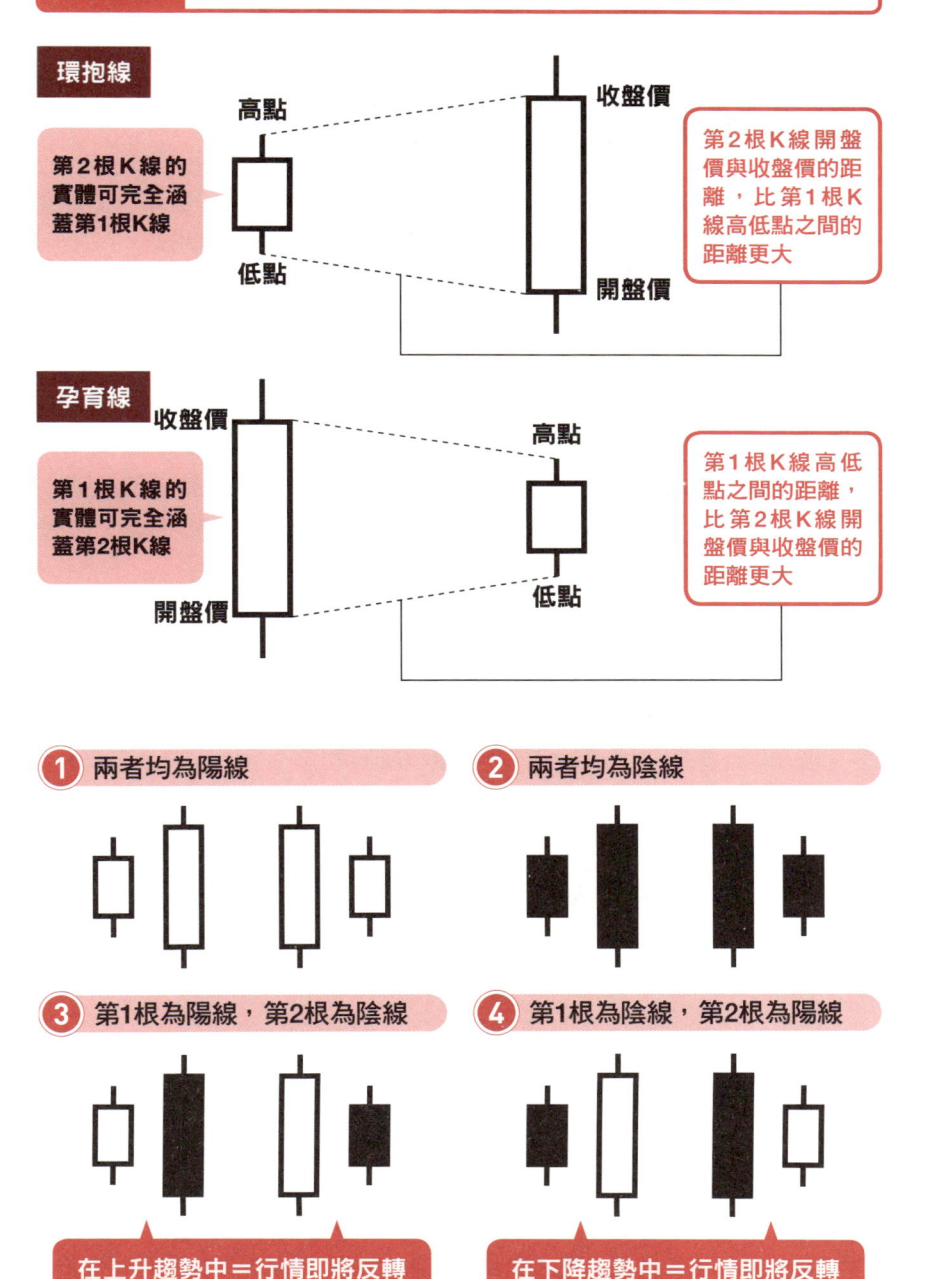

環抱線

第2根K線的實體可完全涵蓋第1根K線

高點　收盤價　低點　開盤價

第2根K線開盤價與收盤價的距離，比第1根K線高低點之間的距離更大

孕育線

第1根K線的實體可完全涵蓋第2根K線

收盤價　高點　開盤價　低點

第1根K線高低點之間的距離，比第2根K線開盤價與收盤價的距離更大

① 兩者均為陽線

② 兩者均為陰線

③ 第1根為陽線，第2根為陰線
　　在上升趨勢中＝行情即將反轉

④ 第1根為陰線，第2根為陽線
　　在下降趨勢中＝行情即將反轉

第5章　運用超短線交易取勝的圖表型態

K線組合

覆蓋線・切入線・穿透線
觀察3種K線組合

除了環抱線及孕育線之外，還有3種分析2根K線組合的型態。其中，「覆蓋線」與「穿透線」是賣出訊號；而「切入線」則可視為是買進訊號。

覆蓋線會低於大陽線的中心線

「覆蓋線」是由大陽線和陰線組成。第1根是大陽線，第2根在高點區間開盤，並低於前一根K線的中心線，最後以陰線收尾。

特別是在高檔出現「覆蓋線」時，常被視為是行情見頂的訊號。雖然此訊號較「環抱線」和「孕育線」弱，但對於在低檔進場、已有獲利的人來說，這也是一個可考慮獲利了結的時機。

覆蓋線的2種延伸型態

覆蓋線可延伸出「切入線」和「穿透線」2種型態。**「切入線」是「覆蓋線」的相反型態，由大陰線和陽線組成。**當出現大陰線時，下一根K線在低點區間開盤，實體超過前一根K線的中心線，最後以陽線收尾。此為前一波賣壓的反彈，基本上可視為是買進訊號。

「穿透線」同樣由大陰線和陽線組成，**不同之處在於第2根K線的實體不會穿越第1根K線的中心線**。由於上方壓力使股價難以上揚，故此型態被視為是賣出訊號。特別是當它在下降趨勢中出現時，往往代表賣壓再次轉強，故可視為是反彈賣出的時機。

實戰！ 在下跌局面中出現「切入線」型態時，可判斷為下降趨勢轉為上升趨勢的反轉訊號，可趁機操作買進。

圖表型態 76　覆蓋線・切入線・穿透線

覆蓋線

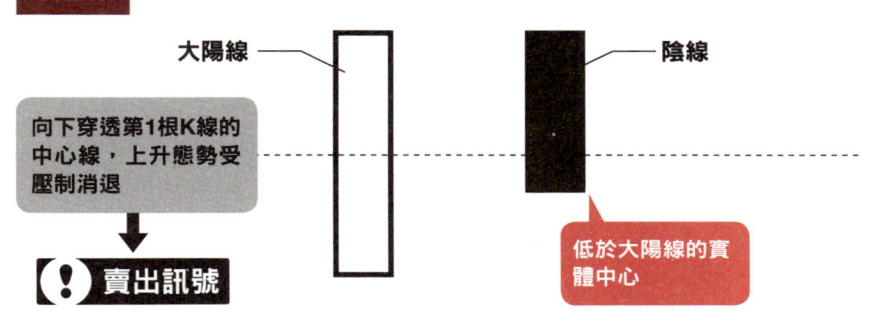

大陽線

陰線

向下穿透第1根K線的中心線，上升態勢受壓制消退

低於大陽線的實體中心

⚠ 賣出訊號

切入線

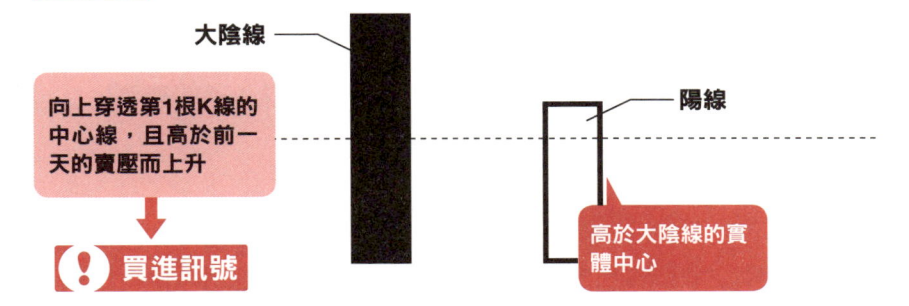

大陰線

陽線

向上穿透第1根K線的中心線，且高於前一天的賣壓而上升

高於大陰線的實體中心

⚠ 買進訊號

穿透線

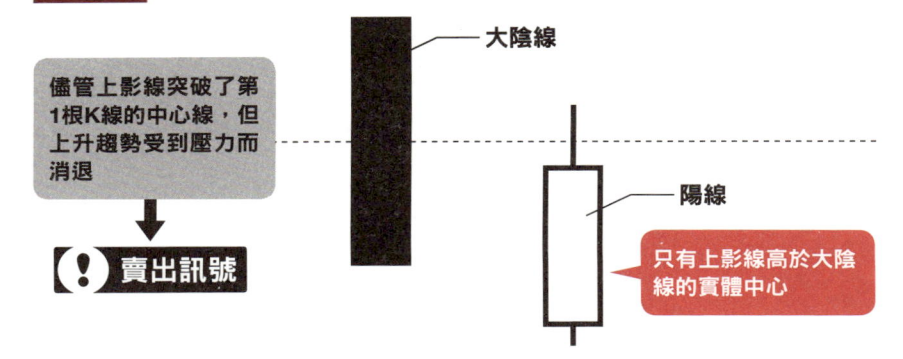

大陰線

陽線

儘管上影線突破了第1根K線的中心線，但上升趨勢受到壓力而消退

只有上影線高於大陰線的實體中心

⚠ 賣出訊號

第5章　運用超短線交易取勝的圖表型態

K線組合

在K線之間出現的大型跳空缺口

第4章針對「酒田五法④三空」的說明中，曾提及「缺口」的概念，而在操作超短線交易時，同樣可以利用缺口的特性來設定投資策略。

觀察出現跳空缺口後的回補時機

「缺口」是指K線圖中一段沒有交易的價格區間。走勢向上發展時出現的缺口，稱為「向上跳空缺口」；走勢向下發展時出現的缺口，則稱為「向下跳空缺口」。各位必須記住：**無論缺口出現在哪裡，股價未來都可能朝著將缺口位置填補起來的方向發展，也就是所謂的「缺口回補」**。雖然回補究竟會發生在缺口出現後的哪個時機點通常會因股票而異，但只要記住「跳空缺口必會伴隨著回補發生」，在判斷股價走向時就能取得更有力的依據。

根據開盤時的跳空缺口來設定策略

由於跳空缺口容易出現在剛開盤的階段，只要利用這個特性就能制定相應的策略。舉例來說，**若當天開盤時出現「向下跳空缺口」，依盤勢變化而定亦可能出現買盤湧入導致股價反彈的情況，此時的策略即是想定此狀況將發生並適時買進**。雖然這個策略必須具備股價處於上升趨勢的前提，但只要能抓準時機進場就有可能順利逢低買進。

另一方面，當開盤階段出現「向上跳空缺口」時，如向上趨勢明顯，那麼即不需要在缺口出現後立刻進場，只要等待股價暫時回檔的時機再進場即可。

實戰！ 當股價急跌而出現跳空缺口時，由於來不及賣出的人會在缺口回補前賣出，因此缺口區間經常會成為支撐線。

圖表型態 77 出現「向下跳空缺口」後立即回補缺口

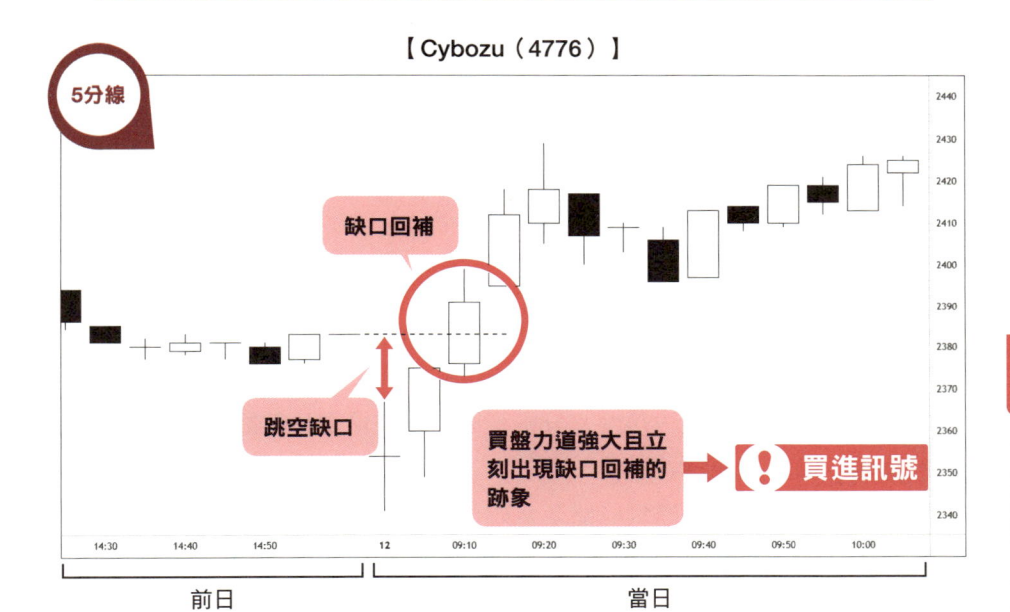

【Cybozu（4776）】

5分線

缺口回補

跳空缺口

買盤力道強大且立刻出現缺口回補的跡象 → **買進訊號**

前日　　　　　　當日

出現「向下跳空缺口」後並未立即回補缺口

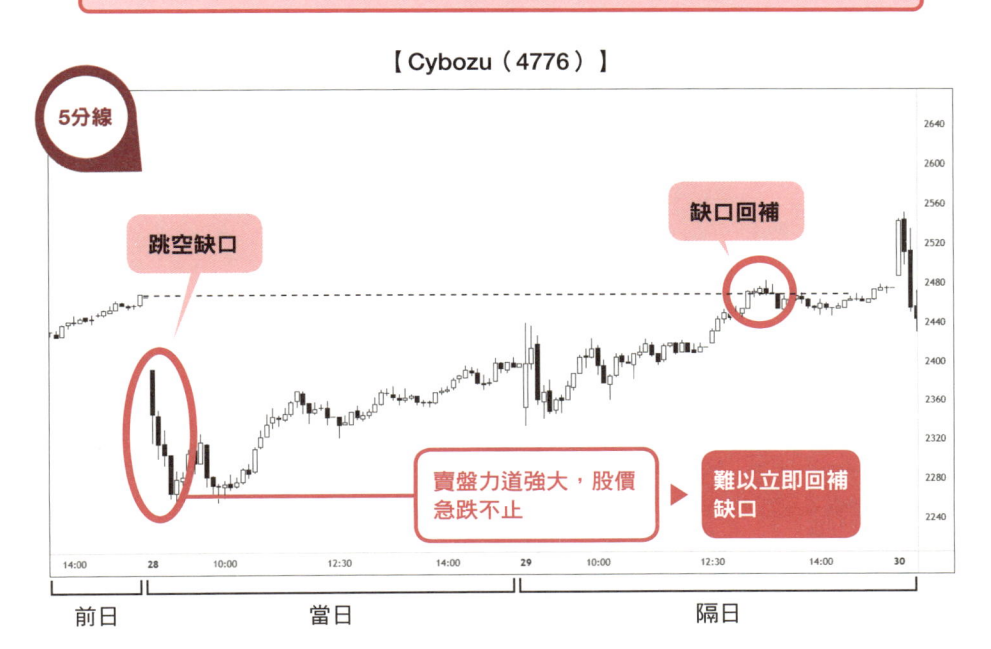

【Cybozu（4776）】

5分線

跳空缺口

缺口回補

賣盤力道強大，股價急跌不止

難以立即回補缺口

前日　　當日　　　　隔日

第5章 運用超短線交易取勝的圖表型態

205

K線組合 　長線視點　短線視點　順勢操作

解讀連續K線透漏的交易線索

藉由觀察開盤時買賣雙方的K線變化，可以更容易預測後續的進場時機。

仔細掌握開盤與收盤時的交易走向

由於股價的變動及走向並無固定模式，因此無法整理出完全一致的模式，但若從綜觀的角度來分析全局，有些情況依然能區分出大致的變動「傾向」。

我們可試著從開盤到收盤為止的交易來思考。開盤時，若大量賣壓湧入，或出現向下跳空缺口導致股價下跌，接著一整個交易日的股價經常會持平發展，直到收盤前才會再次上升。這是因為即使出現突發性的賣盤，但往往也只有較早的時段能夠維持力道，隨著時間經過，買盤抵抗也會逐漸增強，繼而出現盤整行情，最終買盤勢力勝出而拉抬整體股價向上。

如右頁上圖所示，**在開盤時可看見賣盤強勁，後來當漲跌互見的盤勢出現後，即有可能出現能鎖定反彈行情進場的機會。**

若開盤時買盤強勁則當日易漲難跌

若以強烈上升趨勢為例來思考的話，**當買壓在開盤時大量湧入或出現向上跳空缺口時，當天的股價經常會超過開盤區間的高點。**因此，投資人的策略應為掌握在移動平均線等處所發生強烈的上升趨勢後，再鎖定開盤買壓湧入且推升股價高點時精準進場。

> **實戰！** 無論是哪種類型的股票，都有可能發生開盤時賣壓湧入、收盤時卻出現反彈走勢的情況，這是操作當沖和超短線交易都能鎖定的交易點。

圖表型態 78　開盤時出現大量賣壓的進場時機

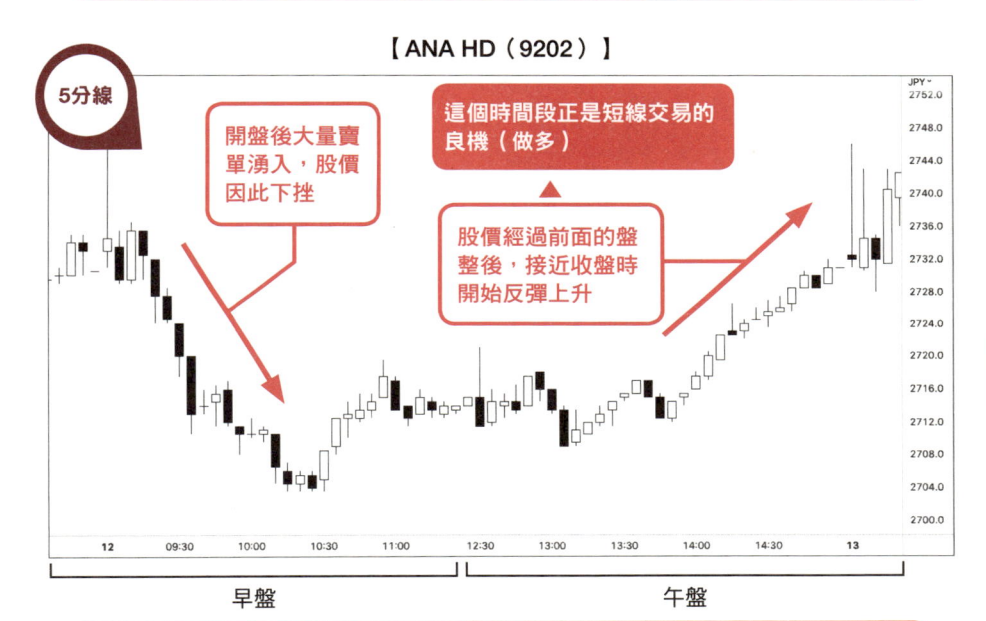

【ANA HD（9202）】

5分線

開盤後大量賣單湧入，股價因此下挫

這個時間段正是短線交易的良機（做多）

股價經過前面的盤整後，接近收盤時開始反彈上升

早盤　　午盤

圖表型態 79　開盤時出現大量買壓的進場時機

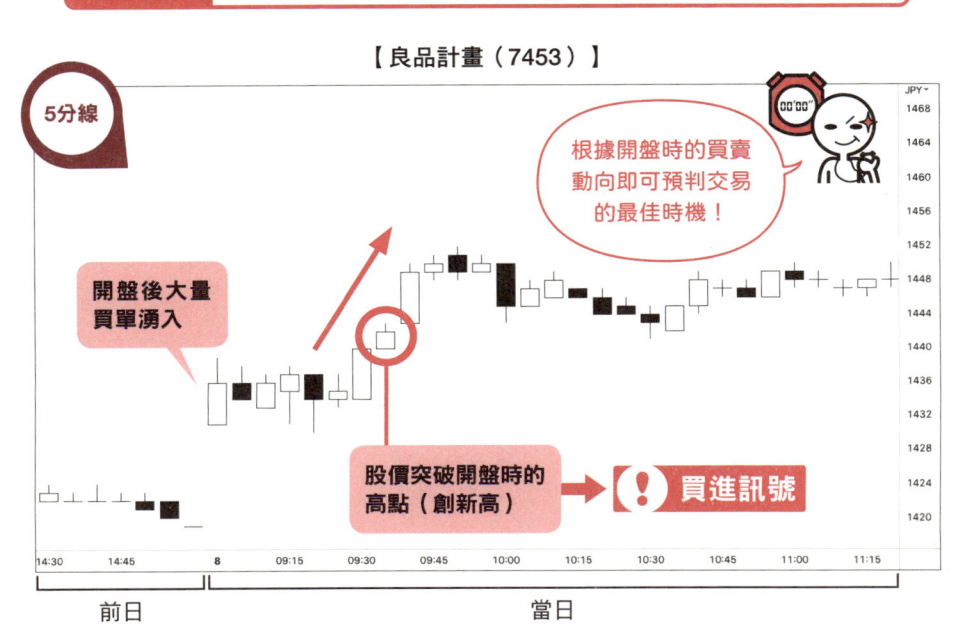

【良品計畫（7453）】

5分線

開盤後大量買單湧入

根據開盤時的買賣動向即可預判交易的最佳時機！

股價突破開盤時的高點（創新高）　買進訊號

前日　　當日

第5章　運用超短線交易取勝的圖表型態

壓力線・支撐線

　　長線視點　　順勢交易

市場投資人都在關注的突破交易

為了更簡潔扼要地判讀出行情出現趨勢的時機點，投資人必須將觀察重心放在名為「突破交易」的策略上。

突破均線就是獲利與否的關鍵

　　「突破交易」是指股價突破前一次的高點、低點、支撐線或趨勢線（參照P216），另外視情況也包括移動平均線等市場參與者都會關注的技術指標。基本上，**在發生突破交易的時間點上，即可依循突破的方向進場。**

利用投資人心理所設定的策略

　　舉例來說，像是「三角收斂型態」（參照P104）即是由於投資人意識到三角形的上邊及下邊，使得這些均線得以發揮壓力線或支撐線的功能。而由於三角形的上邊及下邊區域會出現暫時性的賣壓（買壓），因此才會出現相互抗衡收斂的走勢。

　　相反的，當股價突破壓力線或支撐線時，投資人則多會判斷原本保有的均衡將被打破。例如當三角收斂型態的上邊被突破時，即容易出現向上發展的趨勢。**這就是利用投資人心理來鎖定突破交易的策略，可針對均線遭突破的方向順勢進場。**

　　如右圖所示，前次高點（或前次低點）往往是投資人聚焦的重點。若股價突破前次高點，那麼買單就會顯著增加。

PLUS α　為了避開假突破的風險，當股價突破均線後要關注的並非是當根K線，而是要確認下一根K線的買進狀況後再決定是否要進場。

圖表型態 80　股價突破前次高點的型態

【CanBas（4575）】

5分線

買進訊號

股價突破前次高點而使得買盤更容易集中

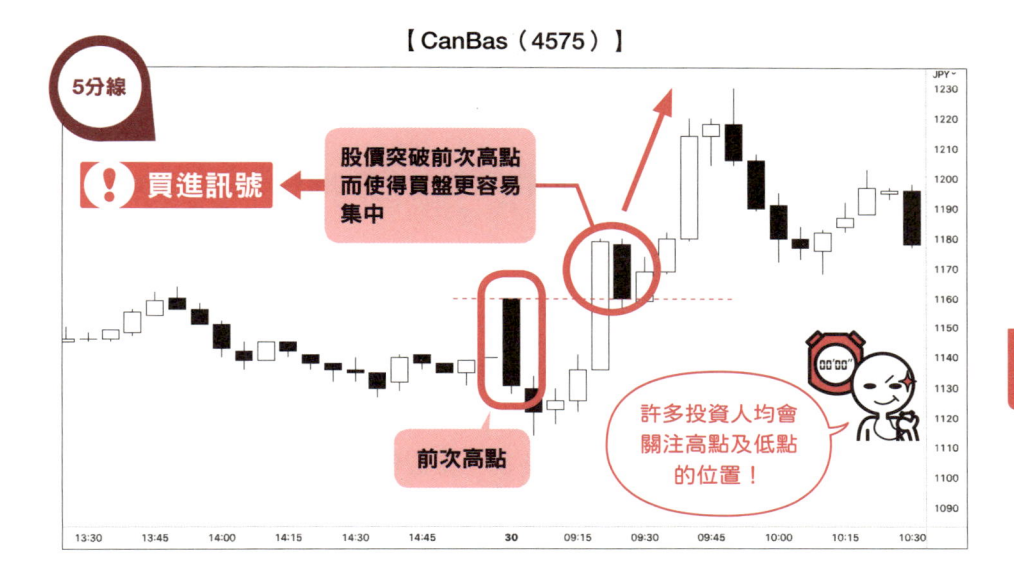

前次高點

許多投資人均會關注高點及低點的位置！

圖表型態 81　股價跌破前次低點的型態

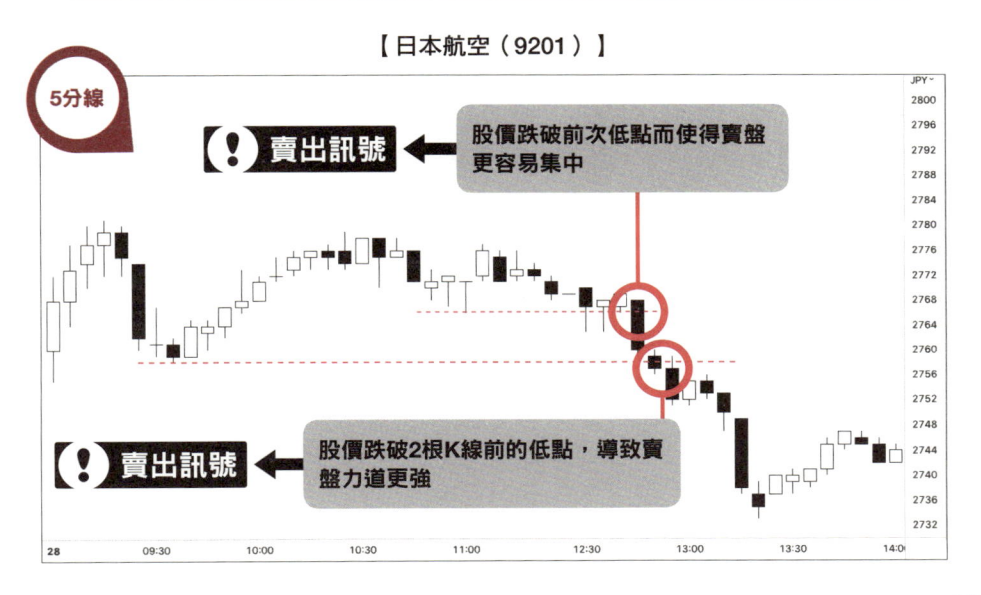

【日本航空（9201）】

5分線

賣出訊號

股價跌破前次低點而使得賣盤更容易集中

賣出訊號

股價跌破2根K線前的低點，導致賣盤力道更強

第5章　運用超短線交易取勝的圖表型態

壓力線・支撐線

長線視點　順勢交易

不容輕忽的投資人心理關卡

股市交易中，在不考慮買賣策略的前提下仍需掌握的重點，即是「心理關卡」，這是容易受到市場投資人關注的股價區間。

當股價來到某某大關時最容易受到關注

「今年最高價」或「上市以來的歷史新高價」等價位往往會備受投資人關注，這就稱為「心理關卡」。尤其是「1萬圓」、「5,000圓」等這類整數關卡更容易引人注目。**當股價在上升趨勢中來到整數關卡時，稱為「攻上大關」，且會對前後的股價變動造成影響。**

股價在攻上大關前多會持續原本的趨勢

在股價攻上大關前須留意的是達標前及達標後的股價動向。舉例來說，當股價即將攻上1萬圓時，觀察到上升趨勢的投資人會抱著何種心態呢？對買在低點的人來說，應該會考慮「等股價來到1萬圓就獲利出場」的心態抱股等待吧。而選擇逆勢操作的人，則多半會認定「趨勢將持續到攻上大關為止」而靜觀其變。也就是說，**直到攻上大關為止，股價多會以較為緩和的走勢循著趨勢發展。**

另一方面，當股價攻上某高點大關後，投資人又會開始思索「是否會繼續站上下一個高點」、「1萬圓是否已是上升趨勢的終點」等各種可能性，也因此導致股價容易出現震盪或盤整行情。當然，依據股票類型及行情走勢的差異，股價亦可能出現完全不同的動向，但一般而言，當股價攻上大關時就會出現上述的行情走勢。

> **實戰！** 在股價攻上大關為止，上升趨勢容易持續發展，這也代表當股價站上高點後會湧現許多賣單，成交可能會因此變得困難，這一點必須謹記。

圖表型態 82 當股價來到整數關卡時即為「攻上大關」

【軟體銀行集團（9984）】

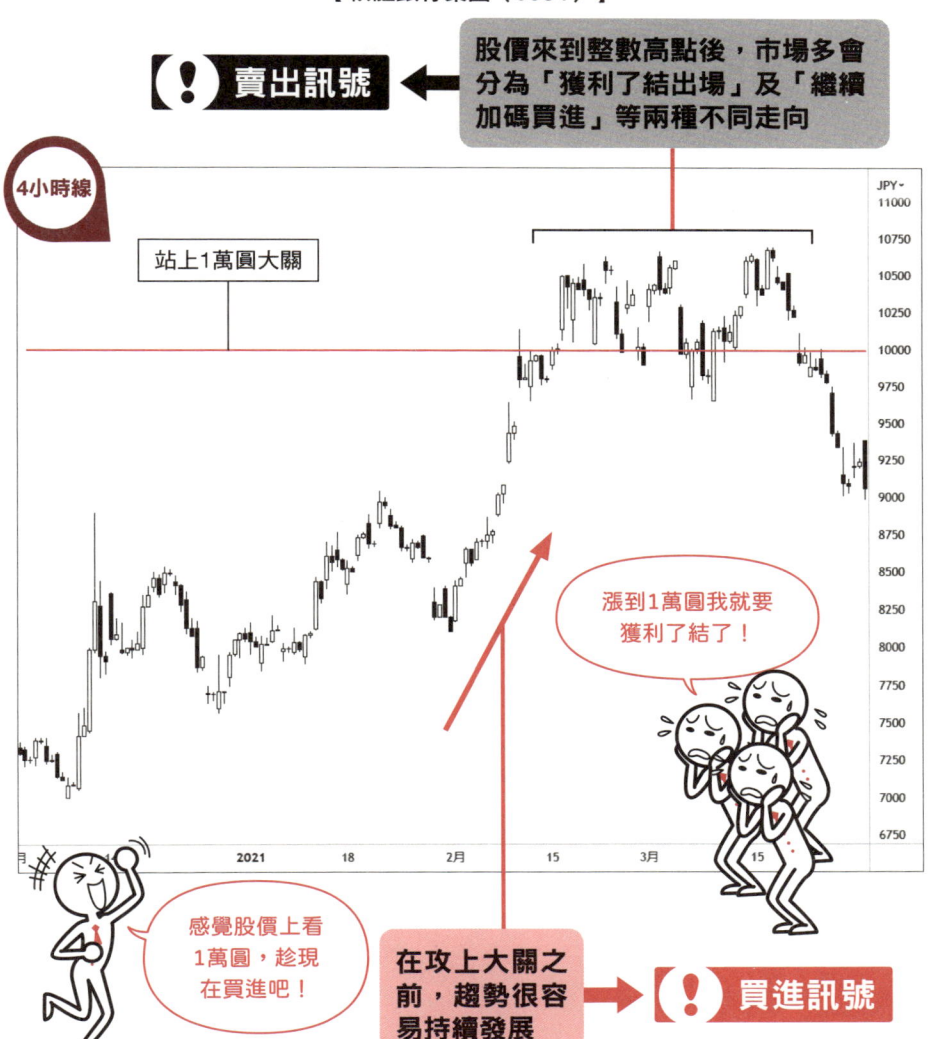

【！】賣出訊號 ← 股價來到整數高點後，市場多會分為「獲利了結出場」及「繼續加碼買進」等兩種不同走向

4小時線

站上1萬圓大關

漲到1萬圓我就要獲利了結了！

感覺股價上看1萬圓，趁現在買進吧！

在攻上大關之前，趨勢很容易持續發展 → **【！】買進訊號**

第5章 運用超短線交易取勝的圖表型態

股市贏家的建議

除了股價大關之外，包括「年初以來的最高價」等象徵性高點也經常是投資人思索再三的心理關卡。

壓力線・支撐線

摜破大關之後的股價容易持續下挫

與攻上大關相反,「摜破大關」是指股價跌破備受期待的高點價位。當股價摜破大關時,多可視為是賣出訊號。

整數價位亦可能扮演支撐線的角色

前一頁解說的「攻上大關」,是指股價上漲至投資人心中預期的高點。相反的,**當股價跌破比目前價格更低的整數時,即稱為「摜破大關」**。與攻上大關相同,當股價跌破「1,000圓」、「5,000圓」等顯著的價格區間時,就應特別留意其前後的股價動向。

右頁上圖即為典型的摜破大關範例。這檔股票應特別關注2,000圓前後的股價動向。從日線觀察它過去的股價變化可見,圖表前半段曾有一次向上突破2,000圓,隨後雖數次短暫下跌卻均反彈回升,故可判斷2,000圓的價位扮演著支撐線的角色。

「摜破大關」是引發下降趨勢的導火線

然而,由於出現新的空單,或因期待在2,000圓價位附近出現反彈而買進的投資人操作停損,**導致股價摜破大關,讓下降趨勢明確化**。因此,在做超短線交易時,應使用較長的時間軸確認股票的重要價位及過去受關注的價位區間,這樣才能更有把握地進行操作。

PLUS α 當股價攻上大關卻又立刻失守時,多半代表市場投資人無法明確判讀趨勢而導致暫時性的下跌,此下降趨勢未必會維持太久。

圖表型態 83　「攻破大關」時股價容易持續下探

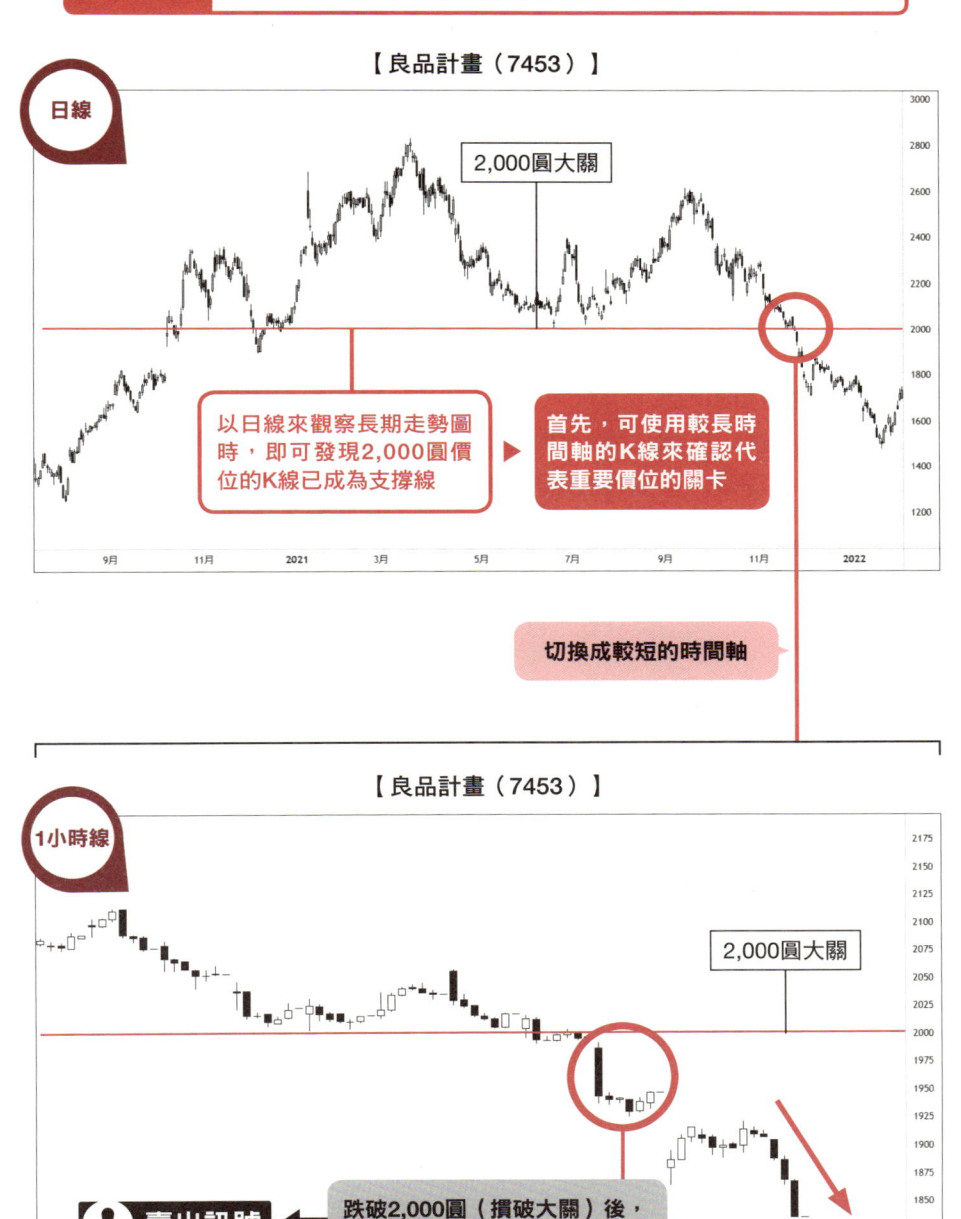

【良品計畫（7453）】

日線

2,000圓大關

以日線來觀察長期走勢圖時，即可發現2,000圓價位的K線已成為支撐線

首先，可使用較長時間軸的K線來確認代表重要價位的關卡

切換成較短的時間軸

【良品計畫（7453）】

1小時線

2,000圓大關

賣出訊號　跌破2,000圓（攻破大關）後，股價加速下跌

第5章　運用超短線交易取勝的圖表型態

多空趨勢

先釐清股票處於哪一種趨勢再思考如何買賣

投資股票必須確實掌握你鎖定的個股正處於哪一種趨勢之中,並依據該趨勢的特性去做正確的操作。

即使是超短線交易也要留意中長期趨勢

在較短的時間軸上反覆買賣的超短線交易中,比起影響中長期股價變動的趨勢,仔細判讀短期走勢更為重要。但話說回來,趨勢依然具有一定程度的重要性。若能事先掌握目前的股價是否受到趨勢影響,以及發生趨勢時的股價走向,那麼無論是買進或賣出,在做超短線交易時均能更加得心應手。

股價行情是由3種變動模式組成

股價行情基本上可分為「上升趨勢」、「下降趨勢」、「橫盤趨勢」等3種狀態。上升趨勢顧名思義,是指股價向上發展的狀態,表示多數投資人希望「買進」。下降趨勢則恰恰相反,是指股價向下滑落,表示多數投資人希望「賣出」。

另外,橫盤趨勢則是指尚未出現上升或下降趨勢的狀態,也代表市場投資人在買進和賣出之間猶豫不決的心態。簡而言之,**股價行情通常符合這3種狀態中的一種,並可按照「橫盤趨勢」→「上升趨勢」→「橫盤趨勢」→「下降趨勢」的順序,來判斷其變化過程。**

有備無患! 在上升趨勢中適合買進做多,而下降趨勢則適合賣出做空,順勢而為可以讓交易變得更容易。

掌握股價的趨勢變化

【凸版印刷（7911）】

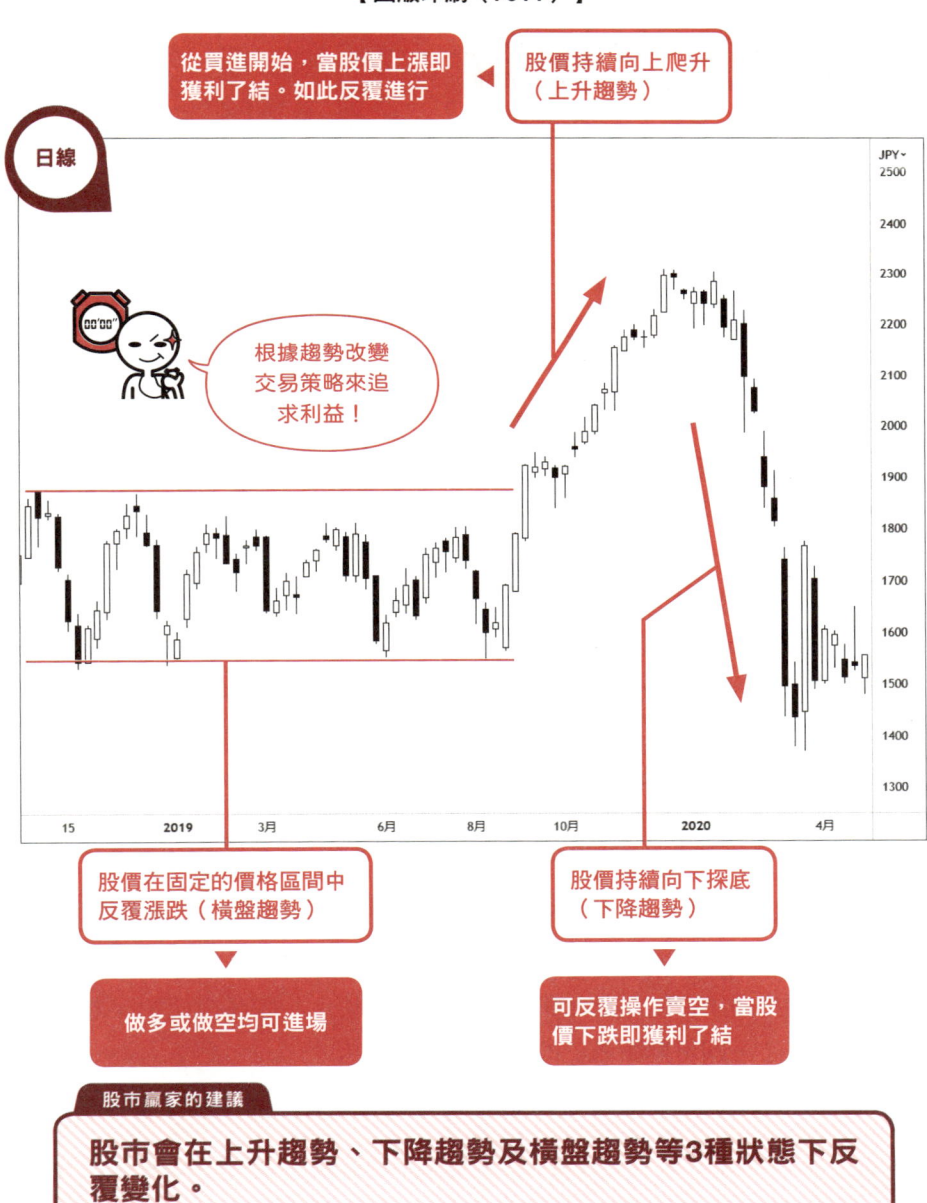

> 從買進開始，當股價上漲即獲利了結。如此反覆進行

> 股價持續向上爬升（上升趨勢）

> 根據趨勢改變交易策略來追求利益！

> 股價在固定的價格區間中反覆漲跌（橫盤趨勢）
> → 做多或做空均可進場

> 股價持續向下探底（下降趨勢）
> → 可反覆操作賣空，當股價下跌即獲利了結

股市贏家的建議

股市會在上升趨勢、下降趨勢及橫盤趨勢等3種狀態下反覆變化。

第5章 運用超短線交易取勝的圖表型態

多空趨勢

用連結股價高低點的趨勢線判斷多空轉折

「趨勢線」是指連結股價高點或低點形成向上或向下傾斜的線，藉由這條線，投資人可直觀地判斷趨勢的形成及結束。

連接股價的高低點就能判斷趨勢

判斷上升趨勢、下降趨勢及橫盤趨勢的方法有很多，這裡要介紹的是利用「趨勢線」來進行判斷的方法。

如同P92所述，趨勢的定義是指「上升（下降）趨勢發生的狀態」。上升趨勢為「低點持續向上爬升（低點持續升高）」，下降趨勢則為「高點持續向下滑落（高點持續下探）」，由此便可判斷目前的趨勢走向。

也就是說，當上升趨勢持續時，股價的低點位置將會持續向上更新，**只要將每一個更新點用線加以連結，即可讓上升趨勢具象化**（如為下降趨勢，則是將高點下跌時的更新點用線連結起來）。這就是趨勢線的基本架構。而當確認無法再沿著低點或高點畫出連結線時，即表示已來到盤整行情。

藉由趨勢線判斷趨勢何時結束

趨勢線的優勢，**在於它可透過目視的方式簡單判斷出各個趨勢即將瓦解的時機點**。連結低點持續爬升的趨勢線為「上升趨勢線」，而連結高點持續下探的趨勢線則為「下降趨勢線」，如各自朝相反方向發生突破時，即可判斷原先的趨勢已告一段落。

有備無患 若K線向下跌破「上升趨勢線」即為賣出訊號；若K線向上突破「下降趨勢線」則可視為是買進訊號。

圖表型態 84　用以判斷「上升趨勢」形成及結束的趨勢線

【Benefit One（2412）】

1小時線

上升趨勢線
將上升趨勢中的股價低點加以串連而成的線。若觸線反彈代表趨勢會持續發展，若跌破此線則為趨勢反轉的訊號

假突破

K線向下跌破趨勢線，宣告上升趨勢結束

⚠ 賣出訊號

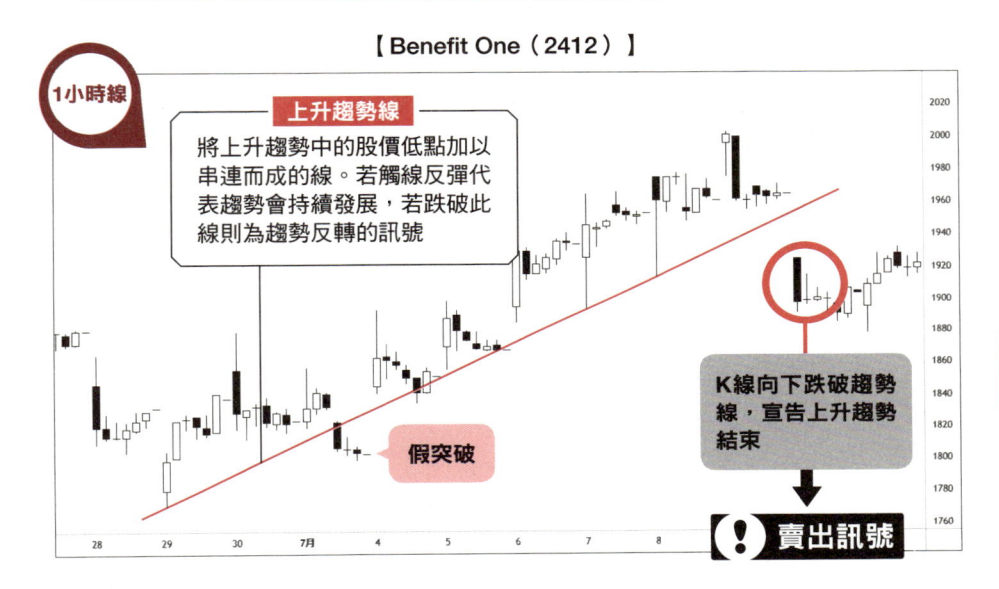

圖表型態 85　用以判斷「下降趨勢」形成及結束的趨勢線

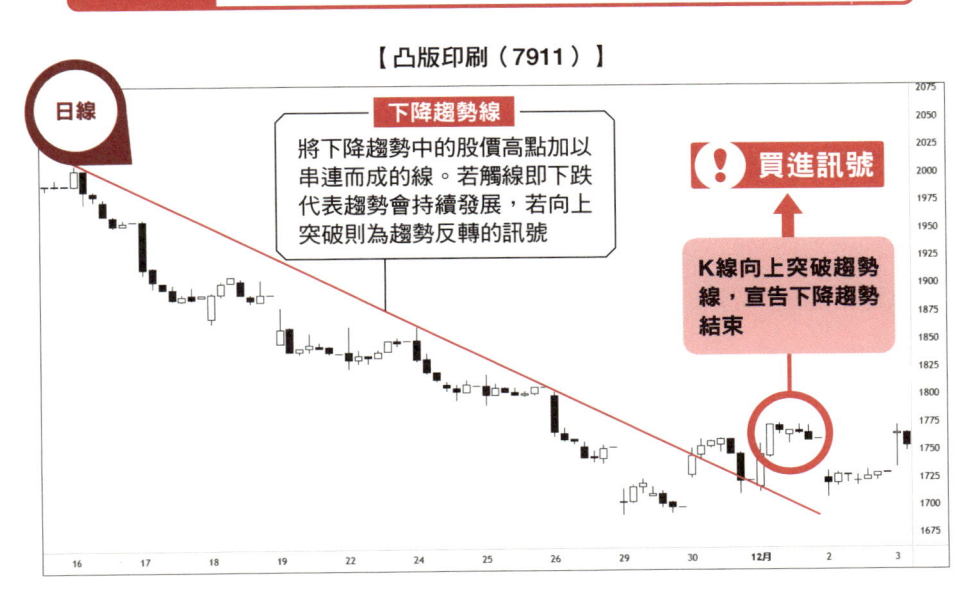

【凸版印刷（7911）】

日線

下降趨勢線
將下降趨勢中的股價高點加以串連而成的線。若觸線即下跌代表趨勢會持續發展，若向上突破則為趨勢反轉的訊號

⚠ 買進訊號

K線向上突破趨勢線，宣告下降趨勢結束

第5章　運用超短線交易取勝的圖表型態

> 多空趨勢

用連結趨勢高低點的軌道線判斷股價落點

所謂的「軌道線」，是指將上升趨勢中的高點（或下降趨勢中的低點）連結起來的走勢線。這條線有助於投資人確認趨勢走向及上下幅寬的差異。

搭配「趨勢線」觀察效果更佳

本節將說明趨勢線的延伸工具「軌道線」。軌道線可和趨勢線平行畫出，並且同時運用這2條圖線來進行分析。

當把每次更新的股價低點串聯、畫出上升趨勢線後，即可配合高點來拉出軌道線。相反的，若將更新的股價高點串聯、畫出下降趨勢線時，則應搭配股價低點來拉出軌道線。

趨勢線是為了判斷「上升」、「下降」、「橫盤」等3種行情狀態的指標，而**軌道線則除了這些功能之外，還可有效地讓「趨勢行情的高點與低點之間的幅度」可視化**。

用「軌道線」確認投資人關注的重點價位

舉例來說，右圖將2處更新後的高點串聯出「趨勢線」，再搭配低點拉出「軌道線」。**假設股價順著軌道線發展，某種程度上即可預測股價未來會在此軌道內的某一個點位發生反轉**。當然，股價動向未必一定會按照軌道線發展，但拉出軌道線的優點之一，就是你能提前掌握市場參與者未來可能會關注到的點位。

PLUS α　即便K線突破了軌道線，趨勢也不會因此立刻反轉，但軌道線仍可作為衡量趨勢方向強弱的指標來使用。

圖表型態 86　判斷股價反彈／回落點的「軌道線」

【東京ELECTRON（8035）】

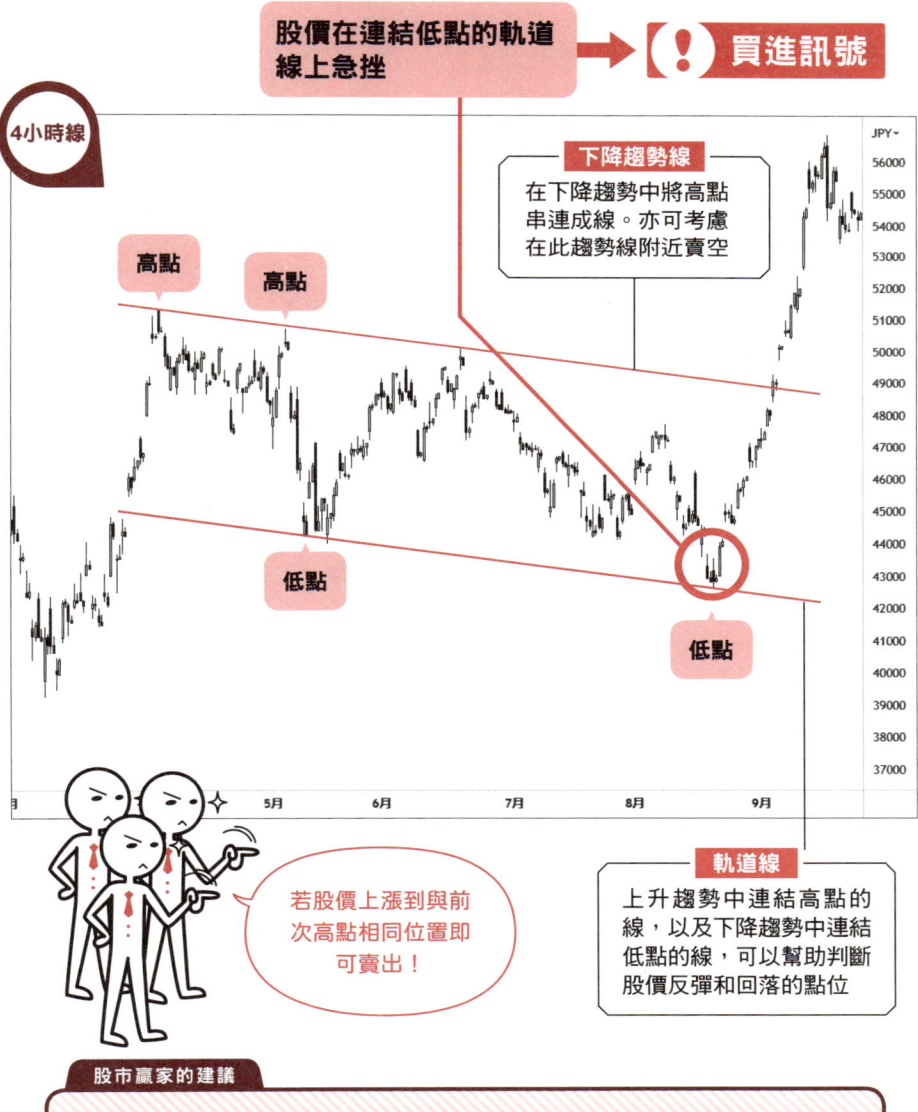

4小時線

股價在連結低點的軌道線上急挫 → **買進訊號**

下降趨勢線
在下降趨勢中將高點串連成線。亦可考慮在此趨勢線附近賣空

高點　高點

低點　　　　　　低點

軌道線
上升趨勢中連結高點的線，以及下降趨勢中連結低點的線，可以幫助判斷股價反彈和回落的點位

若股價上漲到與前次高點相同位置即可賣出！

第5章　運用超短線交易取勝的圖表型態

股市贏家的建議
「軌道線」很容易受到投資人關注，只要在走勢圖上畫出軌道線，就能早一步掌握容易反彈或回落的股價區間。

219

VWAP

趨勢判斷

表示「成交量加權平均價」的 VWAP

VWAP的正式名稱為「成交量加權平均價格」，是操作當沖及超短線交易時經常會使用的指標。

若股價高於約定價格即代表交易熱絡

所謂的VWAP，是指將一定期間內的交易量列入考量後所定的「平均交易價格」，換句話說，就是將當天約定價格之平均值圖表化的技術指標，這也是交易量大的機構投資人經常使用的指標。

在實際運用上，VWAP的強項在於它能有效研判「市場強弱」。由於VWAP能顯示出當天的平均成交價格，因此若假設**股價高於VWAP，那麼市場短期內會呈現交易熱絡的狀態；反之，若股價低於VWAP，那麼市場的交易熱度會顯得相對冷清**。

主力經常將VWAP作為壓力線及支撐線

一般來說，移動平均線及股價高低點是壓力線及支撐線的代表性指標，但VWAP亦具有相同的功能。

只要善用這一點，就能提升解析行情的精準度。**特別是主力大戶經常把VWAP視為進場與否的依據**，如右圖所示，當股價一度上漲後，在接近VWAP的時間點若看似將出現反彈，就可將之視為是暫跌買進的進場時機。

PLUS α　相較於其他技術指標，VWAP的波動更加平穩、起伏更小，因此在運用時也不容易混淆，更能冷靜沉著地進行交易。

圖表型態 87　運用VWAP掌握「成交量加權平均價」

【軟體銀行集團（9984）】

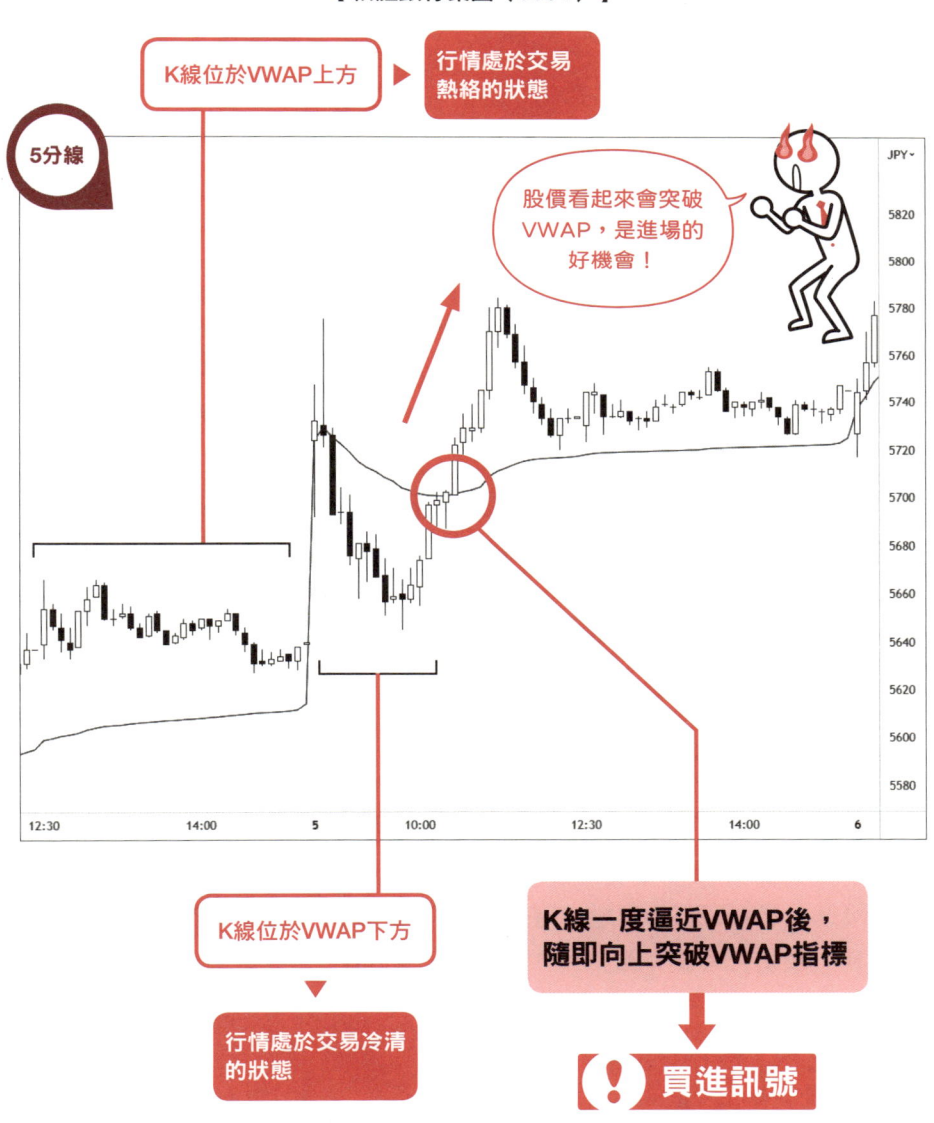

5分線

K線位於VWAP上方 ▶ 行情處於交易熱絡的狀態

股價看起來會突破VWAP，是進場的好機會！

K線位於VWAP下方 ▶ 行情處於交易冷清的狀態

K線一度逼近VWAP後，隨即向上突破VWAP指標

⚠ 買進訊號

多空趨勢

短線交易者也應勤於確認**長期趨勢**

處在大型趨勢中的股價每天都在變動,因此建議以200日SMA作為中心,搭配MACD等技術指標來掌握分秒必爭的趨勢變化。

移動平均線是最易研判趨勢走向的指標

如同到目前為止所解說的一樣,當操作短線交易時,越能掌握趨勢走向,就能越有效率地判斷買進賣出的方向性。由於確認日線或週線等長期股價趨勢格外重要,這裡將再一次介紹分析長期性趨勢的方法。

首先,提到趨勢就不能忽視移動平均線的存在。均線會根據其種類及參數值(參照P56)而有細微的差異,**其中必須特別掌握日線200日SMA**[※]**的動向**。這是移動平均線的發明者葛蘭碧曾採用的參數值,亦是許多投資人在分析長期趨勢時會仰賴的工具,因此對尋找投資人所關注的時機點也十分有幫助。

搭配MACD及布林通道來提升分析精準度

在分析趨勢的初步動向時,可觀察MACD(參照P88)中的MACD線及訊號線的十字交叉處;若希望判斷趨勢強度及穩定性時,則可進一步觀察布林通道。這些技術指標再加上前述的趨勢線(參照P216)及道氏理論(參照P92)後,就能有效提升分析長期趨勢走向的精準度。

用語解說

※200日SMA　　將參數值設定為200日的移動平均線。藉此可大致掌握扣除週末及國定假日後一整年的平均股價變化,是中長線投資人經常使用的指標。

圖表型態 88　運用「200日SMA」分析長期趨勢

【Resona HD（8308）】

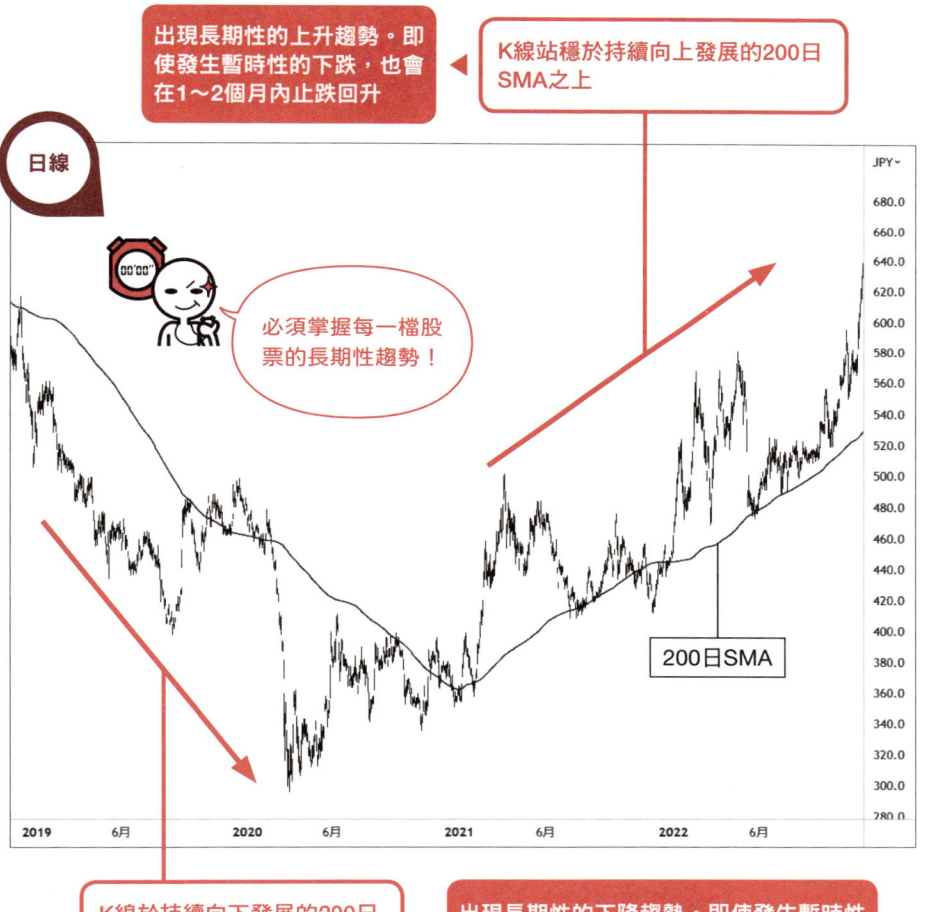

出現長期性的上升趨勢。即使發生暫時性的下跌，也會在1～2個月內止跌回升

K線站穩於持續向上發展的200日SMA之上

日線

必須掌握每一檔股票的長期性趨勢！

200日SMA

K線於持續向下發展的200日SMA下方移動

出現長期性的下降趨勢。即使發生暫時性的上漲，也會在1～2個月內再次下跌

第5章　運用超短線交易取勝的圖表型態

股市贏家的建議

為了預判趨勢會持續到什麼時候，以及股價上下波動的範圍，就必須切換成長線視點來觀察走勢圖。

練習

問題❶──跳空缺口的重點

跳空缺口及缺口回補出現在哪裡？

【KDDI（9433）】

日線

> 缺口出現之後會在什麼時候回補呢？

掌握跳空缺口回補的時機點

讓我們來複習一下跳空缺口（參照P204）及缺口回補的相關知識。上面是KDDI（9433）的日線圖，圖表中跳空缺口及缺口回補的組合共有2處。「只要出現跳空缺口，後續即會有很高的機率發生缺口回補」，只要記住這一點，在操作超短線交易時就能作為研判股價動向的線索。

請試著從上圖中找出2處成對的「跳空缺口」及「缺口回補」。

練習

問題 ❷——環抱線及孕育線的重點

Q 上升趨勢發生轉折的位置在哪裡？

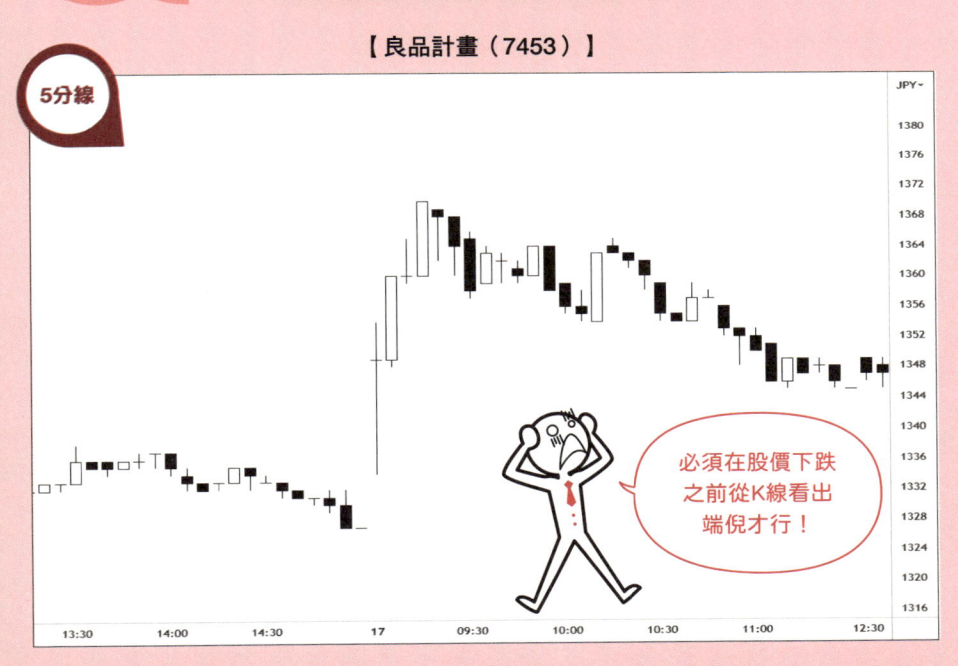

【良品計畫（7453）】

5分線

必須在股價下跌之前從K線看出端倪才行！

孕育線會觸發趨勢反轉

　　接下來是跟2根K線組合有關的問題。

　　上圖是良品計畫（7453）的5分線，圖表前半段可看出持續的下降趨勢，直到中段以後才轉為上升趨勢。股價在急漲之後，難以為繼而緩步下滑。

　　在這一連串的走勢中，出現了提示行情天花板的「孕育線」（參照P200）。請試著從上圖中找出「孕育線」的位置。

練習

解答❶──跳空缺口的重點

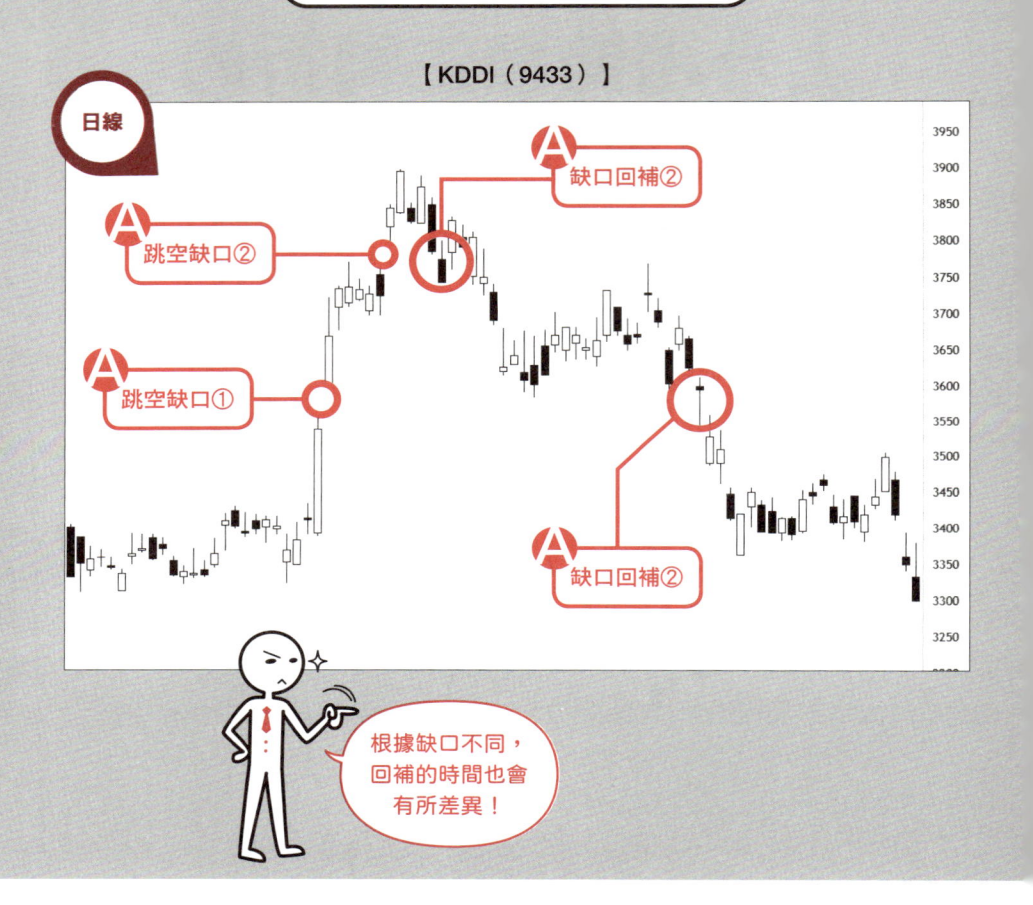

【KDDI（9433）】

（日線圖，標示：跳空缺口①、跳空缺口②、缺口回補②、缺口回補②）

根據缺口不同，回補的時間也會有所差異！

缺口回補亦可能出現在數個月後

第1組跳空缺口①在圖表前半段的急漲過程中出現，約兩個月後才得以回補。缺口多會出現在行情急漲或急跌時，且後續當行情反轉，缺口的價格區間前後也可能會發揮支撐線的功能。第2組跳空缺口②則是在急漲後的天花板區間出現，且迅速獲得回補。

諸如上述走勢所示，不同的缺口發生回補的時機點雖不盡相同，但缺口遲早都會回補。這一點是投資人必須認知的。

226

練習

解答❷——環抱線及孕育線的重點

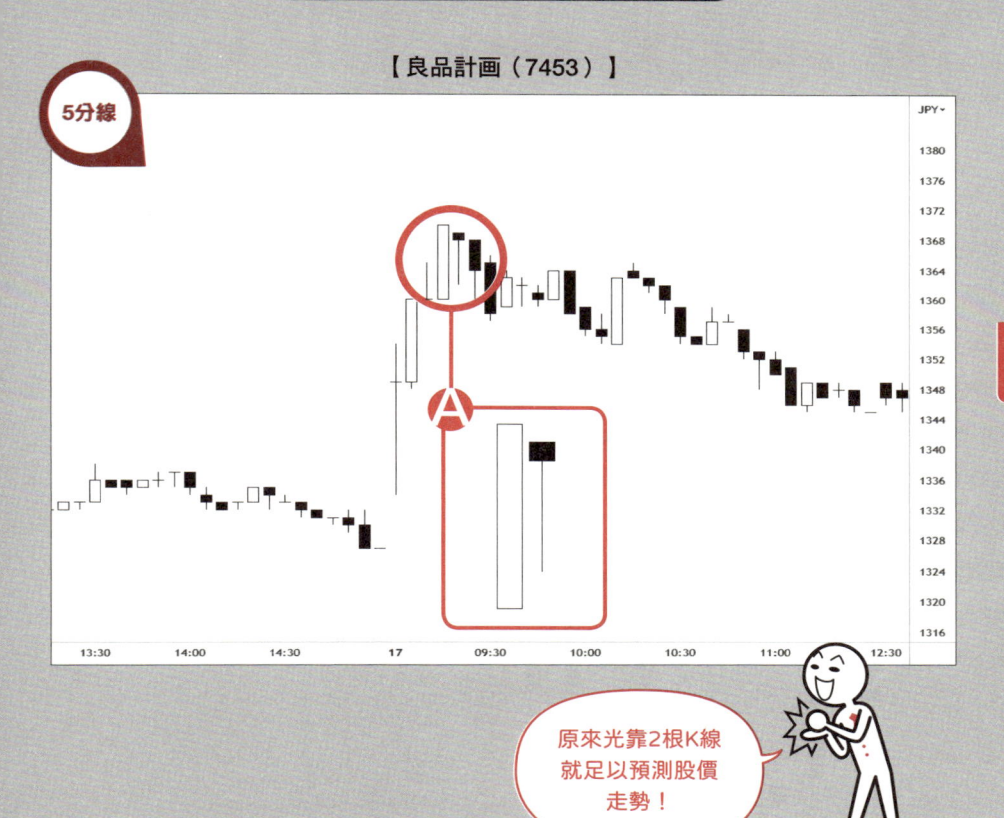

【良品計畫（7453）】

5分線

原來光靠2根K線就足以預測股價走勢！

第5章 運用超短線交易取勝的圖表型態

孕育線的第1根K線若為大陽線＝行情天花板

「孕育線」是指第1根K線的實體部分完全包覆住第2根K線。在上圖中，有一根帶有下影線的陰線，被包覆在前一根大陽線的實體內。

由第1根陽線及第2根陰線組成的孕育線，若出現在高點區間時，通常會被視為是股價天花板的訊號。在上圖中，當孕育線出現後，股價即反轉為下降趨勢。若孕育線的第1根K線是大陰線，則代表行情即將觸底，詳細內容請參閱P200。

227

專欄

交易時必須做好「假突破」的設想

考量「無法盡如人意」的股價波動

包括本書在內，解說技術分析方法的資訊都有一個共通點，那就是作為範例的圖表通常都是「最為理想」的型態。

舉例來說，在P104提及的三角收斂型態，基本策略是「只要股價突破上邊或下邊即可進場」，但在現實中，一度上揚的股價可能只是假突破，隨後可能會迅速朝反方向發展。

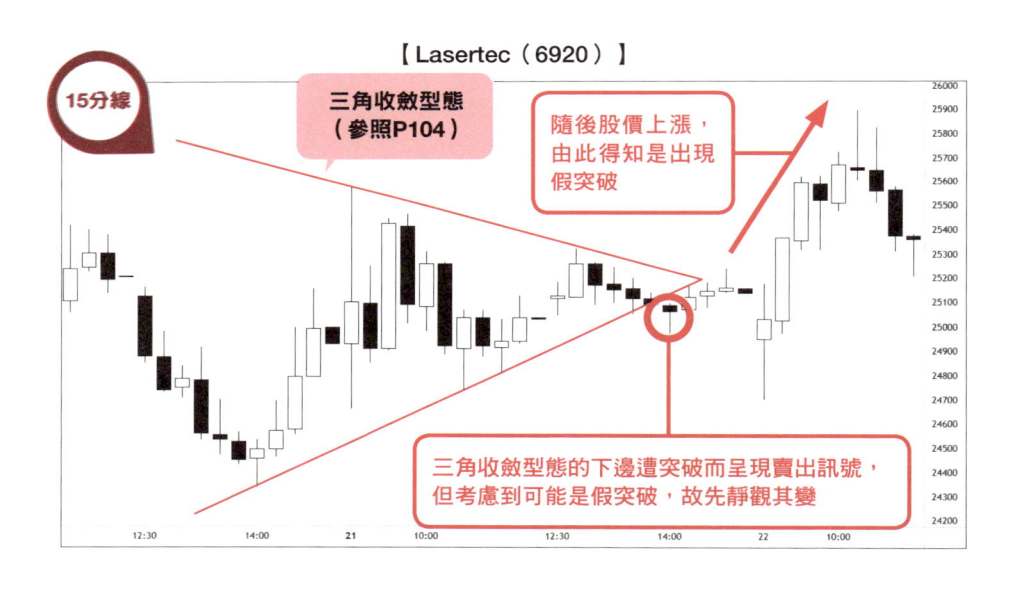

【Lasertec（6920）】

- 15分線
- 三角收斂型態（參照P104）
- 隨後股價上漲，由此得知是出現假突破
- 三角收斂型態的下邊遭突破而呈現賣出訊號，但考慮到可能是假突破，故先靜觀其變

在此要說明的是，實際交易時必須認清「面對行情變化，無論採用何種分析手法，股價都不可能完全照本宣科地發展」這一點。如果你鎖定的是三角收斂型態的突破時機，就應該在股價突破後先觀察一陣子，並等待股價拉回後再進場，如此一來就能降低假突破的風險。

把「發生假突破」作為前提，仔細選定進場時機，並且在作為基準的分析方法上再加入其他視點，就能更從容地應對各種突發狀況。

第 **6** 章

大盤指數與選股

當沖交易者觀察大盤及選股的祕訣

操作當沖交易時,選擇要交易哪些股票至關重要,本章將會解說箇中訣竅。此外,為了掌握市場整體的走向,也會進一步說明股價指數的解讀方式。

Keywords
- 大盤指數
- 歷史數據
- 新股上市・變更市場
- 股票下市
- 財報
- 10檔報價
- 熱門股

大盤指數

從前一天的大盤指數評估股市走向

「日經平均指數」是以東京證交所Prime上市的225檔股票的股價計算而成，是日本最具代表性的指數。透過這個指數可觀察整體股市行情的變化。

一眼掌握具代表性股票的走勢

股市整體行情（或股票個別行情）在投資市場中稱為「市場情緒指標」，當股價處於上升趨勢時，稱為「市場正向情緒」；處於下降趨勢時，則稱為「市場負面情緒」。

「日經平均指數」是匯集日本最具代表性股票的股價變化指標，**只要確認這個指數，即可掌握日本股市整體的市場情緒**。當該指數向上爬升時，代表處於上升趨勢的股票占多數。相反的，若該指數持續下探，則代表處於下降趨勢的股票占多數。

先確認市場情緒指標再進場

當前一天的日經平均指數上升時，許多市場參與者因信心增強而更積極進場買進，因此隔天的指數也較容易持續攀升。此時，大多數的股票處於上升趨勢，是進場交易的好時機。

反之，當前一天的日經平均指數下跌時，投資者的戒心增強，隔天股價也容易持續下跌。此外，**當市場情緒指標偏低時，即使出現利多消息，股價也難以上漲**。在進場交易前，投資人應同時確認個股及整體股市的市場情緒指標。

PLUS α　除了日經平均指數外，另外包括涵蓋所有在東京證交所上市股票的「東證股價指數TOPIX」也要一併進行確認。

圖表型態 89　根據日經平均指數預測股價動向

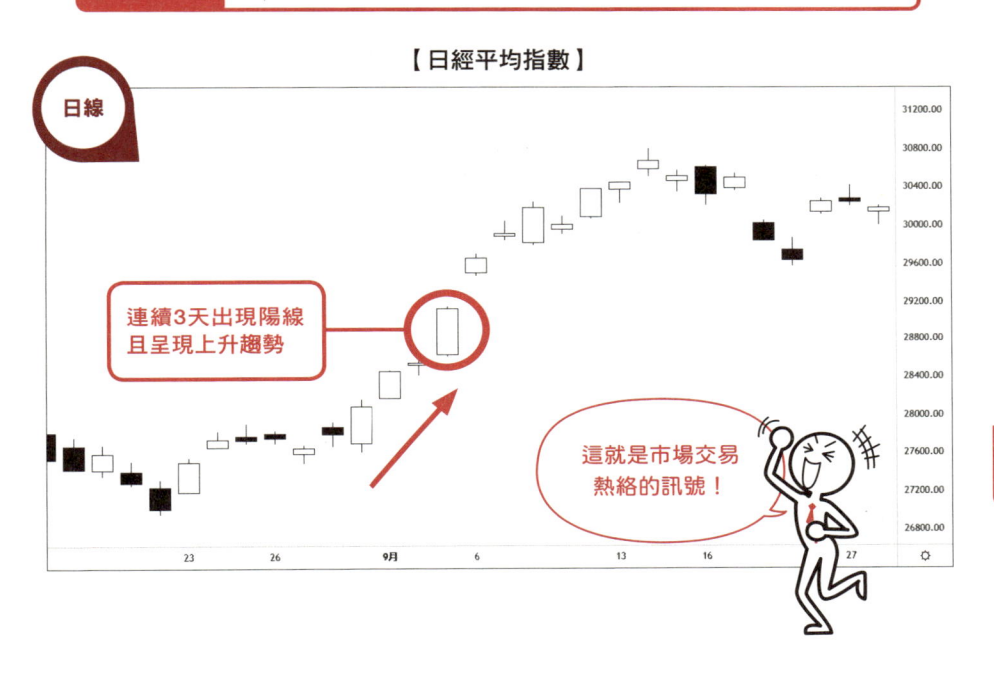

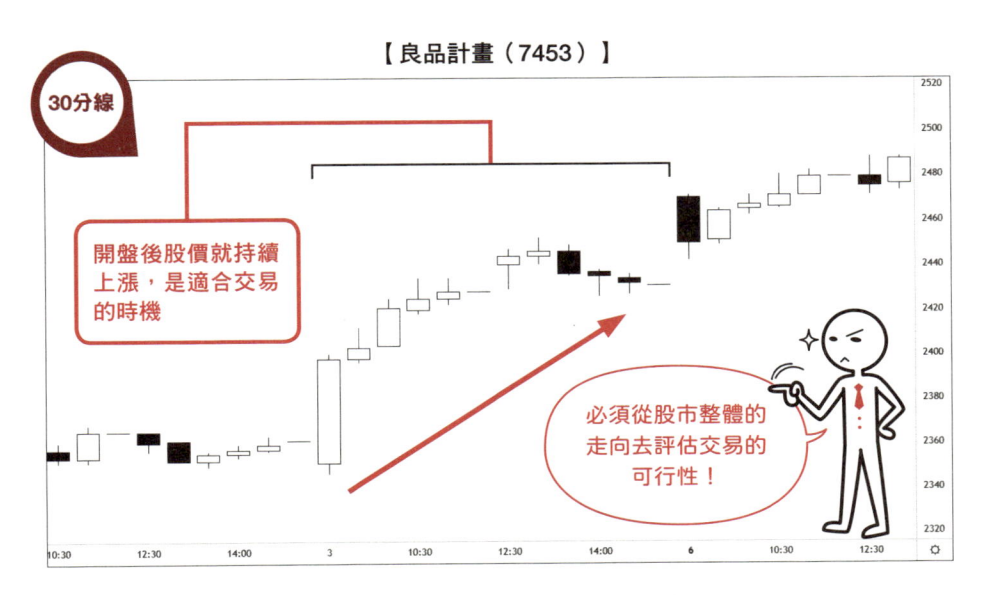

【日經平均指數】

日線

連續3天出現陽線且呈現上升趨勢

這就是市場交易熱絡的訊號！

【良品計畫（7453）】

30分線

開盤後股價就持續上漲，是適合交易的時機

必須從股市整體的走向去評估交易的可行性！

第6章　當沖交易者觀察大盤及選股的祕訣

> 大盤指數

日股開盤時容易受到**美股收盤**的影響

美國股市在全球具有舉足輕重的影響力,而日本股市同樣會受到美股的影響,因此在投資時,可參考美股的行情來預測各個市場的走勢。

外國投資人也會交易日股

會買賣日本股票且影響股市走向的並非只有日本人。根據數據顯示,交易日股的外國投資人占了六到七成,因此日本和海外的股市有著密不可分的連動關係。其中,**美國股市的規模最大,對全球股市的影響力也最強。**

日股容易受到前一晚美股表現的影響

以美股中的道瓊工業平均指數為例,這個指數是由紐約證交所中表現優異的30檔股票組成。

紐約證交所的交易時間是日本時間的23點30分到隔天早上6點(夏令時間※則為22點30分至隔天早上5點),由於日股會在美股收盤後的3小時開盤,因此特別容易受到美股的影響。例如,道瓊指數若以下跌盤勢作收,就會令許多投資人注意到而導致日股開盤時賣壓上升。

因此,在確認市場情緒指標時,**除了關注本國股市之外,也應關注美國的股價指數,提早一步做出更精確的預判。**

用語解說
※ 夏令時間 ── 在日出較早的3月至11月期間,將時鐘撥快1小時的制度。該制度主要在歐美國家實施,也稱為日光節約時間。

圖表型態 90　根據道瓊工業指數預測股價動向

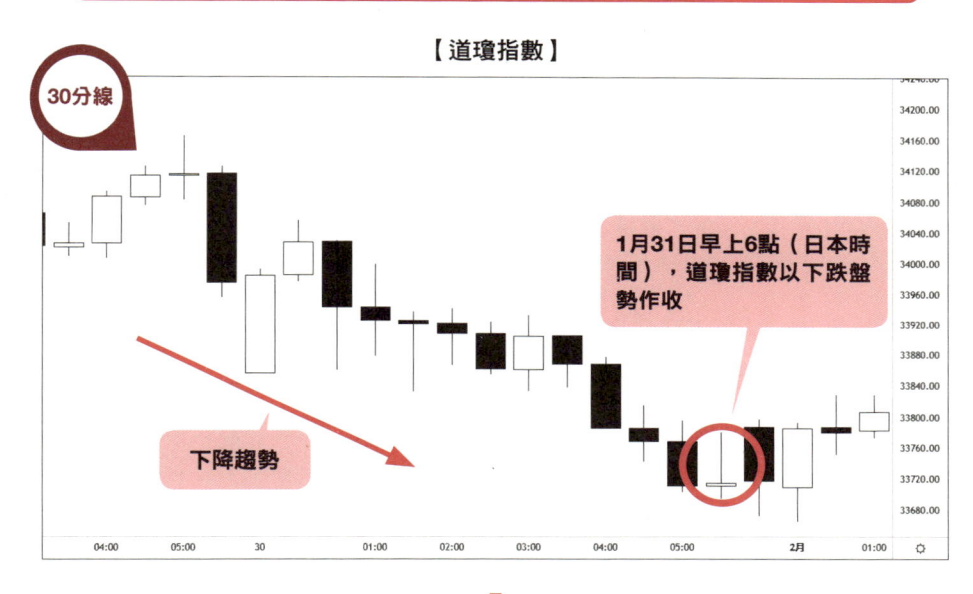

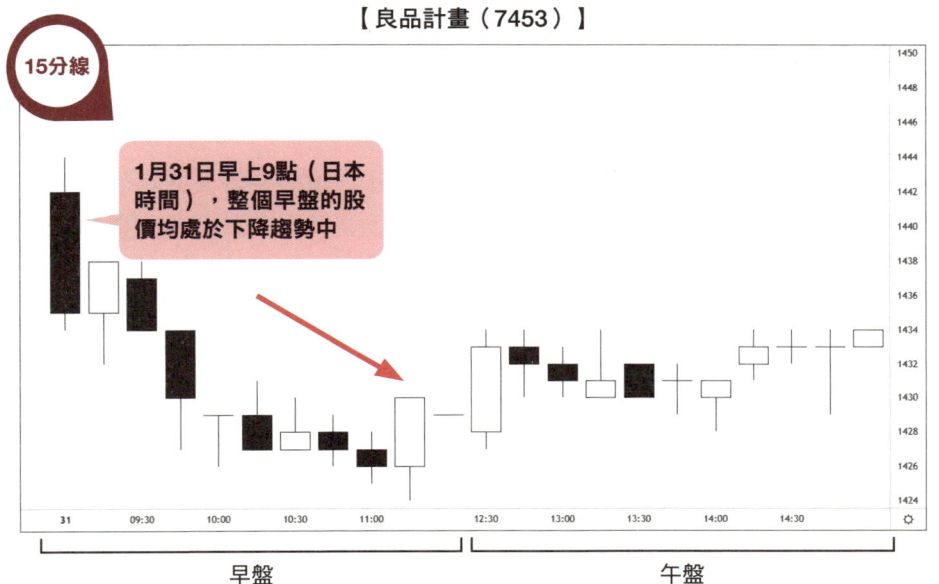

【道瓊指數】

30分線

1月31日早上6點（日本時間），道瓊指數以下跌盤勢作收

下降趨勢

↓ 3小時後

【良品計畫（7453）】

15分線

1月31日早上9點（日本時間），整個早盤的股價均處於下降趨勢中

早盤　　　午盤

第6章　當沖交易者觀察大盤及選股的祕訣

歷史數據

從最近兩週的股價動向掌握個股波動特性

每檔股票都會有各自的股價波動模式。在進場交易前，只要多觀察歷史數據就能從中獲得有用的買賣提示。

避免未經思考的盲目交易

要提高交易技能，累積實戰經驗是不可或缺的。然而，若在不了解股價區間和波動率等資訊的情況下盲目交易，就難以獲得理想的成果。

每一檔股票都有其價格容易波動的時機和特徵。因此，交易前應先花時間閱讀和分析最近兩週的走勢圖。

從股價走勢圖及新聞資訊中獲得交易提示

最近兩週的走勢圖可以提供「該檔個股的波動率」、「當前價格的估值」（是高估或低估），以及「目前的趨勢」等資訊。對投資人來說，包括可能獲利的價差、適合進場的低點區間、個股的股價走勢型態等，都是交易過程中不可或缺的資訊。

此外，**閱讀與該檔股票相關的新聞資訊也是必要的**。例如某檔收益持續看漲的股票，在公司發布財報前會因為利多消息而拉抬股價，或是某出口企業在本幣貶值的消息出現後導致股價上漲等，均可看出股價波動往往與新聞等資訊密切相關。

PLUS α　股價變化會隨著股票本身的規模而產生差異。例如大型權值股的特徵是，除非有重大消息，否則股價的波動率通常會相對較小。

圖表型態 91　掌握每一檔個股的股價波動特性

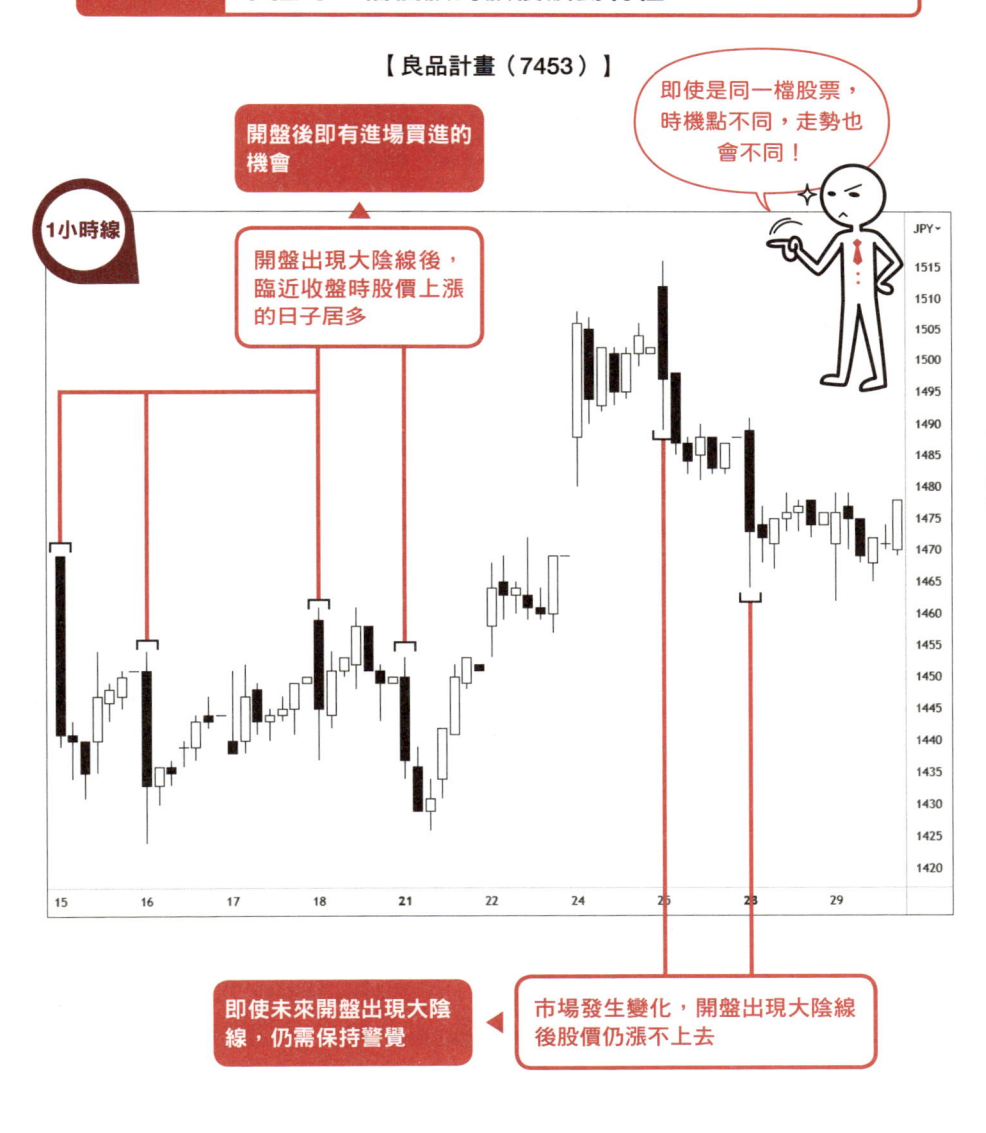

【良品計畫（7453）】

1小時線

開盤後即有進場買進的機會

開盤出現大陰線後，臨近收盤時股價上漲的日子居多

即使是同一檔股票，時機點不同，走勢也會不同！

即使未來開盤出現大陰線，仍需保持警覺

市場發生變化，開盤出現大陰線後股價仍漲不上去

第6章　當沖交易者觀察大盤及選股的祕訣

股市贏家的建議

只要切換成較短的時間軸，就更容易看出開盤和收盤時的股價趨勢。

新股上市・變更市場

新股上市與變更交易市場對股價走勢的影響

新上市的股票及變更交易市場的股票很容易受到投資人關注，但相對的，這類股票較難預測其股價波動。

參與IPO投資或鎖定新股上市後的漲幅

　　未上市公司首次透過證交所發行股票、讓投資人自由買賣的過程稱為IPO（首次公開募股）。在公司上市前申購IPO股票，稱為「IPO投資」。此外，若將目標放在股票上市之後的漲幅進行交易，則稱為「次級市場投資」。**這兩者雖然十分受投資人歡迎，但也都伴隨股價劇烈波動的風險**。當股票上市一段時間後，股價會基於該公司的價值而受到投資人的評比，因此股價經常會在創下高點後大幅下滑。

　　右頁上圖是2021年4月15日上市的Cybertrust（4498）走勢圖。圖中可見開盤價比起IPO的價格高出300％以上，隨後在次級市場（上市後的股票買賣市場）中依然持續上漲，但之後便出現下跌態勢。

可關注通過嚴格篩選基準的股票

　　日本的證交所並非只有東京一處，包括名古屋、札幌、福岡均設有證交所。而東京證交所還區分為「Prime」※、「Standard」、「Growth」3個市場，在這些市場掛牌的股票只要符合該市場的規範，就可以進行市場變更。規範審查的嚴格程度，由高至低依序是「Prime」＞「Standard」＞「Growth」。因此，**股票進行市場變更可視為是克服了嚴格的審查基準，股價也會因此而上漲**。

用語解說
※Prime 市場　　　在Prime市場新上市的股票，隔月的最後一個交易日會被編入「東證指數」（TOPIX），亦可能被納入以東證指數為基準的基金中。

圖表型態 92　新股上市後在次級市場中股價亦會上漲

【Cybertrust（4498）】

1小時線

開盤價比公開募集時的價格高出300%以上

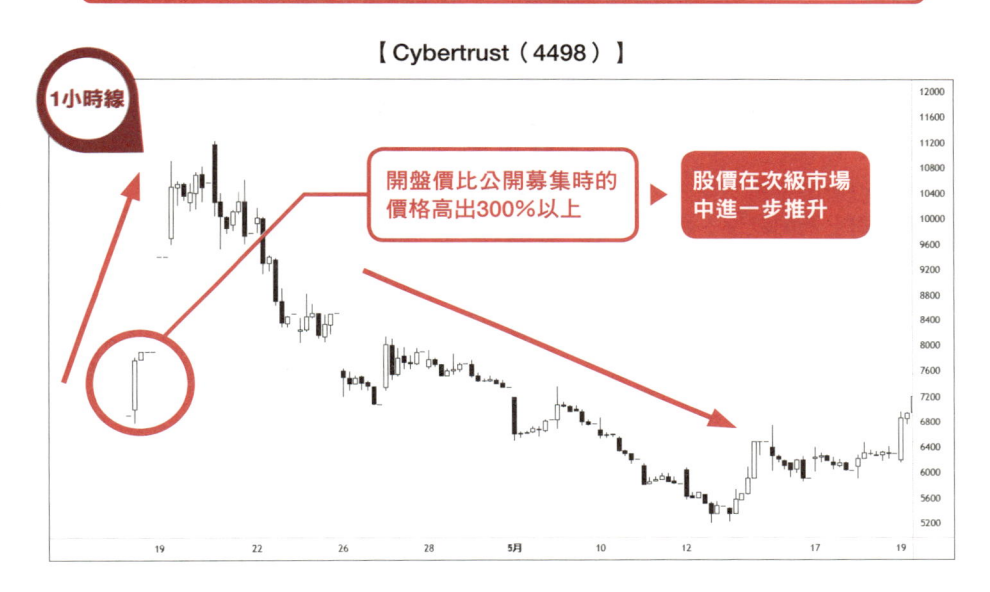

股價在次級市場中進一步推升

圖表型態 93　股票在變更市場後推升股價

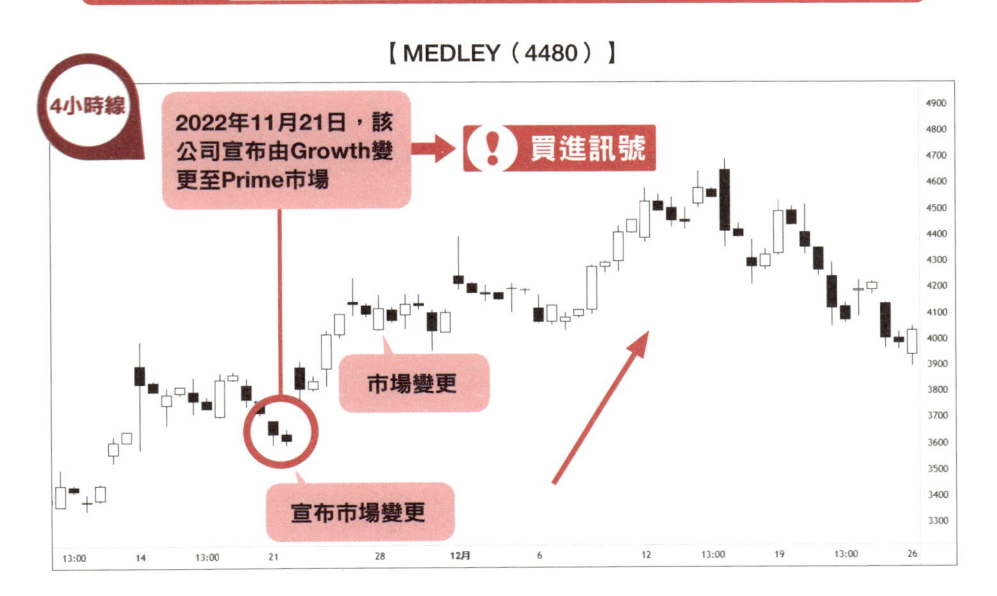

【MEDLEY（4480）】

4小時線

2022年11月21日，該公司宣布由Growth變更至Prime市場

買進訊號

市場變更

宣布市場變更

第6章　當沖交易者觀察大盤及選股的祕訣

股票下市

股票宣布下市時
會導致的股價變化

當某檔股票宣布下市時，股價通常會大幅下跌，但有時也會反其道而行，出現逆勢上漲的狀況。投資人應觀察股票下市的原因，追蹤後續的股價動向。

因經營惡化而下市的股票會持續下跌

以日本為例，當股票宣布下市後，通常會被列為「監管股」或「整理股」，當達成一定的條件之後，就會接著公布確定下市的日期。這段期間股價會因下市的消息而波動。

舉例來說，右頁上圖的公司在2021年3月31日財年結束時，連續兩期出現資不抵債的情況，符合下市標準，並宣布將於2021年8月1日下市。這檔股票在下市前就已經持續低迷，下市的消息公布後股價依然跌跌不休，在最後一個交易日以1日圓結束所有交易。

因併購而下市的股票有可能逆勢看漲

股票下市的原因不僅限於公司經營惡化的問題，還包括因「管理層收購」（MBO）或「公開收購」（TOB）[※]等因素而下市。在這類情況下，**收購方經常會以高於市價的價格收購公司，因此才會出現即使股票宣布下市，股價卻不降反升**。

右頁下圖的住友精密工業（6355）就是在住友商事（8053）決議對其進行TOB後，股價隨即上漲至接近3,650圓。

用語解說
※MBO・TOB — MBO（Management Buyout）是指公司的擁有者或管理階層買回公司股票，使其變為私有公司；TOB（Take-Over Bid）則是指公開收購一間公司的股票。

圖表型態 94　因無力償債而下市的股票會持續下跌

【Onkyo Home Entertainment（6628）】

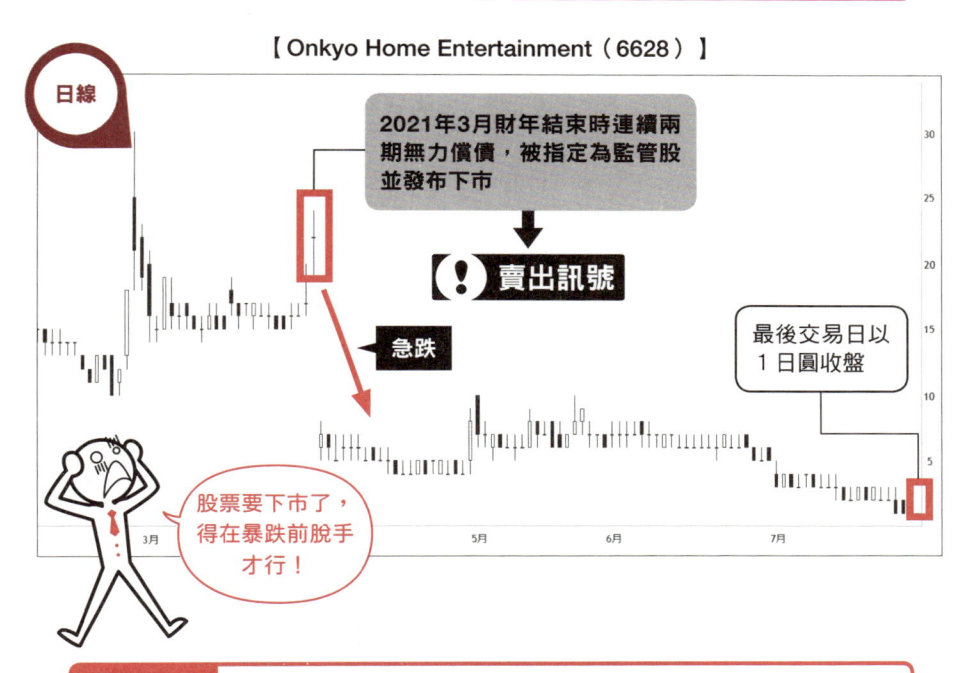

日線

2021年3月財年結束時連續兩期無力償債，被指定為監管股並發布下市

→ 賣出訊號

急跌

最後交易日以1日圓收盤

股票要下市了，得在暴跌前脫手才行！

圖表型態 95　因公開收購而下市的股票不跌反漲

【住友精密工業（6355）】

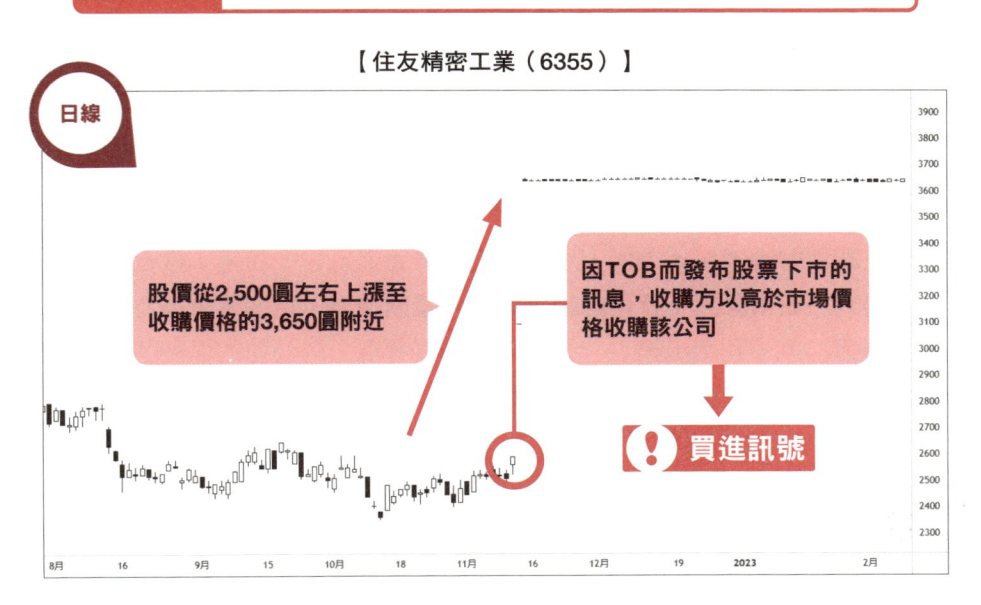

日線

股價從2,500圓左右上漲至收購價格的3,650圓附近

因TOB而發布股票下市的訊息，收購方以高於市場價格收購該公司

→ 買進訊號

第6章　當沖交易者觀察大盤及選股的祕訣

財報

公司發布財報時
會導致的股價變化

財報好壞經常是大幅影響股價的關鍵，然而，即便財報成績亮眼，若內容不符市場預期的話，股價也可能會應聲下跌。

財報亮眼未必與股市反應成正比

一般而言，上市公司每年均會發布4次財報，且經常會對股價產生程度不一的影響，故投資人應事先掌握公司發布財報的時間點，藉此掌握股價動向。

正常來說，投資人常會認定「財報數字亮眼會帶動股價上漲」、「財報數字慘淡則會拖累股價下跌」，但事實上，仍有財報數字漂亮但股價卻反向下跌的例子。右頁上圖為2021年8月12日日本東芝公布的2022年度3月第一季（4～6月）的財報內容。相較於前年同期113億圓的虧損，當期財報取得了180億圓的盈餘，然而，股價卻出現了暫時性的大跌。**原因在於，先前市場預期該公司的淨利應達到約450億圓左右，但實際的財報成績卻連這個數字的一半都沒達到**。不過，在財報公布的2天後，這檔股票再度受到關注而湧入大量買盤。

當利空出盡後股價就會開始反彈

即便財報表現不盡如人意，**但只要負面消息告一段落，投資人便會研判「股價應該不會再繼續下跌」而陸續進場**。這個現象稱為「利空反彈」或「利空出盡」。從右頁下圖可發現，該公司的淨利雖然大幅減少，但隨後就出現利空反彈而拉抬股價。

PLUS α　由於財報發布之後，經常會出現預料之外的股價變動，因此在財報發布前提前平倉也是一種有效的策略。

圖表型態 96　財報亮眼但股價卻應聲下挫

【東芝（6502）】

1小時線

與前年同期相比，盈餘數字大幅成長 ▶ 淨利遠低於市場預期而導致股價下挫

財報公布後的下一個交易日（開盤）

財報公布的2天後股價止跌回升 ➜ ❗買進訊號

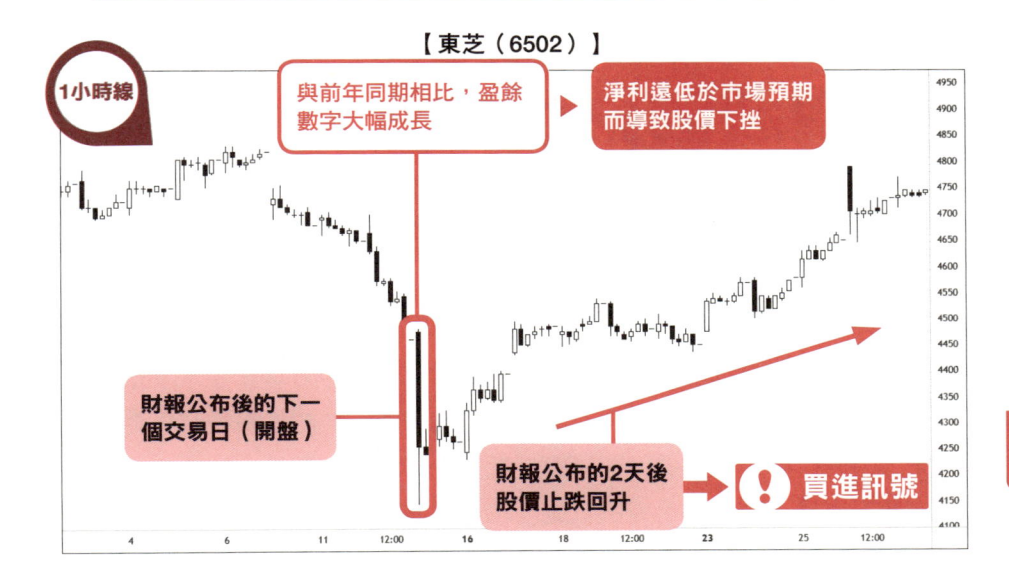

圖表型態 97　財報差強人意但股價卻反向上揚

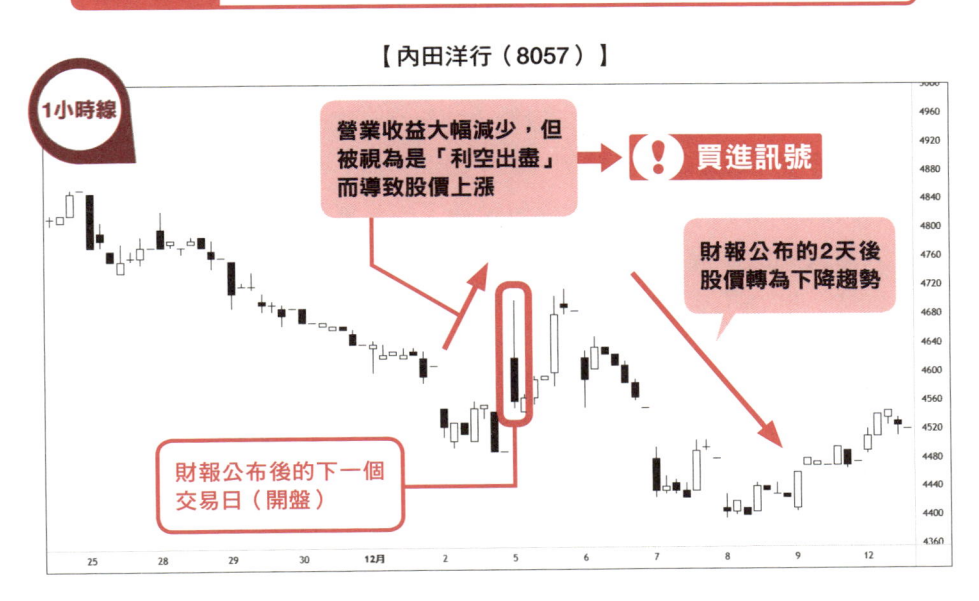

【內田洋行（8057）】

1小時線

營業收益大幅減少，但被視為是「利空出盡」而導致股價上漲 ➜ ❗買進訊號

財報公布的2天後股價轉為下降趨勢

財報公布後的下一個交易日（開盤）

第6章　當沖交易者觀察大盤及選股的祕訣

10檔報價

10檔報價中的買賣越活躍股價波動就越大

「10檔報價」的委買量大時，股價有時反而會下跌；相對的，委賣量大時，股價有時反而會上漲，這個現象稱為「10檔報價厚度增大」。

委買量大時，股價反而容易下跌

從10檔報價的委託數量（參照P28）可獲得許多交易提示。舉例來說，右圖為一檔委買單多而委賣單少的股票，此時多數投資人會判斷「由於買單大筆湧進，即使賣方抵抗也無法減少買量，這樣一來股價就不容易下跌」或「委買量這麼多，股價應該會持續看漲」，然而其實這種情況，股價也經常會下跌。

原因有2個。第1個原因，是由於**主力大戶有時會「掛假單」**[※]**誘騙散戶**。假設有一位想操作賣空的大戶，以每股5,305圓的價格，下了3萬1,400股的買單，此時其他散戶就會如前述判斷「委買量這麼多，股價應該會持續看漲」而陸續在5,315圓、5,316圓……5,319圓等位點跟進。而原本掛假單的大戶即會開始賣空，同時取消大筆買單。這時發現10檔報價的委買量突然變少的散戶，擔心股價下挫，於是紛紛脫手停損，最後就導致股價一路下殺。

第2個原因，則是**主力大戶單純為了結算獲利（賣空回補）而進行大單交易的狀況**。當大筆的買單成交時，其他投資人很容易判斷「賣壓將開始轉強」，進而導致賣盤大增，結果就造成股價下滑。

用語解說
※ 掛假單　　意指投資人下了大筆無意成交的買賣單。雖然日本的金融法規明令禁止這種行為，但由於監管困難，今日仍然經常可見。

圖表型態 98　股價朝「10檔報價」買賣方傾斜的模式

【任天堂（7974）】

委賣單減少　　**委買單增加**

委賣量	價格	委買量
	市價	
1,794,800	OVER	
600	5,324	
500	5,323	
800	5,322	
700	5,321	
800	5,320	
200	5,319	
100	5,318	
100	5,317	
400	5,316	
100	5,315	
	5,306	4,100
	5,305	31,400
	5,304	1,300
	5,303	1,100
	5,302	57,400
	5,301	5,800
	5,300	83,900
	5,299	1,300
	5,298	57,800
	5,297	3,600
	UNDER	1,146,400

②散戶跟著上車買進

④散戶為了停損而急忙賣出

①主力大戶掛出大量委買單操作誘騙交易
③股價上漲後隨即取消原本的買單

※為了說明10檔報價，在此假設出現以5,305圓買進的誘騙交易

出處：樂天證券

①**主力大戶**
為了操作賣空，刻意在5,305圓的價位掛出超過3萬股的買單

②**散戶**
10檔報價因買單湧入，預期股價將上漲的買壓隨之升高

③**主力大戶**
股價上漲後隨即賣空，同時為了壓低股價而取消原本的買單

④**散戶**
10檔報價的委買量突然變少而判斷股價即將下跌，為了停損而急忙賣出持股

熱門股

觀察開盤前的股價漲幅排行作為選股依據

在操作當沖前，可先檢視股價漲幅率的排行榜，如此一來就更容易找出股價波動幅度相對較大的標的。

當沖交易者應確認「盤前股價漲幅排行」

各大券商每天都會公布「漲跌幅排行」、「成交量排行」等個股相關數據，供投資人作為交易時的參考。其中，**又以「盤前股價漲幅排行」對於選擇適合當沖的股票來說格外有效**。

根據券商不同，這項數據的名稱會有所差異。例如，日本樂天證券的APP「MarketSpeedⅡ」會顯示「早盤開盤前漲幅率」，而日本Monex證券的APP「Monex Trader」則會顯示「期待價格漲幅率」（含盤前時段）。

開盤後的股價容易上下震盪

右頁上圖是樂天證券「早盤開盤前漲幅率」的部分節錄。從圖中可看到AIAI集團（6557）的股價走勢正如排行所示，一開盤就大幅上漲。雖然5分鐘後股價急挫，但隨後又緩慢回升，此時即是交易的好時機。

有備無患！ 在做當沖交易前，務必要養成檢視「盤前股價漲幅排行」的習慣，並從中挑選出適合操作當沖的潛力股。

圖表型態 99　在「盤前股價漲幅排行」中挑選波動大的股票

早盤開盤前漲幅率

盤前預測股價會大幅上漲的個股排行。
不同券商提供的軟體有不同的名稱和計算方法

No	注目	コード	銘柄名	市場	貸借区分	寄前基準値	寄前気配比	寄前気配比率	T	現在値
1		9318	アジア開発キャピタル	東S	信用	2.5	+0.50	+25.00%	▼	2.0
2		6249	ゲームカード・ジョイコHD	東S	信用	2,534.0	+500.00	+24.58%	▲	2,534.0
3		8253	クレディセゾン	東P	貸借	2,112.0	+400.00	+23.36%	▲	1,785.0
4		3659	ネクソン	東P	貸借	3,725.0	+700.00	+23.14%	▼	3,070.0
5		6723	ルネサスエレクトロニクス	東P	貸借	1,699.7	+297.75	+21.24%	▼	1,608.0
6		9766	コナミグループ	東P	貸借	7,320.0	+1,000.00	+15.92%	▲	6,270.0
7		2777	カッシーナ・イクスシー	東S	信用	1,125.0	+150.00	+15.38%	▲	1,125.0
8		3987	エコモット	東G	貸借	752.5	+99.50	+15.24%	▼	594.0
9		7912	大日本印刷	東P	貸借	3,652.5	+467.50	+14.68%	▲	3,625.0
10		6430	ダイコク電機	東P	貸借	2,376.0	+301.00	+14.51%	▲	2,575.0
11		6537	WASHハウス	東G	信用	284.5	+33.50	+13.35%	▼	273.0
12		3896	阿波製紙	東S	信用	743.5	+67.50	+13.34%	▲	702.0
13		3182	オイシックス・ラ・大地	東P	貸借	2,331.5	+231.50	+11.02%	▲	2,396.0
14		3944	吉川紙工	東S	信用	2,039.5	+185.50	+10.01%	▼	1,920.0
15		6557	AIAIグループ	東G	信用	1,128.0	+100.00	+9.73%	▲	1,049.0
16		7066	ピアズ	東S	信用	680.5	+59.50	+9.58%	▲	660.0
17		6186	一蔵	東S	信用	503.5	+43.50	+9.46%	▲	488.0
18		4169	ENECHANGE	東G	貸借	1,068.5	+88.50	+9.03%	▼	1,025.0
19		4013	勤次郎	東G	貸借	1,348.0	+107.00	+8.62%		1,215.0

出處：樂天證券

【AIAI集團（6557）】

5分線

開盤（9點）前先行確認漲幅排行

開盤時股價大幅上漲

隨後出現適合交易的股價波動

前日　　當日

第6章　當沖交易者觀察大盤及選股的祕訣

熱門股

開盤即飆漲的股票 如何尋找買賣點？

在「盤前股價漲幅排行」中前段班的股票，在開盤後通常會有較大的波動幅度。此時應善用MACD指標，找出明確的進場時機點。

即使是排名前段班的股票，漲跌表現也會不同

在P244中，我們舉了一檔漲幅排行在前段班股票，展示其「開盤急漲→隨後急跌→再緩漲」的價格走勢。然而，投資人必須了解的是，**並非所有排名在前的股票都會有相同的走勢變化。**

例如，有些股票在開盤後急漲，但隨後便一路下跌直到收盤。相反的，有些股票在開盤後急漲，買盤持續湧入，之後就一路拉到漲停。無論是哪種走勢，可以確定的是，這些股票在開盤後會立刻上漲，然後才出現不同的走向。

善用MACD指標尋找進場時機

由於光靠股價漲幅排行及K線，仍無法預測開盤後的走勢，因此**需要搭配技術指標來找出買賣時機**。右圖為P245的AIAI集團（6557）股價走勢圖，圖中套用了MACD指標（參照P88）。

當MACD線向上突破訊號線出現「黃金交叉」時，股價通常會上漲；當MACD線向下跌破訊號線出現「死亡交叉」時，股價通常會下跌。投資人可利用這些訊號來制定交易策略，也就是「在出現黃金交叉時買進，在出現死亡交叉時賣出」。

PLUS α 　將「股價漲幅排行」前段班的股票記錄下來，並在收盤後檢視這些股票的走勢，有助於深入理解這些股票的價格變動。

圖表型態 100 運用「MACD指標」找出開盤後的交易機會

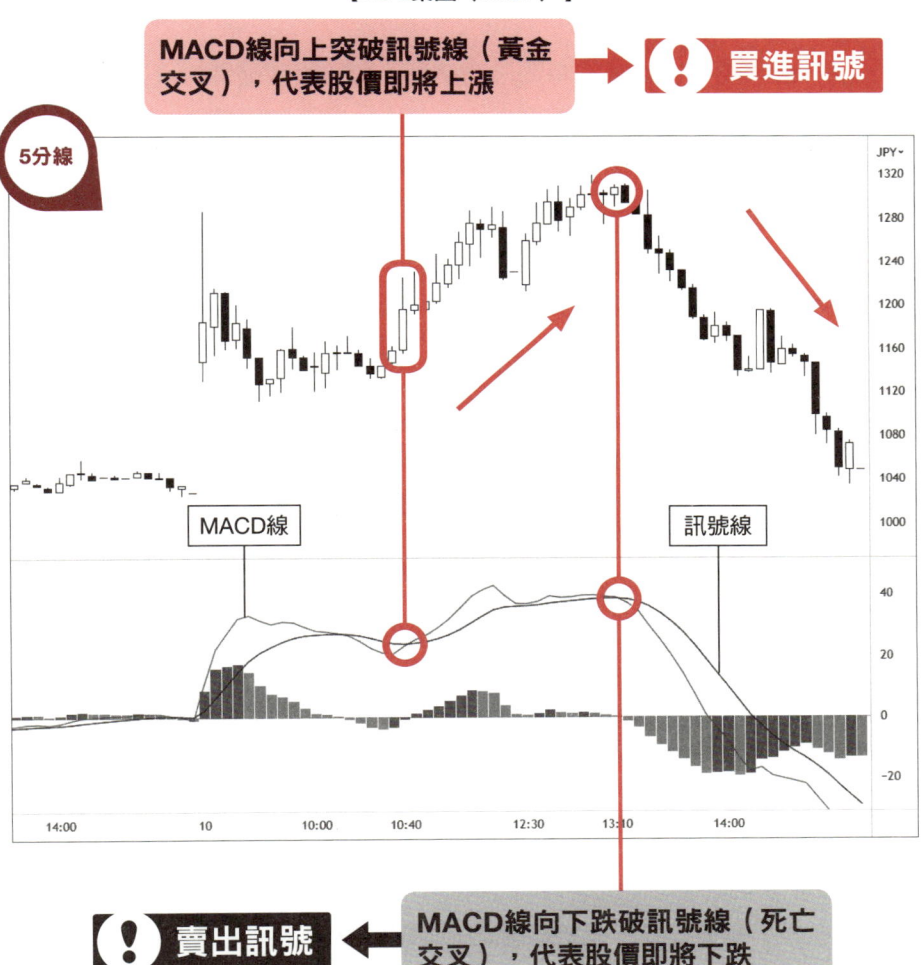

【AIAI集團（6557）】

MACD線向上突破訊號線（黃金交叉），代表股價即將上漲 → **買進訊號**

5分線

MACD線

訊號線

賣出訊號 ← MACD線向下跌破訊號線（死亡交叉），代表股價即將下跌

第6章 當沖交易者觀察大盤及選股的祕訣

股市贏家的建議

可於開盤前確認數檔「股價漲幅排行」前段班的個股，當買賣訊號出現時即可進行交易。

專欄

什麼是「冰山單」與「狙擊單」？

主力大戶愛用的特殊下單方式

一般來說，在越短的時間段內交易，10檔報價提供的資訊就越具參考價值。因此，短線交易者會特別關注10檔報價的動態。

特別是出現大單時，對股價走向會有強烈的影響，投資人可能因此無法以期望的價格成交。此時，可自動分批下單的「冰山單」就是主力大戶的選擇之一。「冰山單」可將5,000股拆成6張買單，進而掩蓋想大量買進的意圖。

樂天證券提供「冰山單」的特別下單服務

アイスバーグ注文とは？

アイスバーグ注文とは、1つの注文を少しずつ小分けにして発注できる機能です。氷山の一角のように注文の一部しか他の投資家には見えないため、板の薄い銘柄の取引や大口の注文を目立たせたくない場合に特に有効です。

スマホアプリ **iSPEED** にも **アルゴ注文機能** を搭載!!

メリット

- ✔ 自分の注文を見た他の投資家に先回りされる可能性が減る
- ✔ 自動で分割発注できるので、自分で発注する手間が省ける
- ✔ 分割発注しても1つの注文として手数料をまとめられる

出處：樂天證券（http://marketspeed.jp/ms2/funciton/algo/iceberg.html）

另外，還有一種不易被察覺的下單方式，稱為「狙擊單」。這是日本樂天證券獨家提供的功能，例如像是「在最便宜的賣單價格低於490圓時自動下單買進」。由於在期望價格（或更有利的價格）出現前並不會下單，因此委買或委賣的資訊也不會顯示在10檔報價上，令其他交易者無法察覺。

※在日本，散戶亦可使用「冰山單」與「狙擊單」。

末章

如何在股海中 保持穩定的投資心態？

投資股票必須保持冷靜，按照既定的規則進行買賣。但在短線交易中，情緒很容易隨著行情波動，因此有必要了解應對的方法。

養成冷靜心態的6個心理習慣

●設定停損及停利的條件
　→例如股價下跌10%即賣出，或上漲20%即賣出。
　→將「停損」視為是投資過程的「必要成本」。

●若出現明確支撐交易的理由，即可果斷賣出或買進
　→包括「圖表出現買進訊號」、「市場出現利多消息」等明確理由。
　→絕對不能「憑感覺」做交易。

●把交易視為是生活的一部分
　→不要把交易當作生活的重心。
　→分配足夠的時間給交易以外的事物。

●從整體的觀點評斷損益，不必在意每筆交易的勝負
　→以1個月或1年為單位，評估整體的勝率和總損益。

●把資金控制在即使虧損也不會影響生活的範圍內
　→切莫因為急於凹回虧損而違反既定規則。

●在你有把握的時間點進行交易
　→若因私人問題或無法掌握市場走向時，不要交易。

養成正確的投資心態①
該果斷停損時絕對不能猶豫不決

虧損的沮喪比獲利的喜悅高出2倍以上

人在面對獲利及虧損帶來的情緒時,往往會對損失產生相對強烈的感受。**根據行為經濟學的「前景理論」(Prospect Theory),損失帶來的沮喪感會是獲利時喜悅的2倍以上**。這是因為人們通常更想避免損失,而不只是想賺錢。

許多人都有相同的感受,例如,獲得某樣事物時雖然會感到一定程度的快樂,但失去該事物時所承受的悲傷卻遠大於當初的快樂。若好不容易下定決心開始投資,卻在第一次交易中就虧損,想必會深受打擊。這也是投資人不願意認賠停損的原因。當股價跌到買進價格以下時,**許多人總是抱著股價未來可能漲回來的希望,不願意及時停損**。而結果大多不如人願,股價一路走跌,最終陷入難以脫身的惡性循環裡。

「停損」是短線交易成功與否的關鍵

由於短線交易的進出場次數比中長線投資更多,相對也更需要資金,當出現虧損時如果猶豫不決、無法果斷停損的話,**資金就會被套牢而無法操作下一筆交易**,讓手中的持股變成「套牢股」。

若過度在意每一筆交易的盈虧,就會對買賣時機猶豫不決,難以取得理想的成果。相對的,**若能將單次的虧損,視為是「整體交易中的一次失敗」**,就能保持冷靜的投資心態。

養成正確的投資心態②
第一步，建立投資規則；第二步，遵守你的規則

世界上沒有百戰百勝的投資人

醜話說在前頭，**任何投資都不可能持續維持100％的勝率**。即使是享有盛名的投資大師、專業的機構投資人和基金經理等，也不可能百戰百勝。然而，他們確實能從股市中提款，因為他們整體的獲利次數超過了虧損次數。

投資世界有句話叫「大賺小賠」，意思是「要盡量減少損失並設法擴大獲利」。

然而現實是，許多人經常無法果斷停損，導致損失越滾越大。另一方面，當股價稍微上漲、帳上出現時未實現收益時，他們又會害怕股價轉跌而急於脫手。

建立買進與賣出的基準＝先決定投資規則

「嚴守投資規則」是防止受到不良投資心態影響的關鍵。雖然聽起來有些嚴苛，**但重點並不是「規則的內容」，而是要「遵守規則」**。例如，你可以設定「股價下跌10％就賣出停損」或「股價上漲20％就賣出獲利了結」等規則。

此外，你也可以結合本書介紹的技術分析方法，在特定K線型態出現時進行買進與賣出。

由於投資涉及真金白銀，情緒波動是難免的，因此**透過建立規則，創造一個不需要過度依賴自身情緒的投資環境**，是非常重要的。

> 養成正確的投資心態③

做好資金控管，只投入你賠得起的錢

短線交易贏家＝50％技巧＋50％心態

隨著交易次數增加，投資心態會越顯重要。若始終無法擺脫虧損時的沮喪情緒，或是在情急之下選擇了平時絕不會考慮的交易方式，試圖翻轉情勢，往往都會以失敗收場。**短線交易的勝負關鍵在於「技巧」與「心態」各占一半。**

即便已學會精準判斷買賣點，依然得透過停損來阻止虧損擴大。而能否克服猶豫不決的心態，就成了轉虧為盈的關鍵。無論每次交易是賺是賠，都應將結果化為經驗，運用在下一筆交易上，這是在股市獲利的不二法門。

資金越大，越容易違背投資規則

雖說「嚴守投資規則」是投資成功的關鍵，但知易行難的主要原因，**往往在於投資金額過高而導致心思動搖。**

假設有一位投資人面臨「若明天之前無法獲利3萬圓的話，貸款就付不出來了」的狀況，那麼在緊要關頭時就很難落實投資規則。因為一旦想到「貸款還不出來，可能連信用卡都會被停卡……」，手上的滑鼠也會變得難以操作。

人只要陷入焦慮，就會打亂交易步調，導致虧損一再擴大。因此要謹記，**就算想迅速獲利，也不應該投入超出能力所及的資金。**

越是勉強地過度投資，只會造成更大的損失。

> 養成正確的投資心態④

提升投資心態
要從改變思維模式做起

如何改變交易時的思維模式？

坦白說，**人的精神強度難以透過鍛鍊來提升**。無論在股市打滾多久，都不可能鍛鍊出能以平常心進行停損的「強韌心態」，大家要先理解這個基本前提。

那麼，如果心態無法鍛鍊，又該如何提升呢？答案就是「改變思維方式」。例如，若你每週做1筆買賣，那麼每個月就有4次買賣機會。即使其中1筆交易虧損，只要其餘3筆交易能獲利2次，那麼整體的損益就可以打平。如此一來，**每筆交易就不再是「一次勝負」，停損也會成為是「投資的養分」**。你可以充分利用你的虧損，為下一筆交易做準備。

在投資過程中，首要之務就是「不要退出市場」，也就是要避免資金耗盡、被迫退出市場。因此，持續進行「下一次可持續的交易」非常重要，也就是必須不斷進行交易的「PDCA（計畫、執行、檢查、調整）循環」。

將停損止血的損失視為「必要支出」

每天努力工作或學習的你，應該都熟悉計畫、執行、檢查結果，並據此再次執行的流程，反覆執行PDCA就能使自己更進步。交易也是同樣的道理，而**停損只是PDCA中的一環。請試著改變思維模式，把「停損」視為是投資成功的「必要經費」**，以此來面對下一次的投資挑戰。

> 養成正確的投資心態⑤

撰寫交易日誌來回顧並驗證自己的想法

如何調適虧損時的情緒？

我們已經知道，投資成功的關鍵，在於排除情緒因素，嚴格按照自己建立的規則進行交易。這一點至關重要。

然而，投資是一場心理戰。由於涉及金錢，投資人的情緒必然會受到影響。正如前文所述，損失帶來的情緒波動是獲利的2倍以上。即使是高收入的商業人士，賺取1萬圓相對容易，但損失1萬元也會讓他們心疼。有些人即使損失100圓或1,000圓也會深感痛心。

既然虧損是投資的一部分，我們就有必要了解該如何應對虧損時的情緒。

認識影響自己情緒的要素

首先第一步，就是停止「早知道就……」的想法。無論再怎麼後悔「如果當初買進／賣出就好」，對今後的投資也只是有害無益。

但是，思考本身是必要的，不是後悔，而是檢討。**單純的後悔只會讓你陷入糟糕的情緒中，但如果能回顧自己當時沒有賣出的理由，或是基於什麼因素做出這樣的判斷等，這樣的回顧才有意義**。這是一種改變面對結果的方式。

你可以撰寫交易日誌，除了記錄買進與賣出的數據之外，包括交易當下的心境、感受等都可以盡量地記錄下來。例如，在看到新聞報導某公司所屬的產業出現不景氣之後，儘管該檔股票尚未觸及你設定的停損點，你卻因為焦慮而急忙賣出持股……像是如果記錄了這樣的經驗，未來你就能充分審視新聞內容之後再進行交易。

> 養成正確的投資心態⑥

當你看不懂行情時不要交易

休息也是一種行情

在專業投資的領域，交易金額龐大且必須持續進行買賣，即便是心理素質強大的人也很難長期堅持下去。只不過，專業投資人無法因為心情不佳就暫停交易，因為這就是他們的工作。

而散戶相對有利的一點就在於，**散戶可以隨時從市場中抽離出來**。投資世界有句話說，「休息也是一種行情」，意思是當你無法確定市場走向時，不妨稍作休息，靜待下一次的交易良機。這不僅適用於市場狀況，當你的情緒狀態不佳時，也可以暫時休息，等到情緒調整好再重返市場。這是散戶特有的優勢，特別是對必須頻繁買賣的短線交易者來說，這是一個非常重要的觀念。

選擇能夠安心入睡的投資方式

當過度交易導致生活品質下降時，不僅交易時無法保持冷靜的心態，也無法正確檢討交易結果。如果每天入睡時還在思考「明天該賣出嗎？還是要再等等？」即使躺在床上也會輾轉難眠。而充分的睡眠，對交易時保持頭腦清晰是不可或缺的。

為了能安心入睡，投資人不應持續處於焦慮狀態。如果你做的是高風險投資，價格波動取決於運氣，那麼這種焦慮感就會持續不斷。相對的，**如果你做的投資是基於歷史數據，擁有明確的買進理由，那麼就能減輕這種不安**。在專業投資的世界中，那些能夠堅持下去的人，通常不會太在意每一筆交易的輸贏。他們當然會採取最好的策略來贏得勝利，但即便他們輸了，也能快速調整心態，重新回到市場。

短線交易日線圖大全
狡猾投機者應對多空變局的100個劇本
積極的な投資ができる デイトレチャート大全

監　　修	戶松信博
譯　　者	石學昌
主　　編	郭峰吾

總 編 輯	李映慧
執 行 長	陳旭華（steve@bookrep.com.tw）

出　　版	大牌出版／遠足文化事業股份有限公司
發　　行	遠足文化事業股份有限公司（讀書共和國出版集團）
地　　址	23141新北市新店區民權路108-2號9樓
電　　話	+886- 2- 2218 1417
郵撥帳號	19504465遠足文化事業股份有限公司

封面設計	陳文德
排　　版	藍天圖物宣字社
印　　製	博創印藝文化事業有限公司
法律顧問	華洋法律事務所 蘇文生律師

定　　價	450元
初　　版	2024年8月

電子書EISBN
978-626-7491-34-8（EPUB）
978-626-7491-33-1（PDF）

有著作權 侵害必究（缺頁或破損請寄回更換）
本書僅代表作者言論，不代表本公司／出版集團之立場與意見

SEKKYOKUTEKI NA TOSHI GA DEKIRU DAY TORE CHART TAIZEN
Copyright © 2023 by K.K. Ikeda Shoten
All rights reserved.
Supervised by Nobuhiro TOMATSU
Interior illustrations by Hiranonsa
First published in Japan in 2023 by IKEDA Publishing Co.,Ltd.
Traditional Chinese translation rights arranged with PHP Institute, Inc.
through AMANN CO. LTD

國家圖書館出版品預行編目 (CIP) 資料

短線交易日線圖大全：狡猾投機者應對多空變局的 100 個劇本 / 戶松信博 著；
石學昌 譯 . – 初版 . -- 新北市：大牌出版，遠足文化事業股份有限公司，2024.8
256 面；14.8×21 公分
譯自：積極的な投資ができる デイトレチャート大全
ISBN 978-626-7491-35-5 (平裝)
1. 股票投資 2. 投資技術 3. 投資分析